MAOYI BAOHU、SHUZI MAOYI
YU TUIJIN GAOSHUIPING DUIWAI KAIFANG YANJIU
···

贸易保护、数字贸易
与推进高水平对外开放研究

赵文霞　著

天津社会科学院出版社

图书在版编目（CIP）数据

贸易保护、数字贸易与推进高水平对外开放研究 /
赵文霞著． -- 天津 ： 天津社会科学院出版社，2025. 1.
ISBN 978-7-5563-1047-0

Ⅰ. F752.02

中国国家版本馆 CIP 数据核字第 202406AP91 号

贸易保护、数字贸易与推进高水平对外开放研究

MAOYI BAOHU、SHUZI MAOYI YU TUIJIN GAOSHUIPING DUIWAI KAIFANG YANJIU

选题策划：柳　晔
责任编辑：柳　晔
装帧设计：高馨月
出版发行：天津社会科学院出版社
地　　址：天津市南开区迎水道 7 号
邮　　编：300191
电　　话：（022）23360165
印　　刷：高教社（天津）印务有限公司
开　　本：787×1092　　1/16
印　　张：18.25
字　　数：265 千字
版　　次：2025 年 1 月第 1 版　　2025 年 1 月第 1 次印刷
定　　价：78.00 元

序

当今全球经济深度交融又充满变数,国际贸易格局也处于深刻变革。临近岁末年初,赵文霞发来《贸易保护、数字贸易与推进高水平对外开放研究》邀我写序,看到其最近几年的研究凝练成书,我也深感欣慰。

贸易保护是国际贸易领域长期存在且不断演变的关键议题。从宏观层面来看,它贯穿了世界经济发展的不同阶段,在不同时期以各异的形式出现,从早期简单的关税调整到如今繁多的非关税壁垒,形式日益多样化,它是各国在经济博弈中的一种策略体现。本书先是清晰地阐明了贸易保护的内涵,进而,书中对贸易保护在现实中的种种表现进行了细致剖析,使读者能直观地了解到贸易保护在实际经济运行中的作用机制。值得一提的是,作者对贸易保护背景下中国对外贸易发展路径的研究,体现了作者对本土实践的关注,有助于读者站在历史与现实交织的视角,全面把握贸易保护的复杂性和多样性,对于理解中国在国际经济舞台上的定位和发展策略也有着一定意义。

数字贸易作为当今世界经济中最具活力的新领域之一,正在快速改写着传统的贸易版图。数字贸易不仅仅是利用数字技术进行的商业活动,它也从根本上改变了贸易的生态。书中从多个维度对数字贸易展开探讨,从数字贸易的研究进展到数字贸易的发展现状,为我们展现了这一新兴领域的蓬勃之势。同时,作者对数字贸易网络结构特征的挖掘,揭示了数字贸易背后隐藏的规律和模式。数字贸易发展与数字贸易限制之间的负相关关系,作者并未简单归结为数字贸易限制阻碍了数字贸易发展,从自由贸易协议的角度,作者指出部分数字贸易比较发达的经济体通过签署自贸协议,相互之间采取比较开放的跨境数字流动措施,而对协议之外发展水平较低的发展中国家采取较为严格的数字贸易限制措施,这在一定程度上强化了数字贸易发展与数字贸易限制之间的负相关关系。

在我国积极推进高水平对外开放的进程中,自由贸易区建设是至关重要的战略举措,党的二十大报告强调要"扩大面向全球的高标准自由贸易区网络"。本书采用跨国数据分析了中国自由贸易区构建的影响因素,分析了其他经济体与我国签署自由贸易协定的动机,对当前我国建设高标准自由贸易区网络具有一定参考意义。在此基础上,作者以京津冀地区为例,深入研究FTA 与区域贸易发展,体现了作者对现实问题的高度关注。通过对京津冀与RCEP 成员国经贸往来的细致分析,以及对京津冀产业竞争力的精准评估,作者深入探讨了 RCEP 对京津冀贸易结构的影响,并提出了具有针对性和可操作性的对策建议。这一研究成果对京津冀地区在区域经济合作和对外开放方面具有指导意义。

此外,本书对环境贸易措施实践与企业创新、贸易保护与出口稳定、贸易保护与产品质量以及对贸易保护周期性的探讨,进一步丰富了本书的研究内涵。

赵文霞在本书中展现出了对现实的深切关注和敏锐的问题意识。本书内容丰富、逻辑严谨,既是对当前国际贸易热点问题的深刻回应,也是对中国在贸易保护和数字经济时代如何实现对外开放新突破的有益探索。

这本书还进一步丰富了国际贸易研究领域的研究文献,为广大学者、政策制定者和企业经营者提供一些启示。期待赵文霞在学术道路上继续砥砺前行,取得更多优秀成果。

张定胜

2024 年 12 月 31 日

前　言

近年来,世界经济形势不确定性增加,贸易保护主义在全球范围内显著加剧。一方面,伴随着新技术的发展及中国在国际市场影响力的逐渐扩大,各国针对中国出口产品设置的贸易壁垒逐渐增多;另一方面,以美国为典型代表、同时包括欧日等发达国家和地区因国内自身经济问题及右翼民粹主义关切,对中国对外发展空间进行强力挤压,导致中国出口产品面临的贸易壁垒呈现复杂和多样化趋势。这些贸易壁垒既包括以反倾销、反补贴为主要形式的非关税壁垒,又包括直接关税上调为特征的关税壁垒;既包括以进口自中国商品为对象的进口限制,又包括重点技术领域"卡脖子"的出口限制。随着各种形式的贸易壁垒在全球范围内呈上升趋势,我国推动贸易高质量发展、促进产品质量升级的压力也与日俱增。本书通过各国对华贸易壁垒特征的分析,探讨了我国企业竞争力提升的内在和外在驱动力,以中国参与全球贸易往来的实证数据总结了我国化解贸易保护主义的经验证据,以期在贸易强国建设中为如何有效化解我国面临的贸易保护主义提供一定经验借鉴。

世界经济下行背景下,多国贸易保护主义死灰复燃,贸易壁垒规模显著扩张,更多国家和行业卷入其中,提升了全球化前景的不确定性。关税壁垒与非关税壁垒是贸易壁垒的两种主要形式,均在贸易保护中扮演了重要角色。早期的贸易保护以关税提升为主要手段,虽然效果更加直接和迅速,但容易恶化国际经贸关系。随后,通过国家法律、法令以及各种行政措施形成的非关税壁垒成为贸易保护主义的首选。伴随着新技术的发展及在国际市场影响力的逐渐扩大,中国的出口企业不仅要面对传统的贸易壁垒,同时也要面对各式新型的贸易壁垒,如技术性壁垒、绿色壁垒、服务贸易壁垒及数字贸易壁垒等。本书第二章重点分析了各国对华贸易壁垒的周期性特征及其影响机制。

贸易保护变化不仅影响贸易规模和商品数量,而且对经贸关系维护和塑造具有深远影响。从宏观层面出发,贸易壁垒一定程度上反映了交易双方对国际经济形势和未来趋势的预判:乐观的市场预期会降低包括关税和非关税在内的贸易壁垒,推动经济全球化进程;低迷的市场环境则会引发相反效应。以 2007 年美国次贷危机为标志,世界经济步入低谷,各国就业压力空前提升,推动以关税为代表的贸易保护主义"复苏",上述影响尤其体现在中美贸易实践之中。虽然自 20 世纪 90 年代至今,受美方对华贸易政策调整以及中国加入世界贸易组织(WTO)的影响,对华进口关税总体显著下降,但是自 2008 年之后,关税水平却呈现一定程度的上升,且显著体现在具体行业和产品之中。同时,中美贸易顺差也呈现持续扩大态势,加剧美方对贸易福利分配的不满。本书第三章、第四章分别从进出口贸易水平、贸易稳定性的角度研究了贸易保护对我国进出口贸易的影响。

作为贸易保护的具体形式,贸易壁垒是国家结合具体市场环境对贸易实践做出的政策安排。贸易壁垒按形式可分为关税壁垒和非关税壁垒。作为贸易壁垒的两种主要类型,关税与非关税壁垒在贸易保护主义中扮演了重要角色。以美国为典型代表、同时包括欧日等发达国家和地区对华发起的贸易保护主义,便是以关税上调为主要手段,给中国的外贸发展带来了严峻挑战。步入 21 世纪,尤其是中国加入 WTO 之后,经过多轮多边框架下的关税减让谈判,成员国双边关税水平已经处于相对较低的水平,通过国家法令以及各种行政措施等形式实施的非关税壁垒取代关税成为贸易保护主义的主要工具。根据中国贸易救济信息网的数据,2001—2019 年,美国对我国贸易救济案件总计 281 起,相比 1980—2000 年的 38 起,增加了 6.4 倍。得益于加入 WTO,中国的平均最惠国适用关税(MFN applied tariff)自 2000 年的 12.93% 下降至 2013 年的 9.45%。以 2018 年金融危机为"分水岭",关税下降的 90% 发生在 2000—2007 年间,之后各国保护主义势力抬头,2007—2013 年关税仅下降了 0.37 个百分点。而近些年,以美国为代表,提升关税成为贸易争端中的主要手段。关税壁垒与非关税壁垒并非完全割裂,二者时常同时作为贸易保护主义的武器。当前的贸易保护表现为直接以关税调控为主要手段的贸易壁垒,以中美贸易摩擦为代表的多种贸易壁垒也同时出现。2018年初美国对华启动"301调查",威胁将依据调查结果对从中国进口的商品大规模征收关税,随后不久中美贸易摩擦风起云涌。换言之,我国目前面临的贸易保护既有各种形式的非关税壁垒,也有关税壁垒;既有不同类型的进口限制,同时也有出口限制。本书第五章分析了关税和非关税壁垒多重冲击下我国出口产品质量提升状况,当面临贸易壁垒时,高质量产品的生产企业具有更高的价格影响力,通过选择质量竞争策略提高价格、增加质量投入以实现产品质量升级。

改革开放以来,贸易成为我国经济发展的重要引擎之一,不过以资源短缺、环境污染、生态退化等为主的环境代价也日益凸显。国际公约及多边贸易协定中关于环境保护已经有很多规定,《关税与贸易总协定》赋予世界贸易组织(WTO)各成员"环保例外权",各成员有权以保护人类及动植物生命、健康或以保障天然资源为由,采取贸易限制措施。近些年,我国也积极利用环境贸易措施维护自身利益,目前,中国签署的所有自贸协定均包括环保条款。根据WTO环境数据库,2009—2020年间,中国向WTO汇报了323个环境相关的通报(Environment-related notifications)、采取了651件环境相关的措施(Environment-related measures),并在定期的贸易政策审议中(Environment-related TPR entries)有335次涉及环境议题,中国也是除欧盟之外贸易政策审议(Trade policy Reviews,简称TPRs)中涉及环境议题数量最多的国家。其中,在环境相关的具体举措中,有171件是为了节能与增效,占到了26.3%,257件采用了技术法规或规范(Technical Regulation or Specifications),占所有措施的39.5%。中国承诺2030年前二氧化碳排放达到峰值,2060年前实现碳中和。"双碳"目标的实现需要环境贸易政策的紧密配合,也需要市场主体尤其是企业做出相应的行为规范。"十四五"规划提出要提升企业技术创新能力,完善国家创新体系。作为自然资源的索取者和创造社会经济财富的核心载体,环境污染主体的应对策略决定了绿色发展理念能否转为政策红利。面对当前我国经济发展内外环境的深刻变化,基于企业绿色创新视角,探究环境贸易措施对我国企业绿色创新的影响,可以为评估近年来环境贸易措施的创新效应提供经验证据,也为我国绿色贸易标准制定和绿色贸易体系的改革调整具有重要启示。本书第六章在贸易保护背景下探讨了我国环境贸易措施与企业创新的关系。

2021年9月2日习近平总书记在中国国际服务贸易交易会全球服务贸易峰会上致辞时指出,将加强服务领域规则建设,支持北京等地开展国际高水平自由贸易协定规则对接先行先试,打造数字贸易示范区。2021年10月商务部等24部门印发的《"十四五"服务贸易发展规划》首次将数字贸易列入规划。事实上,得益于云计算、人工智能、物联网等新兴科技的迅猛发展及广泛应用,数字贸易在全球服务贸易中的主导地位逐步显现。联合国贸易与发展会议(UNCTAD)发布的报告显示,2008—2019年,全球可数字化服务出口规模已从1.9万亿美元增长至3.2万亿美元,且占全球服务出口的比重达到52%。随着数字贸易的蓬勃发展,数字贸易日益成为学术界关注的热点主题。二十大报告指出推动货物贸易优化升级,创新服务贸易发展机制,发展数字贸易,加快建设贸易强国。本书第七章基于2005—2020年的数据探讨了全球数字贸易网络格局演变趋势。第八章对2007—2020年全球数字产品贸易网络结构特征及合作态势进行了研究。

当前经济全球化进展缓慢,大部分国家既面临着社会层面的不稳定因素,又面临经济层面的发展不确定性。在这一背景下,2020年11月15日,《区域全面经济伙伴关系协定》(RCEP)正式签署,成员国涉及中国、日本、韩国、东盟十国、澳大利亚以及新西兰。2021年9月,成员国声明RCEP争取到2022年1月生效。目前RCEP有15个成员国,涵盖了全球约30%的人口、30%的经济总量和30%的对外贸易量,生效后将成为当前世界上规模最大、最具影响力的自由贸易协定。RCEP落地将给区域产业链与供应链带来深刻变革,首先是"贸易创造"效应,由于自贸协定内部关税取消或降低,伴随着价格的下降,成员国之间产生越来越多原来没有的贸易关系,原先成员国内部的部分贸易可能被成员国之间的国际贸易所取代,消费者福利水平随之上升;其次是"贸易转移"效应,目前逆全球化思潮涌动、全球化进展趋缓,中美经贸关系又面临众多不确定性,RCEP的生效以及未来《全面与进步跨太平洋伙伴关系协定》(CPTPP)的签署可能导致我国进出口贸易更多集中于与自贸协定成员国之间的贸易,而对原有供应链和贸易关系的依赖程度将显著下降。本书第九章分析了我国签约自贸区的影响因素,第十章分析了我国在更深融入全球自由贸易协定的努力,并以京津冀为例对 RCEP 生效可能对区域贸易产生的重要影响进行了估计。

目　录

第一章

貿易保护概述

第一节　贸易保护的涵义

贸易保护指在对外贸易中实行限制进口以保护本国商品在国内市场免受外国商品竞争,并向本国商品提供各种优惠以增强其国际竞争力的主张和政策。贸易保护按发展阶段分为传统贸易保护理论和新贸易保护理论两个发展阶段;按国家发达水平分为发展中国家的贸易保护理论和发达国家的贸易保护理论。发展中国家的贸易保护代表理论有幼稚产业保护论、改善国际收支论、改善贸易条件论、增加政府收入论、民族自尊论等。发达国家的贸易保护代表理论有保护就业论、保护公平竞争论、社会公平论、国家安全论等。

幼稚产业保护论是由德国经济学家李斯特全面阐述和发展的一种贸易保护理论。李斯特认为,一个国家实行什么样的贸易政策,首先要考虑国内生产力的发展,而不是在交换中能获得多少财富。李斯特主张实行差别关税,以保护幼稚产业为出发点,分不同产业征收不同的关税。

改善国际收支论是以国际收支方面的理由作为贸易保护依据的一种贸易保护理论。

改善贸易条件论,以改善贸易条件为依据,进行贸易保护的最终目的是想从中获利,而获利的手段则是迫使别国降价,从别人的口袋里捞出一部分钱来充为己有,这种做法被称为"以邻为壑"。

增加政府收入论是指因为关税的增收能增加政府收入,因此实施关税的贸易保护主义是必要的。

民族自尊论主张通过贸易保护政策来振兴民族工业、实现民族自尊。为了增加民族自豪感,政府一方面从政治上把使用国货作为爱国主义来宣传;另一方面企图通过贸易保护政策来减少外来冲击,发展本国工业。

保护就业论主要流行于西方发达国家,其观点认为通过限制进口扩大出口的贸易保护政策,可以提高整个国家的就业水平。

保护公平竞争最初是用来对付国际贸易中因为政府参与而出现的不公平竞争行为,后来又被广泛用来要求对等开放市场。不公平竞争是指由政府通过某些政策直接或间接地帮助企业在国外市场上竞争,并造成对国外同类企业的伤害。保护公平竞争可以通过以下贸易保护的主要手段来进行:反补贴税、反倾销税或其他惩罚性关税、进口限额、贸易制裁等。中美经贸摩擦中,美国就动用了"301 条款"对中国进口的商品大规模征收关税,主要针对中国的高科技产业。

社会公平论中的社会公平主要是指社会各阶层或各种生产要素在收入上的相对平衡。不少国家利用贸易保护来调节国内各阶层的收入水平,以减少社会矛盾和冲突。最典型的例子是发达国家对农产品的保护。

国家安全论是指以国家安全为依据,主张限制进口以保持经济独立自主的贸易保护主义。国家安全论认为,自由贸易会增强本国对外国的经济依赖性。

第二节　贸易保护的表现

作为贸易保护的具体形式,贸易壁垒是国家结合具体市场环境对贸易实践做出的政策安排。按进出口形式,贸易保护表现为进口限制和出口限制。在限制进口方面,贸易保护主要采取的两种措施分别为关税壁垒和非关税壁垒。前者主要是通过征收高额进口关税阻止外国商品的大量进口;后者则包括采取进口许可证制、进口配额制等一系列非关税措施限制外国商品自由进口。

关税壁垒(Tariff Barriers)是指采取征收高额进口税和各种进口附加税的办法,限制和阻止外国商品进口的一种手段,可以提高进口商品的成本从而削弱其竞争能力,起到保护国内生产和国内市场的作用。关税壁垒中的进口附加税又称为特别关税,通常是一种为特殊目的而设置的临时性措施,是限制商品进口的重要手段,具体形式包括反倾销税、反补贴税等。

反倾销(Anti Dumping)是指进口国主管当局根据受到损害的国内工业的申诉,按照一定的法律程序对以低于正常价值的价格在进口国进行销售并对进口国生产相似产品的产业造成法定损害的外国产品进行立案、调查和处理的过程和措施,具体表现为临时措施、价格承诺和征收反倾销税。反倾销是 WTO 所承认的、抵制不公平国际贸易行为的一种措施,最终补救措施是对倾销产品征收除一般关税外的反倾销税,使其不能廉价出售,是目前国际贸易中应用最为广泛的贸易救济措施之一。

反补贴(Anti Subsidies),WTO《补贴与反补贴措施协定》将补贴定义为由一成员方境内的政府或任何公共机构提供财政资助或针对收入或价格的其他任何形式的支持措施。

WTO 反补贴协议将补贴分为三种基本类型:禁止性补贴、可诉补贴和不可诉补贴。针对前两种补贴,成员国可以向 WTO 申诉,通过 WTO 的争端机制采取经授权的反补贴措施,也可以根据国内反补贴法令,通过调查来征收反补贴税。

特保措施(Transitional Product Specific Safeguard Mechanism),全称特定产品过渡性保障措施,即在 WTO 体制下,在特定的过渡期内,进口国政府为防止来自特定成员国的进口产品对相关产业造成损害而采取的限制性保障措施。

关税壁垒与非关税壁垒在贸易保护主义中扮演了重要角色。早期的贸易保护措施以关税提升为手段,步入 21 世纪,尤其是中国加入 WTO 之后,经过多轮多边框架下的关税减让谈判,成员国双边关税水平已经处于相对较低的水平,通过国家法令以及各种行政措施等形式实施的非关税壁垒取代关税成为贸易保护主义的主要工具。

在 2000—2013 年期间,中国面临的关税水平呈逐渐下降趋势。最惠国平均适用关税从 2000 年的 12.93% 下降到 2013 年的 9.45%,得益于中国加入 WTO,这其中约有 90% 的关税下降发生在 2000—2007 年间。而金融危机发生后,各国保护主义势力抬头,从 2007 年开始到 2013 年,关税只下降了 0.37 个百分点。同样值得注意的是,2000—2013 年间,以反倾销—反补贴为代表的非关税壁垒并未呈现下降趋势。中国遭受的反倾销—反补贴案件数从 2005 年的 49 件上升到 2009 年的 88 件,2013 年则为 89 件。自加入 WTO 以来,中国面临的反倾销案件呈上升趋势,并在金融危机期间(2008—2009 年)达到高峰。反补贴案件数量虽略有波动,但近些年逐渐增多,而特别保障措施在中国入世后几年实施较多。

关税壁垒与非关税壁垒并非完全割裂,二者时常同时作为贸易保护主义的武器。2018 年初美国对华启动"301 调查",威胁将依据调查结果对从中国进口的商品大规模征收关税,随后不久中美贸易摩擦风起云涌。世界经济下行背景下,多国贸易保护主义死灰复燃,贸易壁垒规模显著扩张,更多国家和行业卷入其中,提升了全球化前景的不确定性。

伴随着新技术的发展及在国际市场影响力的逐渐扩大,各种形式的新型壁垒也逐渐显现。中国的出口企业不仅要面对传统的贸易壁垒,同时也要面

对各式新型的贸易壁垒,如技术性壁垒(余子威,2018)、绿色壁垒(Fontagne
等,2001;孙红雨和佟光霁,2019)、服务贸易壁垒(赵瑾,2017)及数字贸易壁
垒(汪晓风和周骁,2019)等。

第三节　贸易保护背景下中国对外贸易发展路径

一、贸易多样化

很多研究认为多样化可以缓解外部冲击,减少产品出口波动。企业出口多样化水平的提升可以降低负向需求冲击对出口企业的不利影响。黄漓江等(2017)发现进出口市场多样化对经济波动的负向影响呈 U 型,贸易开放所产生的外部风险显著增加了经济波动,不过贸易市场多样化对保持经济的稳定性发挥了重要作用。克拉玛兹等(2020)认为出口的波动性很大程度上取决于出口厂商客户组合的多样化程度,而因大多数出口商只集中于一到两个主要客户,这导致风险冲击下企业及经济总体将会出现波动。万晓宁(2019)说明了地理多样化和产品多样化对农产品贸易波动性的影响存在不同程度的行业异质性,认为应根据不同商品类别采取多样化或专一化政策以减少农产品进出口波动。张明志和岳帅(2020)提出中美贸易摩擦之所以给中国带来负面影响,主要是由于中国对美国市场过于依赖,对外贸易的市场结构和产品结构不够多元化。在贸易壁垒频发当下,很多学者们建议企业将出口市场多元化战略落到实处,开辟新市场、跨越贸易壁垒(王孝松 等,2020)。

现有研究表明,贸易壁垒对贸易多样化的影响存在异质性。当企业在遭受贸易壁垒时,可能会进行产品目的地的多样化(金则杨和靳玉英,2020)。程惠芳和詹淼华(2018)通过考察中间品进口贸易自由化对中国多产品企业出口产品多样化的影响,发现中间品关税削减有利于企业出口产品种类多样化,不过这一结果在类型不同的企业方面存在分化,中间品关税降低有利于私营企业出口产品多样化,但不利于国有和外资企业出口产品多样化。而另一些研究发现,贸易壁垒的削减也可以促进贸易多样化。近年来,发展中国家的进出口贸易获得了迅速发展,以降低关税为形式的贸易自由化可能有助于发展中国家的出口多样化(奥萨克维 et al,2018)。涂远芬(2018)的研究发现贸易便利化对出口多样化具有显著促进作用,不过贸易便利化对农产品出口多样化的作用强于工业制成品,对高收入国家出口产品多样化的影响最大。

在出口多样化方面企业可以有两种选择,一是多产品出口,即拓展生产线,进行多产品生产及出口;二是多市场出口,拓展海外市场,避免过度依赖单一出口市场。根据资产组合理论,分散化投资能有效降低不确定条件下的投资风险。如果企业出口产品及出口渠道单一,当遭受贸易壁垒时,突然的成本增加将会使企业面临较大的出口波动,而出口多样化程度较高的企业通过多样化使出口波动的风险分散,并最终降低出口波动。在贸易不确定背景下,企业出口到一国的产品种类较多或某种产品具有多元化的出口市场,这将有助于实现风险分担,并有效降低外部冲击带来的不利影响。因此,市场多样化和产品多样化可以作为遭受贸易保护企业的一种选择。

二、产品质量提升

贸易保护对高质量产品生产企业存在一定程度的激励效应。由于生产技术要求高,高质量产品的生产门槛也相应较高,所以生产企业的产品差异化程度更显著,市场势力更强,从而可以在不利环境下更自由地调整价格(王雅琦等,2018)。正是由于高质量产品的生产企业遭受负面冲击时可以提高价格并同时避免较多的销量损失,因此,此类企业有动机进一步提高产品质量,提高市场竞争力。鲁德马和余(2016)从企业层面考察了国外关税变化对美国企业出口价格的影响,认为出口企业通过提高产品质量和价格来应对关税上涨,其中高生产率企业比低生产率企业提高幅度更大。阿德利安和卢戈夫斯基(2019)则探讨了进口关税对耐用品价格变化的影响,发现关税变化可以解释相对价格变化的 30%。欧文(2019)发现有相当程度的关税变化将转移到产品价格。贸易壁垒带来的贸易成本的提高会产生两种效应。贸易成本提高时,高质量的企业有能力通过提高价格避免利润下降,同时为保持竞争优势,企业有动机采用质量竞争策略,促进自身产品质量升级。

此外,贸易保护对企业进入和退出存在筛选效应,即贸易保护也可能通过创造性破坏效应影响企业出口产品质量。一方面,高质量产品具有更小的需求弹性(陈和尤维纳利斯,2016),当遭受贸易壁垒时,生产高质量产品的出口企业面临的需求下降也将更少,从而维持出口状态的可能性也更高;另一方面,当面临成本上升、需求下降等负面冲击时,效率及质量较低的企业和产品将会退出市场,通过这种净化效应,资源得以重新配置,最终留在市场上的企业出口产品质量越来越高。这种外生冲击下通过市场的进入退出机制导致的产品质量变化,表现为产品质量较低的企业退出市场,最终将会提升市场整体的质量水平(施炳展,2014)。弗赖伊和瓦格纳(2010)利用德国1995—2004 年的微观数据研究了企业生产率对出口企业进入退出的影响,结果发现,生产率较低的出口企业更容易退出国际市场。关税壁垒以关税上升为主要表现形式,增加了出口企业的贸易成本,反倾销—反补贴审查也会体现为一种隐形的成本,二者会降低出口企业的盈利能力,从而使得部分企业无法继续出口。高质量产品出口企业具有稳定的需求,遭受贸易壁垒时保持持续出口的概率也会较高;而质量较低的出口企业,在这种筛选机制下更易退出市场。因此贸易壁垒也可能通过如下渠道发挥作用:贸易壁垒导致产品质量较低的企业退出出口市场,并使得整体出口市场上产品质量水平上升。

所以,贸易保护下出口企业进行产品质量提升也是一种较优的市场行为。

三、绿色贸易措施实践

根据 WTO 发布的年度《全球贸易数据与展望》,2020 年全球货物贸易量下滑5.3%,亚洲地区成为唯一一个货物出口维持正增长的地区,而中国继续为全球最大的出口国和第二大进口国,进出口贸易量分别占全球的11.5%和14.7%。随着贸易量的增长,中国的环保压力也与日俱增。2020年9月22日,中国在联合国大会上做出承诺,力争二氧化碳排放2030年前达到峰值,努力争取2060年前实现碳中和。环境贸易措施作为绿色转型期对外贸易制度创新的重要一环,对于协调经济发展与环境保护具有重要作用。

　　长期以来,贸易成为我国经济发展的重要引擎之一,不过以资源短缺、环境污染、生态退化等为主的环境代价也日益凸显。国际公约及多边贸易协定中关于环境保护已经有很多规定,《关税及贸易总协定》赋予世界贸易组织(WTO)各成员"环保例外权",各成员有权以保护人类及动植物生命、健康或以保障天然资源为由,采取贸易限制措施。近些年,我国也积极运用环境贸易措施维护自身利益,目前,中国签署的所有自贸协定均包括环保条款。WTO贸易与环境委员会授权WTO秘书处汇编、核对所有收到的与环境有关的措施。这些信息每年都在WTO环境数据库(WTO EDB)中更新,具体包括WTO成员提交的环境相关的通报(为了提高WTO成员贸易措施的透明度,WTO成员须以"通报"的形式向WTO报告其措施)、与环境相关的措施以及关于环境的贸易政策审议(在贸易政策审议机制下WTO定期对成员国的贸易政策进行监督)。2009—2020年期间,WTO收到的关于环境的通报有6968个,关于环境的TPRs(贸易政策审议Trade Policy Reviews)有8805条,通报中关于环境的措施有14604件。根据WTO环境数据库,2009—2020年间,中国向WTO汇报了323个环境相关的通报(Environment-Related Notifications)、采取了651件环境相关的措施(Environment-Related Measures),并在定期的贸易政策审议中(Environment-Related TPR Entries)有335次涉及环境议题,中国也是除欧盟之外贸易政策审议(Trade Policy Reviews,简称TPRs)中涉及环境议题数量最多的国家。其中,在环境相关的具体举措中,有171件是为了节能与增效,占到了26.3%,257件采用了技术法规或规范(Technical Regulation or Specifications),占所有措施的39.5%。

　　其中1个案件可以有多重目标(关键词),通过多种措施实施,并牵涉多种行业。如文档编号 G/TBT/N/CHN/1341 的文件,为了保护环境和节约能源的目的,针对制造业和化学品实施了技术法规和规范措施,规定了车用汽油洗涤剂添加剂的术语和定义、要求和试验方法、检验规则、标志、包装、运输、贮存和安全的标准。2009—2019 年,中国环境贸易实施数量虽有所波动但总体呈上升趋势。2010 年、2012 年及 2014 年每年均保持在 10 件左右,而 2019 年环境贸易措施数量升至 162 件,这可能与中美经贸摩擦有关。"技术法规或规范"方面,2009 年的环境贸易措施中,涉及"技术法规或规范"措施的占到了 92.9%,2012 年所有的环境贸易政策审议措施都涉及"技术法规或规范",而 2018 年、2019 年随着环境贸易实施总量的上升,"技术法规或规范"措施的占比有所下降。

"技术法规或规范"是中国绿色贸易措施采取的主要方式,在所有措施中占三成以上。其次是"许可和直接支付""税收优惠""合格评定程序""禁令""反补贴"及"进出口许可"等。出于环境保护、能源利用、水土保持以及减少污染排放等原因,中国环境贸易措施主要针对制造业、化学品、能源、农业以及林业等行业实施。

绿色贸易措施是中国实施的保护本国生产和消费环境的一种政府理性行为。

四、贸易新业态突破

近年来,我国数字经济发展速度较快,取得了显著成就。习近平总书记指出,发展数字经济是把握新一轮科技革命和产业变革新机遇的战略选择,提出要推动数字经济和实体经济融合发展,推进重点领域数字产业发展。2022 年年初,国务院发布《"十四五"数字经济发展规划》,明确提出我国数字经济核心产业增加值占 GDP 的比重由 2020 年的 7.8%增长到 10%的目标。事实上,得益于云计算、人工智能、物联网等新兴科技的迅猛发展及广泛应用,数字经济日益融入经济社会发展领域的全过程,各国竞相制定数字经济发展战略,出台发展数字经济的鼓励政策,数字经济也日益成为学术界关注的热点主题。

2021 年 6 月,国家统计局公布的《数字经济及其核心产业统计分类(2021)》把数字经济界定为以数据资源作为关键生产要素、以现代信息网络作为重要载体、以信息通信技术有效使用作为效率提升和经济结构优化的重要推动力的一系列经济活动。随着数字技术对经济社会方方面面的融入,国际贸易领域也迎来深刻变革。根据联合国商品贸易统计数据库(UN COMTRADE)的数据,从全球范围看,2007 年全球数字产品出口额约 4.12 万亿美元,而 2020 年数字产品出口额 5.76 万亿美元,占全球货物贸易总出口额的 30% 以上;就中国而言,2007 年中国数字产品出口额约 6310 亿美元,2020 年中国数字产品出口额 1.44 万亿美元,相当于 2007 年的 2.28 倍,占当年我国总出口的 56% 左右。

随着数字技术的广泛应用,数字贸易得到快速发展,其战略作用越来越突出。在数字贸易影响下不同经济体系加快融合,新的贸易方式、贸易产品加快涌现,新的市场领域不断拓展,成为未来国际贸易发展的新动能和驱动因素。数字贸易为贸易规模的扩张提供持续动力,有望成为国际竞争力重要体现。多年来,我国服务贸易在全球贸易中一直处于逆差,服务贸易发展仍具有较大潜力。贸易保护背景下,在数字服务等贸易领域新赛道急需培养贸易发展新的支撑点。

五、中国自由贸易协定(FTA)探索

虽然以美国为代表的逆全球化有所抬头,但以区域贸易协定为表现的贸易自由化仍然取得了较快发展。区域贸易协定是国际贸易关系中的关键要素,过去几十年来,区域贸易协定不仅在数量上有所增加,在深度和复杂性上也有了长足进展。根据世贸组织网站的数据,截至 2016 年 6 月,世贸组织每个成员都至少参与一项生效的区域贸易协定,而截至 2019 年 9 月 1 日,共有302 个生效的区域贸易协定。就我国而言,根据中国自由贸易区服务网的数据,截至 2023 年 3 月,我国已签署 19 个自由贸易协定,涉及 26 个国家和地

区,中日韩、中国—以色列及中国—挪威等自贸区正在加紧谈判,中加、中蒙以及中哥等自贸协定也正在积极研究。

近年来,出于政治层面的考虑部分经济体通过签署贸易协议,对协议之外的经济体采取差别化的数字贸易限制举措,给全球数字贸易的发展格局造成一定影响,这一新型的贸易保护也受到诸多学者关注。部分数字贸易比较发达的经济体相互之间采取比较开放的跨境数字流动措施,而出于数字产业安全顾虑,这些经济体对发展程度较低的其他经济体采取较严格的数字贸易限制措施,导致数字贸易越发达,数字跨境流动越便捷。

除了积极推动全球或区域货物贸易一体化、便利化,在数字经济领域,中国也积极参与全球治理。2021 年 10 月 30 日,中国决定申请加入《数字经济伙伴关系协定》(DEPA)。同年 11 月 1 日,商务部部长王文涛代表中国向 DEPA 保存方新西兰正式提出加入申请。中国申请加入 DEPA 并积极推动加入进程,充分体现了中国与高标准国际数字规则兼容对接,拓展数字经济国际合作的积极意愿,是中国持续推进更高水平对外开放的重要行动。中国加入 DEPA,有利于推动数字贸易领域扩大开放,与成员建立起规则相通、标准相容的一体化数字贸易市场,有利于扩展与各国在新兴数字领域的互利合作。积极推动 FTA 是新时代我国进一步推进高水平对外开放的必然选择。

随着中国企业在国际市场上的影响力逐渐扩大,多国针对中国挑起了各种形式的贸易保护,给我国的贸易高质量发展带来严峻挑战。本书重点围绕贸易多样化、产品质量提升、贸易新业态突破、环境贸易措施以及 FTA 实践等,对贸易保护背景下中国进一步推进高水平对外开放路径展开论述,以期为我国的贸易高质量发展提供一定借鉴。

第二章

贸易保护的周期性特征

近年来,世界经济形势不确定性增加,贸易壁垒在全球范围内显著加剧。本章基于 HS6 分位行业的面板数据,分析 1988—2018 年各国对华贸易壁垒的周期性及市场势力对贸易壁垒的影响,发现各国对华关税壁垒与非关税壁垒具有不同特点,其中关税壁垒呈现出显著的顺周期性,非关税壁垒则不具有显著的周期性。分组回归发现,在经济繁荣时期,低收入国家容易提高对华关税水平,高收入国家容易增加针对我国的非关税壁垒;在经济运行不佳时期,各国均倾向增加对华反补贴审查频次。进一步分析还发现,高市场势力容易导致对华非关税壁垒多发,继而还会驱动在经济繁荣期对华关税上升。研究为理解贸易壁垒的周期性提出了新的视角,对逆全球化背景下中国的经贸政策制定具有一定启示。

第一节 贸易保护的趋势

世界经济下行背景下,多国贸易保护主义死灰复燃,贸易壁垒规模显著扩张,更多国家和行业卷入其中,提升了全球化前景的不确定性。关税壁垒与非关税壁垒是贸易壁垒的两种形式,均在贸易保护中扮演了重要角色。早期的贸易保护以关税提升为主要手段,虽然效果更加直接和迅速,但容易恶化国际经贸关系。步入 21 世纪,通过国家法律、法令以及各种行政措施形成的非关税壁垒则成为贸易保护主义的首选。

伴随新技术的发展及在国际市场影响力的逐渐扩大,中国的出口企业不仅要面对传统的贸易壁垒,同时也要面对各式新型的贸易壁垒,如技术性壁垒(余子威,2018)、绿色壁垒(丰塔涅等,2001;孙红雨和佟光霁,2019)、服务贸易壁垒(赵瑾,2017)及数字贸易壁垒(汪晓风和周骁,2019)等。

近年来,以美国为典型代表、同时包括欧日等发达国家和地区对华发起的贸易保护主义,更是以关税上调为主要手段,给中国的外贸发展带来了严峻挑战,得益于加入 WTO,中国的平均最惠国适用关税(MFN applied tariff)自 2000 年的 12.93% 下降至 2013 年的 9.45%。以 2018 年金融危机为"分水岭",关税下降的 90% 发生在 2000—2007 年间,之后各国保护主义势力抬头,2007—2013 年关税仅下降了 0.37 个百分点。当前的"逆全球化"表现为直接以关税调控为主要手段的"贸易保护主义",以中美贸易摩擦为代表的多种贸易壁垒也同时出现。换言之,我国目前面临的贸易壁垒既有各种形式的非关税壁垒,也有关税壁垒;既有不同类型的进口限制,同时也有出口限制。

但以往相关研究多集中于分析贸易自由化或单一形式的贸易壁垒的影响,鉴此,本章以经济周期、市场势力与对华贸易壁垒为题,在分析对华贸易壁垒具体类型的基础上,研究不同类型的贸易壁垒与经济周期的对应关系,并考察其内在成因以及市场势力在其中的影响。

本章可能的创新点有三：一是将关税壁垒和非关税壁垒统一在一个视角下，检验经济周期背景下的对华贸易壁垒差异。现有文献多以非关税壁垒尤其是反倾销案件作为贸易摩擦的主要形式展开分析，但关税壁垒与非关税壁垒都是贸易保护主义的表现形式，有可能会同时受到各种因素的影响，本研究将关税壁垒和非关税壁垒置于同一研究视角下，更符合贸易保护主义的现实。二是以往文献多侧重于对单个国家进行分析。本章的研究数据则涵盖了与中国发生贸易关系的 73 个国家，包含了金融危机以及中国入世前后 31 年的数据，因而可以比较深入地分析经济周期和市场势力差异对各国对华贸易壁垒的影响。三是本研究采用的是尽可能细分的行业数据。考虑到我国面临的关税水平及非关税壁垒在行业之间差别很大，同时为规避总量数据的缺陷，本章将采用尽可能细分的行业数据，以探讨 HS6 分位行业层面的贸易壁垒变化情况。

余下内容结构安排：第二部分为理论分析与研究假设；第三部分为研究设计与数据说明；第四部分为估计结果分析；第五部分为稳健性检验，考察影响的国别差异及市场势力对贸易壁垒周期性的影响机制；最后为结论与政策启示。

第二节　贸易保护的周期性理论

一、关税壁垒的周期性理论

经济周期也称为商业周期,指国内生产总值(GDP)围绕长期增长趋势有规律地扩张和收缩。全球化背景下,经济周期体现为世界范围内的周期性规律,如 1929—1933 年的"大萧条"、20 世纪 70 年代西方国家的"滞涨"以及始于 2007 年美国次贷危机并持续至今的全球性衰退。经济周期会通过影响贸易条件左右贸易关系。如郑宝银和林发勤(2009)提出,源于美国次贷危机的世界经济衰退对中国出口贸易增长产生了巨大负面影响;郎丽华和张连城(2011)认为,中国的出口贸易周期决定于世界的经济周期,外部市场环境的低迷会导致出口贸易下行。

贸易壁垒是贸易摩擦的重要形式之一,它是国家结合具体市场环境对贸易实践作出的政策安排,其成因涉及经济和政治两个维度。普遍而言,贸易壁垒大多由进口激增引发,近年来中美贸易谈判中美方的公开诉求之一便是要削减中国对美国的大幅顺差。关税是影响进口商品价格的关键要素,已有研究表明,经济周期与贸易壁垒具有显著的对应关系,并主要表现为贸易壁垒的"逆周期"特征(鲍恩和克劳利,2014)。经济下行令国内进口商的市场保护更为困难,促使政府通过提升关税水平实施市场保护。有关各国对华贸易壁垒的研究,主要是通过描述分析说明各国尤其是美国对华经贸摩擦的逆周期性质(梁碧波,2007;郎丽华,2009;姚洋和邹静娴,2019)。

然而,最近几年涉及关税周期性的相关研究得出了相反结论。如莱克和利纳斯克(2016)采用 72 个国家 2000—2011 年细分产业的面板数据分析了经济周期与最惠国适用关税之间的关系,发现发展中国家呈关税顺周期,而发达国家的关税则无周期性。葛文德等(2015)采用7个发展中国家的数据分析HS6位码层面的实际关税在2009年与2006—2008年的表现,发现关税水平与经济周期之间没有出现明显对应关系。罗斯(2013)的研究也发现二战后美国或世界范围内的贸易保护主义并非逆周期。

对世界范围内的经济周期与对华关税壁垒之间的经济关系进行分析,需从经济周期与对华关税水平的趋势特征出发。以美国为例,美国宏观经济走势与美国对华贸易摩擦的激烈程度可能不是线性负相关,即美国国内经济的繁荣,并不能保证中美贸易关系的改善,甚至还可能带来相反的效果。以2007年的次贷危机为"分水岭",中国经济增速呈现出"由高速向中高速"转变的趋势,国内外的市场压力加剧了中国对外贸易顺差,为关税壁垒埋下伏笔。21世纪前十年中,以中国为代表的发展中国家市场增速较为乐观,带动了全球贸易市场规模扩大和增速加快。但随着后危机时代的到来,世界经济和贸易市场持续低迷,来自经济和政治的双重压力加剧了对华贸易摩擦。中国自加入WTO以来,经过多轮WTO多边框架下的关税减让谈判,成员国的双边关税水平已处于相对较低的水平。然而,后金融危机时代,美国的"本国优先"战略令以关税对抗为手段的贸易保护主义骤然"升温",并集中反映到中美贸易摩擦中。一方面,推进贸易自由化已深入人心,只有经济运行良好时,提高关税的政策才能获得国际认同和国内支持;另一方面,中国经济体量巨大,国内生产总值排名世界第二,对华关税上升难免导致中国"以牙还牙",只有他国经济表现强劲时,才有后劲以关税为手段与中国持续对抗。基于以上分析,本章提出:

假设1a:经济周期与对华关税壁垒正相关,即关税壁垒具有顺周期性。

二、非关税壁垒的周期性理论

非关税壁垒是贸易壁垒的另一重要形式,它常常连同关税壁垒,同时被作为贸易保护主义的利器。2018年初美国对华启动"301调查",图谋依据调查结果对从中国进口的商品大规模征收关税,不久中美贸易战愈演愈烈。

非关税壁垒包括贸易救济措施、技术贸易壁垒、进出口产品歧视等多种形式。与关税壁垒不同,非关税壁垒因具有多样性、隐蔽性的特点,因而受到贸易保护主义的青睐,21 世纪以来被多个国家在多个行业广泛使用。来自中国贸易救济信息网的数据显示,2001—2018 年全球针对中国的贸易救济案件总计 1656 起,相比 1980—2000 年的 290 起增加了 4.7 倍。随着近年来关税下降成为主流,国际贸易的研究重点也从贸易政策转向了贸易自由化及非关税壁垒(戈德堡和帕夫尼克,2016)。

传统经济理论认为,经济下行期间的贸易政策会更趋保守。但也有不少研究发现,经济下行时期的非关税壁垒也存在顺周期的可能。如鲍恩和克劳利(2013)采用 1998—2010 年间 OECD 五个发达经济体的季度数据,考察了经济周期与非关税壁垒之间的关系,发现美国宏观经济受到负向冲击时会提高受贸易壁垒影响的细分产品组数量,相比危机时期,这一现象在次贷危机前后更加明显。奥特利(2015)的研究则发现,美国的实际 GDP 增长率与反倾销诉求数量正相关。

部分研究提出非关税壁垒具有顺周期性特征,但有更多研究提出非关税壁垒具有逆周期性。如克内特和普吕萨(2003)考察了美国、欧盟、加拿大和澳大利亚等传统的反倾销使用国的诉讼与宏观经济因素之间的关系,发现美元升值将导致反倾销诉讼增加。阿格瓦尔(2004)以实际 GDP 增长率降低表征宏观经济压力上升,发现经济压力上升期间反倾销诉讼的数量也会增加。"后危机时代"美联储通过加息以图吸引资本回流、增强国内市场活力,这一举动也引致了广泛的贸易摩擦。如欧阳日辉等(2010)采用 1971—2009年的数据考察了美国的边际进口倾向波动,发现在美国经济衰退期,中美贸易摩擦的频率和强度双双上升。渠慎宁和杨丹辉(2009)也采用了类似的数据和方法,并同样发现当经济处于下行时,美国的贸易保护政策会增强。格伦德克和莫泽(2019)的研究表明,美国实施非关税壁垒往往具有逆周期特点,即经济较差时会更多地使用非关税壁垒,反之则会减少使用。王晰(2014)运用 1989—2012 年全球农业临时性贸易壁垒(Temporary Trade Barriers,TTB)的 HS8 分位产品层面数据,发现农业 TTB 从总体样本来看具有逆周期特征。

考虑到贸易壁垒的不同形式具有不同的决策机制,关税壁垒和非关税壁垒可能会表现为不同的周期性。如董等(2013)的研究发现,只有少数国家在2008—2009年金融危机期间显著提高了关税,而美国在此期间只有反倾销壁垒相对温和上升。徐芳燕和陈劲潼(2017)分析了印度对中国反倾销数据,发现当期印度GDP实际增长率变化并未对印度对中国发起反倾销强度产生显著影响。一方面,在国际贸易中,作为非关税壁垒的主要表现形式,反倾销和反补贴壁垒因其隐蔽性特点,可能并不会随着经济周期的上行或下行而相应波动。出于保护本国产业的考虑,无论经济处在繁荣期还是衰退期,许多国家都有可能发起针对中国的反倾销和反补贴调查,这一点从中国加入WTO之后经历越来越多的反倾销反补贴审查就可看出,所以非关税壁垒的周期性可能并不明显。另一方面,相比实际关税政策的制定,非关税壁垒措施的实施主要考虑的是国内进口竞争部门的利益,因而往往具有更大灵活性和针对性,进而经济周期可能并不是影响非关税壁垒的主要因素。基于以上分析,本章提出:

假设1b:经济周期与对华非关税壁垒关系不大,即非关税壁垒不具有周期性特征。

三、经济周期对贸易壁垒的影响机制

(一)关于市场势力与关税壁垒

除经济局势、贸易依存度等因素,市场势力对各国的对华贸易壁垒也有重要影响。各国不同行业的市场势力强弱会影响政府的对外贸易政策制定,并最终体现在不同类型贸易壁垒的周期性差异中。市场势力在贸易政策尤其是关税制定中具有重要作用(鲁德马和梅达,2013;尼西塔等2018)。贝什卡尔等(2015)认为市场势力与关税之间的关系取决于市场势力的大小,且是非单调的。布鲁达等(2008)采用15个非WTO成员的数据进行分析,发现市场势力比关税收入及游说变量更能解释这些国家的关税变化。巴格韦尔和施泰格尔(2011)则提出,一国的进口商如果拥有更大的市场势力,那么其在加入 WTO 谈判中的关税约束时便可能有更大程度的让步。特雷弗勒(1993)指出贸易保护程度会随着进口竞争的程度以及国内游说力量的增加而上升。

传统观点认为,贸易保护是一种逆周期现象。在经济衰退期,进口竞争企业会更努力地游说政策制定者,提高相应产品的关税水平并申诉进口商品存在倾销。不过,市场上不只有进口竞争厂商,还有出口商以及进口中间品的厂商。这些厂商可能在本国挑起的贸易争端中遭受较大损失,因而没有理由认为政策制定者会倾向于维护进口竞争部门的利益。基于此,一些研究者否定了国内政治经济导致贸易保护周期性的解释,转而寻找贸易条件外生性的理论解释(巴格韦尔和施泰格尔,2003)。具有较高市场势力的国家倾向于设定较高的最优关税水平,以改善本国的贸易条件。因为需求是顺周期的,在经济繁荣期,需求曲线向上移动,并与出口供给曲线交叉于供给曲线富有弹性的区域,此时相比原来的均衡点,进口商将拥有更强的市场势力,而作为一种价格表现,此时的最优关税水平也更高。这意味着市场势力与关税都是顺周期的。换言之,与市场势力较低的行业相比,市场势力较高的行业,其经济周期对关税水平的影响更大。如莱克和利纳斯克(2016)提出,关税水平的顺周期由发展中国家顺周期的市场势力推动。

(二)关于市场势力与非关税壁垒

相比关税贸易壁垒与市场势力关系的研究,目前有关非关税贸易壁垒与市场势力关系的研究较少。鲍恩和托瓦(2016)考察了市场势力在进口贸易保护中的作用;刘悦和刘建江(2019)认为提升我国非国有经济的单位市场势力有助于提高中国应对反倾销的成功概率;杨飞等(2018)的研究发现经济因素对美国对华反倾销影响较小,而利益集团游说是美国对华反倾销的主要影响因素之一。关税措施与非关税措施在制定及实施方面存在显著不同,实际关税的设定需要平衡进口竞争部门内外的多产业利益,且具有一定的延续性,一旦实施短期内不易取消;而非关税壁垒措施的实施主要考虑的是国内行业或部分企业的需求,制定程序简单,能随时实施且有一定期限,所以通常也被称为临时性贸易壁垒。以反倾销申诉资格为例,现实中美国的反倾销申诉方一般为企业、工会或行会这些利益相关方。在决定是否展开反倾销调查前,首先要确定该项指控是否会得到国内多数厂商的支持,赞成反倾销的厂商生产产量要占全部有关厂商总产量的一半以上,而且要占美国同类产品总产量25%以上。欧盟的状况与之相类似,申请人产量达到一定条件即可直接或间接通过本国政府向欧盟委员会提交反倾销调查申请。可见,相较于关税壁垒,非关税壁垒更容易受到市场势力的影响。同时,鉴于各国关税壁垒的实施程序,对华关税壁垒的周期性也将不可避免地受到市场势力的影响。基于以上分析,本章提出:

假设 2a:市场势力与对华关税壁垒的关系不确定,不过较强的市场势力可能增大经济周期对关税壁垒的正向影响。

假设 2b:市场势力与对华非关税壁垒正相关,较强的市场势力会提高对华非关税壁垒。

第三节　贸易保护的周期性检验

一、计量模型构建

为考察经济周期对我国所面临的贸易壁垒的影响,构建如下模型分别估计关税壁垒和非关税壁垒:

$$tariff_{ijt} = \theta_0 + \theta BC_{i,t-1} + \kappa X_{ijt} + \upsilon_t + \upsilon_{i,HS4} + \varepsilon_{ijt} \tag{2-1}$$

$$ttbd_{ijt} = \varphi_0 + \alpha BC_{i,t-1} + \beta X_{ijt} + \gamma_t + \gamma_{i,HS4} + \xi_{ijt} \tag{2-2}$$

其中,i 表示国家,j 表示产品,t 表示年份;$tariff_{ijt}$ 为被解释变量,表示 HS6 分位行业下 i 国在 t 期对我国 j 产品的最惠国适用关税;$ttbd_{ijt}$ 为虚拟变量,若 t 期 i 国针对中国的 j 产品发起了反倾销或反补贴调查,则为 1,否则为 0;$BC_{i,t-1}$ 表示 i 国在 $t-1$ 期的经济周期情况;控制变量集合 X_{ijt} 包括 i 国对 j 产品的市场势力 mp_{ij},i 国在 t 期是否属于世贸组织成员国 wto_{it},各国对我国的进口依赖程度 im_{ij},世贸组织成员对我国产品的进口依赖程度 wto_im_{ijt} 以及 i 国实际 GDP 的滞后一期趋势 $trend_{i,t-1}$ 等;υ_t、γ_t 及 $\upsilon_{i,HS4}$、$\gamma_{i,HS4}$ 分别表示年份固定效应和国家×行业联合固定效应;ε_{ijt} 及 ξ_{ijt} 为随机扰动项。

二、数据说明

(一)被解释变量

(1)关税壁垒($tariff$)。本章的 HS6 分位行业关税数据来自世界综合贸

易数据库(World Integrated Trade Solution，WITS)。因研究重点为经济周期
对关税及非关税的影响,而经济周期是立足于长期而对市场环境的周期性波
动规律作出的概括和描述,因此,虽各国经济周期的长短及各期所处阶段不
同,本章将选取尽量长的时间区间。其中,关税的时间跨度为 1988—2018
年,涵盖 73 个国家(地区)①。计算时对其进行上下 0.5% 的缩尾处理。

(2)非关税壁垒($ttbd$)。本章所使用的非关税壁垒数据来自世界银行反
倾销数据库(鲍恩,2010)。这一数据库记录了 1980—2015 年以来世界各国
实施的反倾销、反补贴调查,同时也提供了基于 HS2、HS4、HS6 或 HS8 位码
受影响产品的详细信息、调查结论、撤销时间以及针对调查结论所实施的相
应措施等。因 HS6 位码提供了足够详细的产品信息,为与关税变量保持一
致,把各国对华反倾销、反补贴数据统一成 HS6 位码。因反倾销和反补贴是
非关税壁垒的最常用手段,故本章考虑的非关税壁垒变量为 $ttbd_{ijt}$(t 期 i 国针
对中国的 j 产品实施了反倾销或反补贴调查为 1,否则为 0)。同时,在异质
性分析部分,区分了反倾销 gad_{ijt}(t 期 i 国针对中国的 j 产品实施了反倾销调
查为 1,否则为 0)和反补贴变量 $gcvd_{ijt}$(t 期 i 国针对中国的 j 产品实施了反补
贴调查为 1,否则为 0)。反倾销、反补贴数据包含了 29 个国家(地区)②,时
间跨度为 1989—2015 年。其中,反倾销审查案件约占历年各国对华反倾销
案件总数的 97%,反补贴审查案件约占各国对华反补贴案件总数的 98%,说
明本章的数据具有较好的代表性。

---

① 关税数据涉及的国家有:阿尔巴尼亚、安提瓜和巴布达、阿根廷、澳大利亚、巴林、孟
加拉国、玻利维亚、巴西、文莱、喀麦隆、加拿大、中非共和国、斯里兰卡、智利、哥伦比亚、古巴、
厄瓜多尔、萨尔瓦多、加蓬、格鲁吉亚、加纳、危地马拉、圭亚那、洪都拉斯、冰岛、印度、印度尼
西亚、以色列、科特迪瓦、日本、哈萨克斯坦、约旦、肯尼亚、韩国、老挝、马达加斯加、马来西亚、
马里、毛里求斯、墨西哥、蒙古国、阿曼、尼泊尔、新西兰、尼加拉瓜、尼日尔、挪威、巴基斯坦、巴
拿马、巴布亚新几内亚、巴拉圭、秘鲁、菲律宾、卡塔尔、俄罗斯、沙特阿拉伯、塞内加尔、新加
坡、越南、南非、瑞士、泰国、多哥、特立尼达和多巴哥、突尼斯、土耳其、马其顿、埃及、美国、乌
拉圭、委内瑞拉、赞比亚以及欧盟。
② 反倾销反补贴数据涉及的国家有:阿根廷、澳大利亚、巴西、加拿大、智利、哥伦比亚、
哥斯达黎加、厄瓜多尔、印度、印度尼西亚、以色列、日本、韩国、马来西亚、墨西哥、新西兰、巴
基斯坦、巴拉圭、秘鲁、菲律宾、俄罗斯、南非、泰国、特立尼达和多巴哥、土耳其、美国、乌拉圭、
委内瑞拉以及欧盟。

图2-1、图2-2分别给出了美国的经济周期与美国对华"双反"审查数量和关税提高的商品占比趋势变化。从"双反"审查数量变化可知,在20世纪90年代初期、中国入世前后以及金融危机前后,美国对华反倾销审查数量都呈现较高水平,反补贴审查数量在金融危机后逐渐增多。从关税提高的商品占比变化可知,1997—2006年及2008—2017年美国对华关税提高的商品比例呈现下降趋势,而2018年有超过50%的中国输美商品(HS6位码)面临不同程度的关税上升。

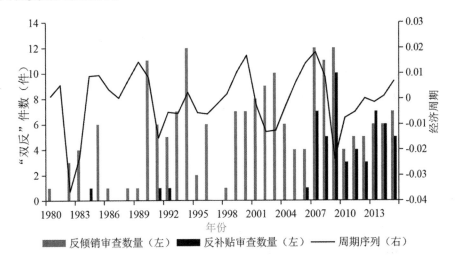

图2-1　1980—2015年美国对华反倾销、反补贴审查数量与美国经济周期变化情况

注:图中数据根据世界银行反倾销数据库及世界银行发展指标数据库(World Bank's World Development Indicators)整理得到。其中,经济周期序列为美国实际GDP的自然对数经过HP滤波得到的周期成分,图2-2同。

(二)解释变量

(1)经济周期(*BC*)。大多数文献采用HP滤波法将宏观经济变量趋势项剔除得到周期性成分(Rose,2013),本章也采用这一方法。HP滤波把国家i的实际GDP(Y_{it})分解成周期成分(BC_{it})和趋势成分($trend_{it}$)。其中,$BC_{it} = 0.01$意味着实际GDP(对数形式)高于趋势值0.01点(约1%)。如拉夫恩和尤利希(2002)所说,尽管已有许多去趋势的滤波方法被开发出来,但

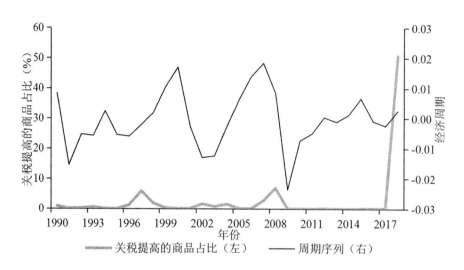

图 2-2 1990—2018 年美国对华关税提高的商品占比与美国经济周期变化情况

是 HP 滤波将仍是其中一种标准方法。其中,实际 GDP 数据来自世界银行发展指标数据库,且经对数处理。根据假设 1a 和 1b,在关税壁垒的估计中,经济周期前面系数为正;非关税壁垒模型中,经济周期前面系数不确定。考虑到贸易壁垒可能与一国的发展水平有关,本章同时控制了 i 国实际 GDP 趋势的一阶滞后项 $trend_{i,t-1}$。

（2）市场势力（mp）。本章的市场势力数据来自 Nicita 等（2018）提供的公开数据。本章借鉴以往文献的做法,采用出口供给弹性倒数的自然对数 $\ln(1/e_{ij}^x)$ 表示进口国 i 对产品 j 的市场势力。其中 e_{ij}^x 表示进口国 i 在 j 产品细分市场所面临的出口供给弹性。之所以采用细分产品层面的数据,一方面是因为细分数据可以发现总量数据发现不了的问题;另一方面,差异化的产品相比同质化产品具有更高的市场势力,差异化产品与同质化产品生产商对应利益团体的游说力量也有所差异,细分产品层面的数据正好可以捕捉到这种差异。根据假设 2a 和 2b,在关税壁垒的估计中,市场势力前面系数不确定;非关税壁垒模型中,市场势力前面系数预期为正。

（3）是否属于世贸组织成员（wto_{it}）。若 t 期 i 国属于 WTO 成员则为 1,否则为 0。因降低关税是世贸组织成员国之间的重要约定,所以预期关税估计模型中 wto_{it} 前面的系数为负,非关税壁垒模型中 wto_{it} 对非关税壁垒的影响则不确定。这是因为:一方面,因受世贸组织规则约束, wto_{it} 可能有助于降低 i 国对我国实施非关税壁垒调查频率。如钱学锋和龚联梅(2017)利用 2000—2014 年世界银行全球反倾销数据库的反倾销数据进行研究时发现,市场经济会显著降低中国遭受反倾销调查的可能性。另一方面,因非关税壁垒相对关税壁垒具有隐蔽性,相比非 WTO 成员,WTO 成员更有可能诉诸于反倾销反补贴调查,并对我国实施贸易壁垒。因此, wto_{it} 对非关税壁垒的影响并不确定。wto_{it} 数据来自世贸组织网站①。

(4)世贸组织成员的进口依赖(wto_im)。根据鲁德马和梅达(2013)及莱克和利纳斯克(2016)的研究,PTA 成员比非 PTA 成员拥有更强的保持关税稳定的能力,若该国从中国的进口占比较大,那么该国影响自中国进口产品关税及非关税贸易政策的能力也更强,因而应控制特惠贸易协定(PTA)成员的进口额占比。考虑到世贸组织成员在国际贸易中能给与对方贸易优惠待遇及世贸组织的影响力,本章引入 wto_im 变量,且有 $wto\_im_{ijt}=wto_{it}\times im_{ij}$ 。但对中国出口产品提升关税及实施反倾销反补贴调查,可能会反过来影响该国对中国产品的进口依赖程度。为规避这一内生性问题,本章选取不随时间变化的各产品进口贸易额(im)进行分析, im_{ij} 表示 i 国 j 产品某一年对我国的进口依赖程度。考虑到我国 2001 年加入世界贸易组织,所以取 2000 年的贸易数据进行分析。im_{ij} 的计算公式为: $im_{ij}=im_{ijc}/im_{ijw}$,其中 im_{ijc} 代表 2000 年 i 国从中国进口 j 产品的贸易额, im_{ijw} 表示 2000 年 i 国的 j 产品从世界各国的进口总额。进口贸易数据来自世界综合贸易数据库。表 2-1 表明了主要变量的描述性统计特征。

表 2-1　主要变量的描述性统计特征

变量	观测值个数	均值	标准差	最小值	最大值
tariff	3 695 540	9.036 7	9.498 2	0	50
BC	3 693 151	0.000 2	0.017 1	-0.176 0	0.199 1
trend	3 693 151	25.859 0	2.120 4	20.536 8	30.511 0

① https://www.wto.org/english/thewto_e/acc_e/acc_e.htm.

续表

变量	观测值个数	均值	标准差	最小值	最大值
mp	1 748 023	−1.999 0	1.983 3	−6.907 7	6.840 8
wto	3 695 540	0.932 7	0.250 6	0	1
im	2 693 228	0.107 9	0.207 2	0	1
wto_im	2 693 228	0.097 0	0.198 4	0	1
ttbd	956 429	0.001 3	0.036 5	0	1

第四节 检验结果及分析

一、关税壁垒的基本回归结果

本章采用了多个国家细分行业的数据,需引入多维固定效应。为此,首先采用 OLS 方法进行估计。表 2-2 为各国针对中国商品的关税壁垒对经济周期的 OLS 估计结果。

从表 2-2 可以看出,经济周期(BC)的系数显著为正,说明我国出口企业面临顺周期的关税变化,这与假设 1a 一致。GDP 趋势(trend)的系数显著为负。引入市场势力及世贸组织成员的进口依赖程度变量后,核心解释变量经济周期的估计系数仍然为正,且在 1% 水平下显著。具体而言,考虑到经济周期的最大值与最小值之间的缺口为 0.375,表 2-2 第(1)列经济周期的估计系数 1.63 意味着经济由衰退期向繁荣期转变,别国对我国出口企业施加的关税由此变动 0.61% 个点(1.63×0.375),考虑到样本期内实际关税平均变化为 -0.27%,经济周期的变动足以逆转关税变化趋势。无论是否控制 GDP 趋势、市场势力及 WTO 成员的进口依赖程度等变量,表 2-2(1)-(3)列的拟合优度都达到了 70% 以上。

表 2-2 关税壁垒估计结果

变量	(1)	(2)	(3)
BC	1.631 6 *** (0.174 4)	1.755 9 *** (0.260 8)	0.725 5 *** (0.267 5)
trend	-5.963 9 *** (0.029 2)	-7.236 5 *** (0.043 7)	-6.909 7 *** (0.044 2)
mp		-0.001 4 (0.002 3)	-0.001 4 (0.002 3)

续表

变量	(1)	(2)	(3)
im			−0.272 8 ***
			(0.091 9)
wto			−1.592 0 ***
			(0.035 9)
wto_im			0.713 9 ***
			(0.091 2)
常数项	163.046 7 ***	201.385 8 ***	194.420 0 ***
	(0.7558)	(1.1677)	(1.181 7)
时间效应	控制	控制	控制
国家×行业效应	控制	控制	控制
R^2	0.771 5	0.778 7	0.780 2
样本量	3 691 587	1 747 060	1 680 763

注:*、**和***分别代表在 10%、5%和 1%水平上显著;括号内为稳健标准误。下表同。

其他变量方面,实际 GDP 趋势滞后 1 期的系数显著为负,说明实际 GDP 的趋势上升时,关税水平将下降。尽管其他文献强调市场势力对关税设定的重要作用,但表 2-2 显示市场势力对我国出口产品面临的关税作用并不显著。从第(3)列看出,是否为世贸组织成员国对我国出口商品面临的关税具有负向影响,说明样本期内世贸组织成员国倾向于降低来自中国商品的进口关税。世贸组织成员与进口依存度的交叉项系数显著为正,则意味着世贸组织成员国对中国商品进口依赖程度的上升不利于关税的进一步下降。

二、非关税壁垒的基本估计结果

表 2-3 为非关税壁垒与经济周期的 OLS 模型估计结果。其中,因变量为是否实施非关税壁垒(*ttbd*)。从表 2-3 可以看出,经济周期对别国针对中国是否实施反倾销反补贴调查的影响为正但并不显著,说明对华非关税壁垒并未显示出显著的周期性,这与假设 1b 一致。其他变量方面,对中国商品的进口依赖程度(*im*)显著为正,对世贸组织成员的进口依赖程度(*wto_im*)显

著为负,说明贸易依存度上升更易导致针对我国商品的反倾销反补贴审查,进口过度依赖我国可能会使该进口国的贸易政策制定者很容易产生警觉,增加双反审查频次,不过若是 WTO 成员则可能会削弱贸易依存度(im)的正向影响。值得注意的是,第(2)-(3)列均显示市场势力系数为正,且在 10% 的水平下显著。

表 2-3 非关税壁垒估计结果

变量	(1)	(2)	(3)
BC	0.001 9 (0.002 2)	0.001 9 (0.002 2)	0.003 0 (0.002 5)
$trend$	−0.001 1** (0.000 5)	−0.001 1** (0.000 5)	−0.001 2** (0.000 5)
mp		0.000 0* (0.000 0)	0.000 1** (0.000 0)
im			0.003 2*** (0.000 8)
wto			(D)
wto_im			−0.001 9*** (0.000 7)
常数项	0.035 9** (0.014 5)	0.036 0** (0.014 5)	0.038 2** (0.015 7)
时间效应	控制	控制	控制
国家×行业效应	控制	控制	控制
R^2	0.038 3	0.038 3	0.037 4
样本量	955 932	955 932	802 463

注:因 wto 变量与因变量均为虚拟变量,控制多维固定效应的情况下,由于共线性的存在,所以估计结果中 wto 变量被忽略。

表 2-2 与表 2-3 市场势力的估计结果表明,别国垄断集团对贸易政策的直接干扰可能主要体现在非关税壁垒方面,而对关税政策的影响不大。一般而言,别国国内厂商可以随时提起针对另一国的反倾销或反补贴调查申请,而一国关税政策的制定和调整往往较为复杂,所以市场势力的作用可能并不明显,这也证明了前文提出的假设 2a 和假设 2b。

第五节　稳健性及异质性检验

一、稳健性检验

下面对上述回归结果进行稳健性检验。先更换估计方法,分别采用泊松伪最大似然估计(PPML)和 Logit 模型对关税壁垒和非关税壁垒进行重新检验,再更改经济周期计算方法,采用 BK(Baxter-King)滤波作为经济周期的衡量指标,分别对关税和非关税模型进行重新估计,以避免经济周期计算方法对回归结果产生影响。

一是采用泊松伪最大似然估计(PPML)和 Logit 模型对关税壁垒和非关税壁垒重新检验。

考虑到本章的样本量,尽管直接采用 OLS 方法估计比较方便,但 OLS 方法假定因变量既可为正也可为负,即未考虑到关税水平的非负约束。借鉴 Beshkar 等(2015)的研究,应采用 Tobit 模型进行估计,不过当固定效应存在及特异性误差为异方差时,Tobit 模型可能会产生不一致的估计量。泊松拟最大似然估计(PPML)方法在引力模型的相关文献中较为常用,所以本章采用 PPML 方法估计经济周期对关税的影响。此外,因非关税壁垒为虚拟变量,本章使用 Logit 模型估计经济周期对非关税壁垒的影响。表 2-4 报告了采用 PPML 方法和 Logit 模型估计经济周期对贸易壁垒影响的结果。

表 2-4　贸易壁垒与经济周期的 PPML 和 Logit 估计结果

变量	(1)	(2)	(3)	(4)	(5)	(6)
	tariff			*ttbd*		
BC	0.158 0*** (0.031 5)	0.237 3*** (0.043 2)	0.180 8*** (0.044 4)	1.082 9 (2.082 7)	1.127 0 (2.101 1)	2.024 5 (2.240 0)
trend	-0.475 8*** (0.016 1)	-0.600 1*** (0.024 4)	-0.569 0*** (0.025 0)	-0.021 2 (0.017 8)	-0.024 6 (0.017 8)	-0.059 9*** (0.018 7)
mp		-0.000 2 (0.000 6)	-0.000 3 (0.000 6)		0.099 0*** (0.017 3)	0.122 0*** (0.018 9)
im			-0.193 5*** (0.020 4)			1.815 8*** (0.596 4)
wto			-0.307 9*** (0.011 1)			0.120 7 (0.523 0)
wto_im			0.270 6*** (0.021 0)			-1.068 5* (0.605 9)
常数项	(D)	(D)	(D)	-8.038 6*** (0.554 2)	-7.731 8*** (0.556 8)	-6.861 1*** (0.765 9)
时间效应	控制	控制	控制	控制	控制	控制
国家× 行业效应	控制	控制	控制	控制	控制	控制
R^2	0.037 1	0.038 7	0.042 4	0.000 1	0.000 2	0.000 3
样本量	3 338 758	1 574 721	1 511 736	948 355	948 255	794 866

从表 2-4 可以看出,关税壁垒方面,经济周期变量的系数仍显著为正。就经济含义而言,给定经济周期变动 0.375 以及关税的实际平均值 9.04%,表 2-4 第(1)列系数 0.1580,意味着随着经济周期变动,关税将会变化 0.55 个百分点([exp(0.158 0×0.375)-1] ×9.04%),与表 2-2 采用 OLS 方法估计的 0.61 个百分点相差不大。表 2-4 第(2)(3)列显示,市场势力及贸易依存度变量的引入对经济周期变量系数符号及显著性水平几乎没有影响。此外,市场势力、是否为自贸组织成员、贸易依存度及两者交互项的系数符号和显著性等,与表 2-2 相比并无明显变化。

非关税壁垒方面,表 2-4 第(4)-(6)列为反倾销变量的估计结果,经济周期的回归系数为 1.08 至 2.02,但不显著。第(4)-(6)列经济周期的检验结果与表 2-3 的检验结果一致,表明经济周期对非关税壁垒的影响不显著,别国针对我国实施的非关税壁垒并未显示出明显的周期性。

其他变量方面,对中国商品的进口依赖程度显著提升了对华实施非关税壁垒的可能性,不过世贸组织成员变量有助于缓解贸易依存度上升导致的非关税贸易摩擦。(5)-(6)列均显示市场势力系数为正,且在 1%水平下显著。第(5)列市场势力系数 0.0990,显示市场势力上升 1 个单位将会导致我国出口商品面临反倾销反补贴审查的概率上升约 10%(exp(0.099)-1),第(6)列系数为 0.122,意味着反补贴审查概率将上升约 13%(exp(0.122)-1),表明别国对某产品的市场势力越大,越有可能针对中国在该产品实施反倾销反补贴调查。

二是采用 BK(Baxter-King)滤波作为经济周期的衡量指标,分别对关税和非关税模型进行重新估计。

表 2-5 报告了基于 BK 滤波方法计算经济周期的估计结果。其中,第(1)(2)列为关税壁垒影响因素的回归结果,与表 2-2 结果一致,经济周期的系数仍然显著为正,表明别国针对我国商品施加的关税具有顺周期性;GDP趋势系数均为负且在 1%的水平下显著;市场势力变量不显著,说明市场势力对我国商品面临的关税没有显著影响。第(3)(4)列给出了经济周期对非关税壁垒的影响,与表 2-3 一致,市场势力变量系数仍在 10%水平下显著为正。即表 2-5 基于 BK 滤波的估计结果与表 2-2、表 2-3 使用 HP 滤波方法的主要估计结果保持一致,说明本章研究结论具有良好的稳健性。

表 2-5 基于 BK 滤波方法计算经济周期的检验结果

变量	(1) tariff	(2) tariff	(3) ttbd	(4) ttbd
BC	8.600 8*** (0.184 1)	5.735 9*** (0.271 1)	0.002 9 (0.002 2)	0.002 9 (0.002 2)
trend	-7.282 5*** (0.035 0)	-7.937 4*** (0.049 6)	-0.001 3*** (0.000 5)	-0.001 3*** (0.000 5)

变量	(1) tariff	(2) tariff	(3) ttbd	(4) ttbd
mp		-0.001 9 (0.002 4)		0.000 0* (0.000 0)
常数项	197.036 3*** (0.902 4)	219.946 9*** (1.323 2)	0.039 6*** (0.014 7)	0.039 7*** (0.014 7)
时间效应	控制	控制	控制	控制
国家×行业效应	控制	控制	控制	控制
R^2	0.772 6	0.778 9	0.039 1	0.039 1
样本量	3 385 216	1 614 724	946 804	946 804

二、国别异质性与影响差异检验

下面分析发展水平不同的国家在对华贸易壁垒方面的差异。依据世界综合贸易数据库国别分类数据将所有样本分为高收入国家与低收入国家两类子样本,并对美国进行单独分析。

(一)关税壁垒的异质性检验结果

表2-6第(1)列显示,低收入国家的经济周期对关税的影响显著为正,这与莱克和利纳斯克(2016)对发展中国家组的分析结论类似;第(2)列显示,高收入国家的经济周期对关税的影响为正但不显著。即低收入国家在经济运行良好时将提高自中国进口商品的实际关税,经济状况不佳时将降低实际关税;高收入国家的对华关税则并未显示出明显的周期性。低收入国家对华关税对经济周期的敏感程度远大于高收入国家,也高于表2-2的全样本估计结果。其他变量方面,低收入国家的GDP趋势对关税具有显著的负向影响,高收入国家的GDP趋势对关税的影响也显著为负;各国市场势力对关税的影响依然不显著。第(3)列为采用美国数据的估计结果,可以看出,美国的经济周期对中国商品关税的影响系数显著为负。给定美国经济繁荣时经

济周期的最大值与衰退时经济周期的最小值之差为0.04,系数-5.053 6意味着美国对华实际关税将会随经济周期的变化产生约0.2个百分点(5.053 6×0.04)的变化。这意味着美国在经济衰退期将会提高自中国进口的商品关税,经济繁荣时将会降低自中国进口的商品关税。这一点与其他的高收入国家有着明显的不同。

表2-6 关税壁垒的异质性检验结果

变量	(1) 低收入国家	(2) 高收入国家	(3) 美国
BC	12.611 1*** (0.430 4)	0.122 9 (0.266 8)	-5.053 6*** (0.761 9)
$trend$	-13.870 0*** (0.089 4)	-1.560 3*** (0.033 3)	-3.855 2*** (0.042 7)
mp	-0.002 4 (0.003 9)	-0.000 4 (0.002 3)	
常数项	375.827 3*** (2.358 6)	47.972 7*** (0.901 7)	120.455 8*** (1.290 9)
时间效应	控制	控制	未控制
国家×行业效应	控制	控制	控制
R^2	0.757 2	0.823 4	0.779 2
样本量	837 166	777 558	98 188

注:第(3)列的国家×行业效应实际控制的是HS4分位的行业效应,因市场势力随国别行业变动,所以未控制市场势力。

(二)非关税壁垒的异质性检验

表2-7揭示了非关税壁垒周期特征的异质性,其中第(1)-(3)列为收入异质性的影响,第(4)(5)列分别为反倾销、反补贴周期性的分类估计。(1)-(3)列显示,高收入国家与美国经济周期的估计系数均显著为正,且美国经济周期的系数为0.056 7,是高收入国家的6.37倍,说明美国以及其他高收入国家针对中国的非关税壁垒呈现出顺周期特点,而低收入国家的对华非关税壁垒周期性表现不明显。表2-7第(4)-(5)列为反倾销、反补贴周期性的

分类估计。后者显示经济周期的系数显著为负,说明反补贴壁垒具有逆周期性;前者则显示经济周期的系数不显著,说明反倾销壁垒不具有周期性。对高收入国家和反补贴审查来说,市场势力前面系数显著为正,而低收入国家和反倾销审查中,市场势力前面系数不显著,说明市场势力对非关税壁垒的正向影响主要体现在高收入国家及反补贴审查,高收入国家的市场势力越强,越有可能针对中国的产品发起反补贴调查。

结合关税壁垒异质性的分析,低收入国家对华关税顺周期、非关税壁垒无周期性,可能是因为我国经济体量庞大,当低收入国家经济运行良好时,其实施提高关税的贸易保护主义更有底气;而实施非关税壁垒一般需要健全的法律体制,相比高收入国家,低收入国家相关体制机制不甚健全,所以其实施非关税壁垒也未显示出一定规律。美国对华关税逆周期、非关税壁垒顺周期,这可能是因为当美国自身经济运行良好时,更倾向于奉行单边主义及贸易保护主义,也更有冲动基于保护本国产业的立场实施对华反倾销反补贴审查;而当经济运行状况不佳时,为转移国内矛盾,美国很可能提高对华关税,发起贸易战。

表 2-7　非关税壁垒的异质性检验结果

变量	(1) 低收入国家	(2) 高收入国家	(3) 美国	(4) gad	(5) gcvd
BC	-0.000 8 (0.002 9)	0.008 9** (0.003 7)	0.056 7** (0.022 4)	0.002 2 (0.002 2)	-0.000 8** (0.000 4)
trend	-0.001 6 (0.001 1)	-0.000 7* (0.000 4)	0.005 6*** (0.001 4)	-0.000 7 (0.000 5)	-0.001 6*** (0.000 2)
mp	0.000 0 (0.000 0)	0.000 1** (0.000 0)		0.000 0 (0.000 0)	0.000 0** (0.000 0)
常数项	0.049 9 (0.032 4)	0.022 4** (0.011 1)	-0.166 2*** (0.042 4)	0.022 4 (0.014 2)	0.048 5*** (0.005 0)
时间效应	控制	控制	未控制	控制	控制
国家×行业效应	控制	控制	控制	控制	控制

变量	(1) 低收入国家	(2) 高收入国家	(3) 美国	(4) *gad*	(5) *gcvd*
R^2	0.045 9	0.026 8	0.055 4	0.037 3	0.028 4
样本量	484 396	471 536	69 948	955 932	955 932

注:第(3)列控制了行业效应,因市场势力随行业变动,所以未控制市场势力变量。

三、经济周期影响关税壁垒的机制

由以上分析可知,各国对华关税壁垒呈现显著的顺周期特征,非关税壁垒则未见明显的周期性,市场势力与各国对华非关税壁垒正相关。那么市场势力是否推动关税壁垒顺周期呢? 理论上,在经济繁荣期,需求曲线会向上移动,并与出口供给曲线相交于供给曲线富有弹性的区域,此时,相比原来的均衡点,进口商将拥有更高的市场势力,对应的均衡关税水平也更高。多数文献基于因果逐步分析法分析影响机制,不过本章的市场势力变量在国家—行业层面是固定的,不随时间而改变。为检验经济周期对关税壁垒的影响机制,本章在基准模型的基础上加入经济周期与高市场势力虚拟变量的交叉项,具体设定模型如下:

$$tariff_{ijt} = \alpha_0 + \alpha_1 BC_{i,t-1} + \alpha_2 BC_{i,t-1} \times mp\_hi_{ij} + \alpha_3 X_{ijt} + \upsilon_t + \upsilon_{i,HS4} + \varepsilon_{ijt}$$
$$(2-3)$$

$$ttbd_{ijt} = \beta_0 + \beta_1 BC_{i,t-1} + \beta_2 BC_{i,t-1} \times mp\_hi_{ij} + \beta_3 X_{ijt} + \gamma_t + \gamma_{i,HS4} + \xi_{ijt}$$
$$(2-4)$$

其中, mp_hi 为标识高市场势力行业的虚拟变量,将市场势力划分为高、中、低三类,若该国该行业产品属于高市场势力组则取值为 1,否则为 0。其他变量的定义与公式(2-1)(2-2)一致。式(2-3)用于检验经济周期对关税壁垒的影响效应,式(2-4)用于检验经济周期对非关税壁垒的影响效应。

表 2-8(1)-(3)列是对式(2-3)的估计结果。可以看出,经济周期的系数仍然显著为正,且经济周期与高市场势力交叉项(*BC*×*mp_hi*)系数显著为正。表明相比市场势力较低的国家行业组,经济周期对高市场势力国家行业组关税的影响更大。在经济繁荣期,具有较高市场势力的行业企业会驱动贸易政策制定者设定更高的关税水平,而在市场势力较低的行业,关税的提升幅度会稍低。引入其他控制变量,对经济周期及经济周期与高市场势力交叉项系数正负及显著性影响不大,说明高市场势力增强了关税的顺周期性,假设 2a 得证。第(4)-(6)列中,经济周期的系数不显著,经济周期与高市场势力交叉项的系数也不显著,市场势力变量的系数为正且在 10%水平下显著,说明市场势力与对华非关税壁垒直接相关,而与非关税壁垒的周期性无关。具有较高实施势力的行业可通过游说等直接提高针对我国出口商品的反倾销反补贴调查频次,而不受经济上行或下行周期的干扰。

表 2-8 经济周期影响贸易壁垒的机制检验结果

变量	(1) tariff	(2) tariff	(3) tariff	(4) ttbd	(5) ttbd	(6) ttbd
BC	2.405 7*** (0.302 4)	2.403 1*** (0.302 4)	1.208 7*** (0.309 6)	0.001 4 (0.002 5)	0.001 4 (0.002 5)	0.002 4 (0.002 8)
trend	−7.756 6*** (0.048 7)	−7.756 6*** (0.048 7)	−7.338 4*** (0.049 2)	−0.001 1** (0.000 5)	−0.001 1** (0.000 5)	−0.001 2** (0.000 5)
BC× mp_hi	2.045 8*** (0.443 5)	2.053 1*** (0.443 7)	2.442 2*** (0.447 6)	0.001 9 (0.004 4)	0.001 8 (0.004 4)	0.002 3 (0.005 0)
mp		−0.002 1 (0.002 3)	−0.002 1 (0.002 4)		0.000 0* (0.000 0)	0.000 1** (0.000 0)
im			−0.269 9*** (0.091 5)			0.003 2*** (0.000 8)
wto			−1.596 9*** (0.035 8)			(D)
wto_im			0.732 0*** (0.090 8)			−0.001 9*** (0.000 7)

续表

变量	（1） *tariff*	（2） *tariff*	（3） *tariff*	（4） *ttbd*	（5） *ttbd*	（6） *ttbd*
常数项	215.130 8 *** （1.300 0）	215.126 6 *** （1.300 0）	250.763 1 *** （1.315 6）	0.035 9 ** （0.014 5）	0.036 0 ** （0.014 5）	0.038 3 ** （0.015 7）
时间 效应	控制	控制	控制	控制	控制	控制
国家× 行业 效应	控制	控制	控制	控制	控制	控制
R^2	0.778 7	0.778 7	0.779 9	0.038 3	0.038 3	0.037 4
样本量	1 614 724	1 614 724	1 552 966	955 932	955 932	802 463

第六节　本章主要结论与政策启示

近年来,全球经济一体化不断深化,不平等问题也日益突出,以美国为代表的发达国家趁势掀起逆全球化思潮。随着中国企业在国际市场上的影响力逐渐扩大,多国针对中国挑起了各种形式的贸易摩擦,给我国的贸易高质量发展带来严峻挑战。贸易壁垒的影响很大限度上取决于贸易壁垒是否具有内生性,及其是否会受到各国经济条件的影响。本章利用 1988—2018 年细分行业的跨国面板数据,分析了经济周期及市场势力对中国面临的贸易壁垒的影响。结果发现,贸易壁垒形式不同,其周期性表现也不相同,其中关税壁垒呈显著顺周期,非关税壁垒则无明显周期性。在更换估计方法以及经济周期的计算方法后,上述结论仍然稳健。进一步地通过异质性检验分析发现,低收入国家的对华关税壁垒和高收入国家的对华非关税壁垒呈现顺周期;美国在经济下行期易提高对华关税壁垒,在经济繁荣期易提高对华非关税壁垒;当各国经济运行不佳时,易增加对华反补贴调查。通过考察经济周期影响关税壁垒的作用机制,本章发现,较高的市场势力会增强各国对华关税壁垒的顺周期性,并导致对华非关税壁垒多发。

中国在实现技术赶超过程中,不可避免地会威胁到某些国家的垄断势力。为维持其既得利益,以美国为代表的一些国家针对中国设置了各种形式的贸易壁垒,对中国发展中的行业进行不断打压,是近年来中国面临频繁的各种形式的贸易壁垒的重要原因。本章的研究对理解各国对华贸易壁垒的深层原因具有重要意义,同时也对我国相关经贸政策的制定带来一定启示。

首先,应掌握各国经济运行态势,并及时作出预判。鉴于各国经济形势与其对华贸易政策有着密切关联,因而应准确把握和理解各国经济运行状况对其贸易政策制定的影响方向及影响程度,作好总体研判,给出口企业作好预警,提醒企业及早作出相应预案,尽可能规避其他国家贸易政策变化对出口企业产生的负面影响。

其次,应鼓励企业强化技术研发和实行产品差异化策略。鉴于其他国家在某些行业的市场势力对我国面临的贸易壁垒有重要影响,应积极引导我国企业加强技术革新,强化出口产品的差异化策略,以提升我国产品在国际市场的实力及话语权。

最后,应健全和完善贸易救济体制。如加快推进我国贸易救济制度的立法进程,细化实施条例,明确损害事实确定方法,建立与产业部门沟通协调的贸易救济体系,为其他国家发起贸易救济调查提供反制和威慑等。

第三章

贸易保护与进出口水平

本章基于 5 位码细分行业数据,构建 2001—2016 年美国对华进出口贸易面板模型,将 2008 年国际金融危机视为美国对华关税调整(上升)的政策实验,使用合成控制法考察美国对华进口关税的贸易效应。实证结果显示,关税上升对行业层面贸易总额、进口和出口贸易额以及进出口贸易差额存在正负两种方向的影响,说明贸易效应具有行业异质性。使用商务部贸易统计数据进行的稳健性检验证明实证结论的可信性。从上述结论出发,对关税变化引发的贸易效应的理解需要建立在特定国别和行业特征基础上。

第一节　贸易保护与中美贸易失衡

伴随中美贸易摩擦深入,更多的行业和产品卷入其中,全球化前景面临严峻挑战。关税水平变化不仅影响贸易规模和商品数量,而且对经贸关系维护和塑造具有深远影响。从宏观层面出发,关税水平是反映了交易双方对国际经济形势和未来趋势的预判:乐观的市场预期会降低包括关税和非关税在内的贸易壁垒,推动经济全球化进程;低迷的市场环境则会引发相反效应。以 2007 年美国次贷危机为标志,世界经济步入低谷,各国就业压力空前提升,推动以关税为代表的贸易保护主义"复苏",上述影响尤其体现在中美贸易实践之中。虽然自 20 世纪 90 年代至今,受美方对华贸易政策调整以及中国加入世贸组织(WTO)的影响,对华进口关税总体显著下降,但是自 2008 年之后,关税水平却呈现一定程度的上升,且显著体现在具体行业和产品之中。无独有偶,中美贸易顺差也呈现持续扩大态势,加剧美方对贸易福利分配的不满。那么,从具体行业层面入手,关税水平的上升是否降低中美两国进出口贸易总额?关税的贸易效应与外部市场环境存在何种对应性关系呢?从上述问题出发,以中美贸易实践特征为基础,就关税水平与贸易规模之间的关系展开实证研究,以期为化解当下中美贸易摩擦的不利影响提供有益建议。

第二节　贸易保护的贸易效应研究

从国际贸易理论出发,关税水平(尤其是进口关税)对贸易规模和结构具有重要影响。传统区域经济理论指出,关税下降会引发如贸易创造、贸易转移(维纳,1950)以及贸易偏转(米德,1955)等边界效应。作为关税减免的制度规范,FTA(Free Trade Agreement,FTA)的签订对成员国之间的贸易规模具有促进效应(浦田和清田,2005;拜尔和贝尔斯特兰德,2007;麦伊,2008)。

近期的研究将视角扩展到贸易自由化情境下,对关税对中间品贸易规模,企业创新绩效的影响展开讨论。田巍、余淼杰(2014)以中国加入 WTO 作为政策冲击,以中间品关税下降作为贸易自由化程度的量化指标,使用中国制造业企业的进出口数据发现,中间品关税下降显著推动了企业研发。高疆、盛斌(2018)使用世界银行 2017 年最新发布的 PTAs 数据库中的"关税指数"衡量贸易协定"深度"的研究发现,贸易协定的"深化"显著促进中间品贸易和最终品贸易规模,且对前者的促进效用显著大于后者。汪建新(2014)研究发现,进口关税削减阻碍了那些远离出口产品质量前沿的产品的质量升级;那些与出口产品质量前沿接近的产品则可能通过参与技术创新和更多使用高质量的进口中间品获得升级机会。与之相对,部分学者发现了中间品自由化与企业生产率负相关的证据。陈维涛等(2018)基于 2002—2006 年的关税数据的研究显示,中间品贸易自由化不利于创新,并会降低企业生产率。随着全球化推进,关税类型从之前的商品层面向生产技术约束层面转移,显示出隐蔽性特征,就碳排放关税经济效应的研究也出现争议性结论。魏守道、汪前元(2015)指出,发达国家开征的碳关税对发达国家有积极的福利效应、贸易效应和环境效应。与之相对,杨曦、彭水军(2017)指出,征收碳关税不仅同时降低了发达国家和发展中国家的贸易竞争力,还提高了碳泄漏概率和碳排放总量,不利于气候保护和贸易自由化。

梳理相关文献发现,对关税的贸易效应的研究呈现从直接关税到隐蔽性关税的特点;对关税贸易效应的分析从早期的最终产品转换到对中间投入品、技术创新、环境保护、就业水平等微观领域(李胜旗、毛其淋,2018)。虽然新一代贸易投资规则呈现出向后边界规则(rules behind the border)[①]延伸的趋势,但是从当下实践出发,对传统的关税约束—边界规则的使用却愈加频繁,如"逆全球化"趋势就显著体现为以关税为手段的"本国优先"战略,并集中表现在以中美贸易摩擦为代表的新一轮全球范围的关税上升之中[②]。如何理解关税上升的经济效应成为学者亟须面对的问题。就已有研究而言,对关税贸易效应的研究立足中间品投入的"碎片化"视角,忽视了对贸易规模的关注。从实践出发,企业或政府决策更多关注的是关税壁垒对贸易规模的影响。据此,以贸易产品数量为视角的研究更加贴合实践特征和政策需求。从实证方法和指标选择上看,已有研究较多使用了面板数据回归和倍差法(DID),对关税变化的量化大多基于如 2002 年中国加入 WTO、是否加入 FTA 协定等"准自然实验",以及使用特定的"关税指数"(帅传敏等,2013,刘宇等,2016),忽视了对直接关税数据的使用,而后者可以更加直接地概括和反映关税变化趋势,提高实证结论的稳健性。

据此,本章采用 SITC Rev1 标准分类选取 5 位码细分行业,构建一个包含 2001—2016 年中美贸易额和关税水平的面板数据,并基于合成控制法,构造一个在 2008 年之前与处理组有着相似关税变化的合成控制单元,估计了美国对华关税变化对行业进出口贸易的影响。从研究结论出发,以期对中国抵御"逆全球化"、推进对外开放战略做出有益建议。

---

① 边界规则是指停留在关税和非关税削减等"边境上壁垒"层面的规则,而后边界规则包括"边境后壁垒"层面及"跨边境互通互联",逐步涵盖服务贸易、知识产权、竞争政策及电子商务等方面,并不断提升法律可执行程度的规则。

② 据法兴研究,截至 2018 年 10 月,美国已经执行了针对欧盟、日韩、中国等 5 轮相关关税措施。其关税水平也已经从 2017 年的 1.5% 飙升至 2019 年初的 3%。

第三节 合成控制法与贸易效应估计

一、合成控制法

中美贸易摩擦升级的源头可以追溯至 2007 年美国次贷危机及其引发的普遍市场衰退。从实践出发,始于 2008 年的美方进口关税上升可以被视为对中美贸易关系的一次政策实验。实际上,对公共政策效果的评估一直属于经济学的重点研究领域,其中利用回归评估政策效果的方法最为普遍,如VAR 模型、联立方程模型、DSGE 模型等。但上述方法均依赖于较强的外生变量假设条件,而后者在实践中往往难以满足,与此同时,对政策效应估计结果的有效性、稳健性以及经济解释的困难性被广为诟病。自从双重差分模型、倾向得分匹配等准实验方法被引入经济学研究以来,使用上述方法展开的经济政策评估研究层出不穷。田巍、余淼杰(2014)使用倍差法发现,中间品关税的下降增加企业利润,扩展研发空间,促进已有技术的模拟和吸收。汪亚楠、周梦天(2017)运用倍差法方法评估"入世"的关税减免效应,发现WTO 的政策效应在 2004 年开始显现,关税减免对于出口产品分布的作用显著,具体而言就是扩大了企业的出口产品范围,降低了出口产品偏度。虽然倍差法在评估政策效应方面具有很大优势,但是依赖处理组与控制组需遵循严格的共同趋势假定等较为严格的前提条件。从倍差法方法出发,对关税变动贸易效应的研究可以将关税调整涉及的行业视为处理组,在其他(关税)未涉及的行业中构建适合的控制组,通过比较处理组和控制组在关税调整前后经济变量差值的差异,得出关税变化对贸易经济效应的估计。然而,现实中关税变化没有直接涉及的行业与受到关税影响行业之间的贸易结构差异,在关税单一因素之外,还受到国别和消费者异质性影响,上述因素导致控制组的选择出现较大偏差,降低估计结果的稳健性。

合成控制法具有统计学理论基础和使用依据(阿巴迪等,2010),部分学者已经开始使用"反事实估计框架"的合成控制法对政策效果展开研究。刘秉镰、吕程(2018)运用合成控制法,选取中国 31 个省、自治区、直辖市的月度面板数据,对上海、天津、广东、福建四个自贸区成立的经济影响进行评估。通过对比自贸区挂牌成立前后各地区经济变量的实际值与合成控制地区经济变量的"反事实"估计值之差发现四大自贸区设立均对地区经济运行产生了不同程度的正向影响,且不同自贸区的经济影响存在明显的差异化特征。游鸿、邹恒甫(2018)基于合成控制法,以天津滨海新区为例,考察国务院确立滨海新区为"新特区"这一政策实验给天津以及环渤海经济圈的经济增长所带来的影响。研究发现设立"新特区"显著促进了天津经济增长。合成控制法的优势在于能够放松双重差分法的随机性假设,有效克服宏观政策评价中存在的因果关系不明确、理论建模复杂等困难,使用合成控制构造的控制组与处理组的共同趋势具有更高拟合度和更少偏误。

从本章出发,我们有包括关税调整涉及的行业在内的 J+1 个行业、T 期的进出口数据集。其中只有关税涉及的行业在 T_0 期($1 \leqslant T_0 \leqslant T$)即 2008 年及之后受到"关税调整"政策实验的影响。据此将该行业视为实验组,其余 H 行业在 T 期均为受到"关税调整"影响的对照组。进一步,将"关税调整"给 2008 年后行业(标记为 i)贸易变化带来的因果效应表示为:

$$\tau_{it} = Y_{it}(1) - Y_{it}(0) \tag{3-1}$$

(3-1)式中的 $Y_{it}(1)$ 与 $Y_{it}(0)$ 是两个结果变量,其中, $Y_{it}(1)$ 表示 i 行业在 2008 年后各年中受到"关税调整"影响时的贸易变动结果(实际发生的情形), $Y_{it}(0)$ 则表示 2008 年后各年中 i 行业未受到"关税调整"影响时的贸易变动结果(反事实),具有不可被观测性质。为解决该问题,合成控制法为所有基本控制单元构造一个合意权重进行加权平均,由此为实验组生成一个对照控制单元,对缺失的反事实 $Y_{it}(0)$ 做出估计。然后,通过对比分析实验组与对照控制组的贸易变动结果,评估"关税调整"给中国对美国出口贸易变动的因果效应。

借鉴阿巴迪等人(Abadie et al,2010)的方法,假设对所有行业 j($1 \leqslant j \leqslant J+1$),有 $Y_{jt}(0)$、$Y_{jt}(1)$ 满足公式(3-2)、(3-3)。

$$Y_{jt}(0) = \delta_t + \theta_t Z_j + \lambda_t \mu_j + \varepsilon_{jt} \qquad (3-2)$$

$$Y_{jt}(1) = Y_{jt}(0) + \tau_{jt} D_{jt} \qquad (3-3)$$

式(3-2)中,δ_t 表征所有行业相同的时间固定效应,Z_j 是一个(r×1)维向量,表示行业 j 不受关税调整影响且可观测的协变量;θ_t 是(1×r)维的未知参数向量,μ_j 是一个(F×1)维向量,表示行业 j 不可观测的行业固定效应;λ_t 是一个(1×F)维不可观测的时变共同效应;ε_{jt} 为行业 j 不可观测的随机扰动。(3-3)中 D_{jt} 是行业 j 是否受到政策实验(关税调整)的虚拟变量,根据定义有:

$$D_{jt} = \begin{cases} 1 & j = i, T \geq T_0 \\ 0 & 其他 \end{cases} \qquad (3-4)$$

于是,从式(3-3)、(3-4)有:

$$Y_{jt}(0) = Y_{jt}(1) = Y_{jt} \quad 当 j \neq i 时 \qquad (3-5)$$

为了得到行业 i 在 t 时($t \geq T_0$)没有受到关税调整的贸易结果 $Y_{it}(0)$,我们先利用其他 J 个不受关税调整影响的行业作为控制单元,使用非参数方法设置每个行业的权重,最后通过加权平均 J 个行业合成控制组,使其成为关税调整所涉及的 i 行业的对照。至此,$Y_{it}(0)$ 就可以由合成控制组的贸易变动结果的加权平均来替代,同时,合成控制组中的每个行业均不受政策实验影响,且贸易变动可测。据此,$Y_{it}(0)$ 实现可估计。为此,我们定义权重向

量为 $W = (w_1, \cdots, w_{i-1}, w_{i+1}, \cdots, w_{J+1})'$。其中,对所有 $w_j \in W$,都有 $0 \leqslant w_j \leqslant 1$,且 $\sum_j w_j = 1$。对于满足上述条件的权重向量 W 都有一个可行的合成控制组,使结果变量表示为各个控制单元的加权平均:

$$\sum_{j \neq i} w_j Y_{jt} = \delta_t + \theta_t \sum_{j \neq i} w_j Z_j + \lambda_t \sum_{j \neq i} w_j \mu_j + \sum_{j \neq i} w_j \varepsilon_{jt} \qquad (3-6)$$

由阿巴迪等人的研究(Abadie et al,2010)可知,如果存在 $W^* = (w_1^*, \cdots, w_{i-1}^*, w_{i+1}^*, \cdots, w_{J+1}^*)'$ 满足式(3-7)、(3-8):

$$\sum_{j \neq i} w_j^* Y_{j1} = Y_{i1}, \sum_{j \neq i} w_j^* Y_{j2} = Y_{i2}, \cdots\cdots \qquad (3-7)$$

$$\sum_{j \neq i} w_j^* Y_{jT_0} = Y_{iT_0}, \text{且} \sum_{j \neq i} w_j^* Z_j = Z_i \qquad (3-8)$$

那么,在给定 $\sum_{t=1}^{T_0} \lambda_t' \lambda_t$ 非奇异,且样本中政策实验发生前的期数较多的条件下,可以证明 $Y_{it}(0)$ 与 $\sum_{j \neq i} w_j^* Y_{jt}$ 之差近似于零。因此,$\sum_{j \neq i} w_j^* Y_{jt}$ 可以较好的估计 $Y_{it}(0)$,从而得到实验组的无偏估计为:

$$\hat{\tau}_{it} = Y_{it}(1) - \sum_{j \neq i} w_j^* Y_{jt}, t \in \{T_0 + 1, \ldots, T\} \qquad (3-9)$$

从式(3-9)可知,要想求得 $\hat{\tau}_{it}$,首先需要解满足式(3-7)、(3-8)的最优权重向量 W^*。求解的具体思路为:令 X_1 表示实验组实施政策实验前可以影响贸易变动的预期变量的(k×1)维向量,X_0 为各个控制单元,在政策实验发生前可以影响贸易变动的预测变量组成的(k×J)维矩阵。那么,最优权重向量 $W^*(V)$ 满足:

$$W^*(V) = \underset{\{W\}}{\mathrm{argmin}} \sqrt{(X_1 - X_0 W)' V (X_1 - X_0 W)} \qquad (3-10)$$

其中，V 是 $(k×k)$ 维的对称半正定矩阵，表示政策实验发生前各个预测变量对贸易变动影响的权重。从上式中有最优解 V^* 满足"关税调整前"的合成控制组预测实验组贸易变动水平的均方误差（MSPE）达到最小，即有：

$$V = \operatorname*{argmin}_{\{V\}}(Y_i - Y_{-i}W^*(V))´ \cdot (Y_i - Y_{-i}W^*(V)) \qquad (3-11)$$

其中，$Y_{-i} = (Y_1, Y_2. \ldots, Y_{i-1}, Y_{i+1}, Y_{J+1})$ 表示所有控制单元在自然实验前的结果变量，是一个 $(T_0 × J)$ 维矩阵。

综合式（3-10）、（3-11）方程，基于式（3-7）、（3-8）成立的条件，通过递归优化方法可以求得最优权重向量 W^*，将其带入式（3-9），就可得到关税上升的实验效应的估计值。

二、变量构建和数据说明

本章采取政策评估方法，把 2008 年国际金融危机的发生视为美国对华关税调整（上升）的政策实验，合理划分了实验组和对照组，并使用合成控制法评估了美国对华进口关税上升对于出口贸易（中国对美国）的影响。以 2008 年作为政策实验的时间点依据在于：第一，2008 年正值美国次贷危机（2007 年）与欧洲主权债务危机（2009 年）叠加之际，市场普遍下行引发广泛的贸易保护主义。第二，从数据上看，2008 年之后的世界关税水平显著上升，尤其体现为美国对华关税上扬及其带来贸易规模下滑。

三、实验组与对照组

从合成控制法的使用条件出发，构造一个在 2008 年之前与处理组有着相似关税变化的合成控制单元，估计美国对华关税税率上升给进出口贸易带来的因果效应。按照 SITC Rev1 标准分类选取 5 位码细分行业的关税和贸易数据构造一个 2001—2016 年的面板数据作为实证分析样本,并对 5 位码细分行业数据进行如下处理:首先,根据 2009—2016 年行业关税的年均上升水平及上升幅度对各个行业进行分组,得到上升幅度最大的两个行业——化学元素和化学品中的 51292 以及纺织纱线、织物和人造工艺品中的 65406 作为实验组[①]。为了消除行业差异对分析结果可能造成的影响,剔除与 65406 和 51292 属于不同 2 位码的行业类型。在 2001—2008 年美国对中国实际施行关税下降幅度与 65406 相似,而 2009—2016 年期间关税税率平稳的行业有 32 个;在 2001—2008 年关税平稳与 51292 相似,而 2009—2016 年期间关税税率依然平稳的行业有 30 个。一方面剔除 2001—2016 年期间存在贸易数据缺失及与处理组行业差别较大的行业细目;另一方面,为规避某一行业细目产品关税变化对其替代品的影响,同时剔除与处理组行业同属 SITC3 位码项下的行业类型,最终得到 SITC 5 位码项下处理组 51292 对应的行业51352 及 51365 作为实验组,65406 对应的 65191、65229、65311、65331 及65351 作为实验组。

　　本章将 5 位码细分行业下的美国与中国的进出口产品总额作为被解释变量,分别以美国对华进口和出口贸易总额、进出口差额作为因变量的替代变量进行检验。进出口数据来自 WITS Data(World Integrated Trade Solution Data)。作为解释变量的对照组,参考相关研究(费斯曼和魏,2004;谢杰等,2018),选取了一系列影响进出口贸易的预测变量:(1)经济增长绩效,以中美两国的 GDP 增长率衡量。关于经济增长绩效的量化方法,已有研究多使用实际 GDP,而我们选取名义 GDP 的依据在于 GDP 名义值包含的价格变化因素会对贸易收支平衡、贸易福利分配产生影响。(2)中美两国产品的价格水平,以两国 CPI 衡量。虽然有研究指出,(同类或不同种类)商品价格在跨

---

　　① 04812、29261、51224、51292、51353、65223、65406 共七个行业 2009—2016 年期间关税加征平均超过 0.1%;04812、51292、65406、73291 共四个行业关税平均上涨幅度超过 10%。按照关税变化幅度进行筛选,04812 经烘焙的食物 2001—2008 年期间关税降幅超过 10%,下降超过 0.1%,但在 2001—2008 年期间二位码 04 行业谷类及谷类制品并无其他产品落入此区间。73291 摩托车在 2001—2008 年期间关税涨幅也超过 20%,所以剔除 04812 及 73291。综上,选择 65406 和 51292 此两类行业。

国之间的可比性存在争议,但从完全竞争市场假设出发,剔除汇率影响的同类型产品价格具有国际可比性基础。CPI 数据以 2010 年为基期进行调整。(3)汇率水平,以中美两国的实际有效汇率衡量。立足实践和相关研究,汇率水平对贸易规模和贸易关系塑造产生深远影响,并尤为显著体现在中美两国之中。李春顶等(2018)针对当下中美贸易摩擦的应对政策指出,人民币汇率贬值、建设区域全面经济伙伴关系协定和中美达成合作开放等措施是应对当下局面的可行选项。尤其在短期内,推动人民币汇率适度贬值是较为可行的有效应对路径。(4)关税水平,以实验组选定的行业细目下实际实施的最高关税水平表征。韩剑等(2018)指出,中国自由贸易协定(FTA)的关税条款显著呈现为东道国一方的贸易创造效应。关税减免对技术和资源密集型贸易产品规模提升具有更大促进作用。从数据中发现,同一行业的产品在不同年份中的关税水平会产生波动,并集中表现在 2008 年之后。因而,选取特定行业在最高年份的关税水平,有利于更好地控制由关税提升引起的贸易变化。GDP、CPI 及实际有效汇率数据均来自 IMF 的 IFS 数据库,关税数据来源于 WITS 数据库。为排除 2001 年中国加入世界贸易组织(WTO)对潜在控制组及处理组造成的影响,同时为了便于对各个细分行业进行比较分析,本章将所用数据的时间范围统一为 2001—2016 年。

第四节　贸易保护与进出口贸易

一、关税上升对进出口贸易的影响

2008 年作为全球经济衰退的"起始点",加剧世界层面的贸易保护主义倾向,国际贸易和投资步入"下行通道"。贸易保护主义集中体现为以关税为手段的"本国优先"战略。作为世界经济的重要组成部分,关税变动对中美贸易的冲击尤为明显。基于合成控制法,以贸易总额衡量贸易规模。首先要考察关税上升前后(以 2008 年为分界点)中美间进出口贸易规模的变化情况。

图 3-1 为特定行业的中美贸易总额与其合成值之间的拟合程度以及趋势对比,其中浅色线为使用合成控制法得到的合成值。从中发现,关税上升前(2008 年),特定行业(65406)的进出口总额与合成的进出口总额具有高度重合的运行趋势,拟合程度较高,说明合成的行业进出口总额样本较好的复制了关税上升前中美贸易总额的基本情况,能够较好地作为实验组分析关税上升的贸易效应。关税上升后(2008 年之后),65406 行业的进出口贸易总额的真实值开始显著低于合成值,两条曲线开始呈现分化特征,且真实值始终处于合成值的下方。说明关税上升在特定行业中引发负向贸易效应,即关税上升降低双边贸易规模。上述结论不仅符合直观认知,而且可以从实践和相关研究中得以证明。从实践出发,作为贸易壁垒的直观呈现,进口商品关税上调不仅会降低与关税相关的特定行业产品的贸易规模,而且会引发普遍性贸易衰退。20 世纪 30 年代,为保护国内市场,美国总统胡佛签署《斯姆特—霍利关税法》并大幅提高商品税率,使总体实际税率达到应税进口商品价值的约 60%,最终导致美国进口额从 1929 年的 44 亿美元骤降 67%。无独有

偶,1960 至 1990 年间的美日贸易摩擦,进口关税上升不仅导致日本对美国的出口总额大幅下降,而且也引发日本国内的持久经济衰退。其次,在增加进口商品成本之外,关税上升更容易恶化贸易营商环境,加重市场对抗。贸易条件改善动机引致的贸易保护倾向往往具有"以邻为壑"(Beggar-thy-neighbor)属性,贸易条件的负外部性极易引发贸易摩擦,造成双边或多边贸易陷入高关税壁垒的"囚徒困境"(巴格威尔和施泰格尔,1999)。

在国家消费结构、偏好以及社会经济实践特征之下,关税上升对具体行业的经济效应存在差异。作为对比,图 3-2 报告了行业 51292 的进出口总额与合成值之间的趋势特征。从中发现,2008 年之前,该行业的进出口总额与合成值具有高度重合趋势,说明所选行业可以较好地作为实验组。与图 3-1 相对,2008 年之后,该行业的进出口贸易总额开始高于合成值,两条曲线呈现分化走势,且真实值始终位于合成值上方,说明关税上升推动了该行业商品贸易总额增长。对比图 3-1 与图 3-2 说明,关税上升的贸易效应可能存在方向相反的影响。一般而言,关税上升会恶化双边贸易关系,降低贸易规模。然而在某种程度上,一国的最优关税可内生化为国家相对规模与比较优势、生产率帕累托分布形状参数、产品种类替代弹性以及工资价格等因素共同作用的结果(钱学锋、王备,2018),受具体国家、行业和产品供求结构差异的影响,关税贸易效应的具体方向也会发生偏转。

为了进一步验证关税上升引发的贸易效应方向,我们计算了行业真实的净出口总额值与合成值的差值(即"处理效应")的时间变化趋势。其中,图 3-3 和图 3-4 依次对应图 3-1 和图 3-2 的行业。如图 3-3、3-4 所示,2008 年之前,二者(进出口总额的实际值与合成值)差值分别在零值附近波动,没有显示出特定趋势特征;以 2008 年为断点,之后的差值波动呈现显著特征:分别小于和大于零值并逐步增加。可见,关税上升对两个行业的贸易总额依次产生负向和正向影响,与图 3-1、3-2 的结论保持一致。在忽视关税引发的贸易效应的具体方向之外,对比两个特定行业的变动趋势发现,相对 65406 行业,51292 的真实值与合成值之间的差距更加明显,说明关税上升对后者的贸易规模的影响程度更大。对于其中原因,可能与企业生产率异质性引起的总体生产可能性边界的非凸性(Non-convexity)程度有关,国家或行业间异质性决定的关税变动弹性差异,也会影响贸易总额的变动方向。

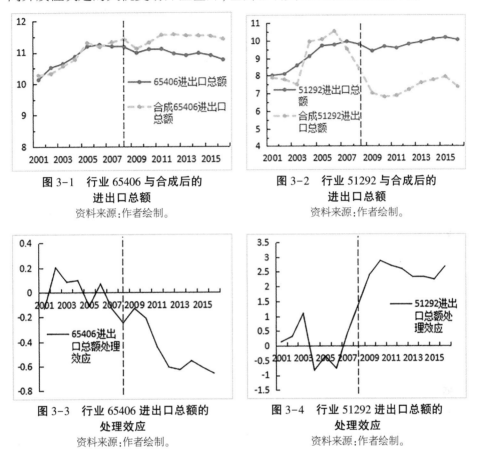

图 3-1　行业 65406 与合成后的
进出口总额
资料来源:作者绘制。

图 3-2　行业 51292 与合成后的
进出口总额
资料来源:作者绘制。

图 3-3　行业 65406 进出口总额的
处理效应
资料来源:作者绘制。

图 3-4　行业 51292 进出口总额的
处理效应
资料来源:作者绘制。

注:"处理效应"即为关税上升后某一行业的相关被解释变量的真实值与合成值之差。

二、关税上升对双边贸易差额的影响

贸易总额之外,相关研究较为关注关税对进出口差额(即贸易差)的影响。聚焦中美贸易摩擦实践,双边贸易差以及随之而来的贸易福利分配的问题成为两国贸易争论的核心。于是,进一步考察关税上升对双边贸易差额的影响,与之前检验相似,依旧从两个代表性行业角度展开。图 3-5、3-6 分别为两个代表性行业的检验结果。首先,我们发现,关税上升对不同行业的贸易差额依旧存在差异化影响。从 65406 行业的检验结果看(图 3-5),2008 年之前,该行业的实际进出口差异曲线与拟合曲线具有较为相似的运行趋势;2008 年之后,两曲线的运行趋势出现明显分化,进出口差额的真实值始终低于合成值。上述结果说明,美方主导的关税上升政策部分实现了政策目标,即削减美国对华贸易逆差,体现为进出口差额降低。从中国方面看,对外贸易顺差的最大值出现在 2008 年(3488 亿美元,占 GDP7.7%),之后呈下降态势,其中不免包含来自美方关税政策的影响。与之相对,对行业 51292 的检验结果却呈现相反结论(图 3-6):2008 年之前,进出口贸易差额的实际值与合成值的运行趋势的共性程度较好,说明关税上升对进出口差额的影响较为显著。2008 年之后,两条曲线的运行趋势出现分化,且表现为进出口差额的实际值始终高于拟合值。上述结果说明,进口关税上升反而拉大了美国对中国的贸易逆差。

对上述结论成因的分析可以从中美贸易差额的实践特征以及双边市场特征方面做出分析。首先,在贸易保护主义大潮中,中美贸易顺差却呈现不断上升态势。美国总货物贸易逆差在 2002—2008 年间呈扩大趋势,经历 2009 金融危机之后,2010 年开始恢复并呈波动式上升,其中美国对中国的货物贸易逆差占美国总货物贸易逆差的比重也逐年上升:由 2002 年的 22%升至 2017 年的 47%。2017 年中国对美国的货物贸易顺差高达 3752 亿美元,占美国货物贸易逆差总额的近一半。因此,关税上升对贸易逆差(美国对中国)的正向效应受到中美间贸易不平衡宏观特征的影响。其次,贸易自由化与贸易平衡之间存在正相关关系(朱 et al.,2010),这也就意味着当关税上升降低了贸易自由化水平时,也会带来贸易平衡关系的恶化。虽然关税上升会增加中国产品(51292)的出口成本,但其最终的需求水平需要考虑产品的需求价格弹性以及替代品的供给水平。特别从当下中美贸易摩擦的实践出发,增加关税对贸易平衡的"修正"效果极为有限。具体而言,美国的贸易逆差与美国的低储蓄率水平、美元储备货币地位以及对华出口产品管制等原因相关。同时,市场力量对贸易平衡具有决定性作用。较快的出口增速(中国对美国),主要是受到美国国内市场需求增加等因素的影响,单一关税上调的贸易效应存在不确定性。

　　与之前检验相似,我们进一步报告了行业真实进出口差额与合成进出口差额的差值,图3-7和图3-8为两个行业的"处理效应"。从中发现,2008年之后,两个行业的"处理效应"分别低于和高于零值,且始终保持上述趋势,进一步印证了图3-5、图3-6的结论。

　　从上述结论中发现,关税上升对中美贸易平衡的影响同样存在"不确定性":中美贸易差额的调整更多受国家间禀赋、全球价值链分工特征以及市场供求水平状况的影响。值得关注的是,中美贸易摩擦中的一系列对抗性贸易政策虽然降低了贸易自由化程度,但并没有显著改变双边贸易不平衡特征,甚至在一定程度上扩大中美之间的贸易顺差。

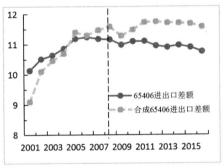

**图 3-5　行业 65406 与合成后的
进出口差额**
资料来源:作者绘制。

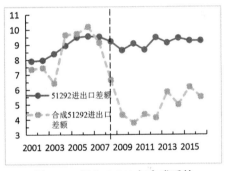

**图 3-6　行业 51292 与合成后的
进出口差额**
资料来源:作者绘制。

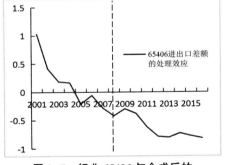

**图 3-7　行业 65406 与合成后的
进出口差额的处理效应**
资料来源:作者绘制。

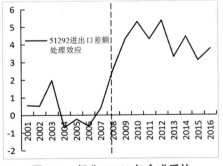

**图 3-8　行业 51292 与合成后的
进出口差额的处理效应**
资料来源:作者绘制。

注:实证中的"进出口差额"指的是从美国角度出发的,美国对中国的进口和出口贸易额之差。

三、关税上升对进口和出口的影响

贸易关系涉及进出口双重维度,具体市场环境背景下,分类型贸易(进口和出口)的具体表现存在差异。因此,我们进一步从进口、出口两个维度对关税上升的贸易效应展开分析,以区分具体不同维度下的贸易变动趋势。从行业 65406 的进出口数额与关税上升的合成结果发现(图 3-9、图 3-10),2008 年之前,相对出口而言,进口贸易额的实际值与合成值曲线间具有较好的相同趋势,拟合程度较高,因此合成的贸易进口额度较好地复制了 2008 年之前,行业 65406 的进口贸易情况,而该行业的出口贸易的合成效果在2004—2008 年之间有所改善。2008 年之后,无论是进口还是出口额,该行业的真实值均显著低于合成值,且两条曲线呈现不同的变化轨迹,且真实值始终处于拟合值下方。上述结果说明,关税上升之后,无论是进口还是出口,都呈现显著下降趋势,即美国进口关税的增加,同时降低了本国的进口和出口规模。结合图 3-1 的检验结论,即关税上升降低了行业 65406 的进出口总额,我们发现,关税上升对贸易总额的负向经济效应依次体现在对进口和出口的负效应中。贸易摩擦中,单方面关税增加会提升东道国的"报复性"关税举措以及一系列连锁性贸易保护措施,以降低特定行业的进口和出口规模实现贸易总额的下降。

行业 51292 的实证结果呈现出与行业 65406 不同特点。首先,2008 年之前,无论是进口还是出口(图 3-11、图 3-12),实际值与合成值相似程度较高,变动趋势基本一致,曲线之间的拟合程度较高,因此,合成的进口和出口总额较好地复制了关税上升之前的进出口贸易情况。2008 年之后,该行业进出口贸易的实际值开始明显高于合成值,两条曲线的变动轨迹显著差异化,且实际值曲线一直位于拟合值曲线上方。上述结果说明,关税上升显著提升该行业的进出口贸易规模。结合之前的检验结论发现,关税上升对行业51292 贸易总额的正向影响,依次体现对进出口贸易额的正相关作用之中。对上述效应成因的分析可以从以下方面展开:首先,虽然关税上升对中国出口规模造成一定负面影响,但中美进出口贸易继续保持增长态势。据中华人民共和国商务部统计数据显示,2018 年前三季度,以人民币计,中国货物进出口总额 22.28 万亿元,同比增长 9.9%。其中,出口 11.86 万亿元,增长 6.5%,进口 10.43 万亿元,增长 14.1%;顺差 1.43 万亿元,收窄 28.3%。服装、玩具等七大类劳动密集型产品合计出口 2.29 万亿元,同比下降 0.8%。同一时段内,中国对美国进出口 3.06 万亿元,增长 6.5%,占中国外贸总额的 13.8%,美国仍是中国第二大贸易伙伴。其中,中国对美国出口 2.27 万亿元,增长 7.4%;自美国进口 7981.3 亿元,增长 3.8%。其次,出于深化扩大开放的要求,中国也有意识主动扩大进口规模,优化贸易结构。2018 年前 11 个月,中国进口额已达 12.96 万亿元,同比增长 14.6%。总的来说,双边贸易增速扩张得益于下述一系列条件:首先是美国国内市场需求增长。2018 年以来,美国经济保持较快增长,失业率降至数十年来新低,居民消费信心能力增强。其次是中美产业链紧密相连,双边经济结构互补性较强,蕴藏的贸易机会多。最后是进出口企业履行合同需要较长时间的交易,进而表现出贸易规模的增长具有"粘性"。

　　最后,为了上述结论的稳健性,我们依旧报告了两个行业的进口和出口总额的处理效应。图 3-13、图 3-14 为行业 65406 的进口与出口总额的处理效应。我们发现,自 2008 年之后,进口和出口总额的处理效应值均小于零值,且上述趋势具有年度连贯性特征。图 3-15 与图 3-16 为行业 51292 的进口与出口总额的处理效应,在 2008 年之后,上述处理效应值均大于零值,且呈现递增态势。上述处理效应的结果再次证明了图 3-9 至图 3-12 的结论是稳健的。

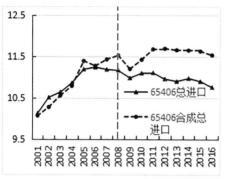

图 3-9　行业 65406 的进口额
真实值与合成值
资料来源：作者绘制。

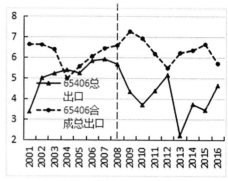

图 3-10　行业 65406 出口额
真实值与合成值
资料来源：作者绘制。

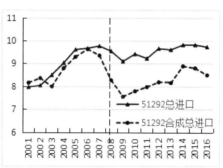

图 3-11　行业 51292 进口额
真实值与合成值
资料来源：作者绘制。

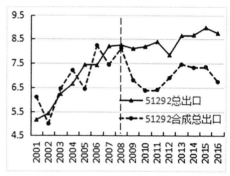

图 3-12　行业 51292 出口额
真实值与合成值
资料来源：作者绘制。

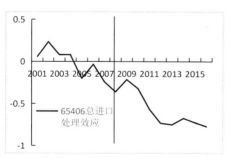

图 3-13　行业 65406 进口额
处理效应
资料来源：作者绘制。

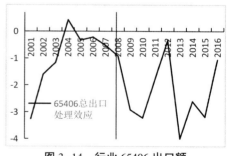

图 3-14　行业 65406 出口额
处理效应
资料来源：作者绘制。

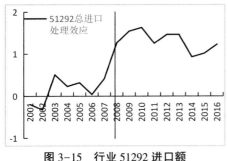

图 3-15　行业 51292 进口额
处理效应

资料来源:作者绘制。

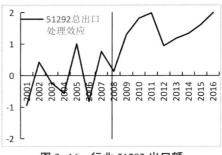

图 3-16　行业 51292 出口额
处理效应

资料来源:作者绘制。

四、稳健性检验

关于中美间贸易不平衡的成因,部分学者归结于贸易统计体系差异所致。陈继勇(2018)指出,由于原产地原则和其他统计方法上的重大缺陷造成了美中货物贸易逆差虚高,并不能真实反映中美两国之间的贸易竞争力和贸易收支。计价方式、转口贸易、贸易加成、旅行项目中包含货物等因素导致美国高估了美国对华货物贸易逆差(许宪春、余航,2018)。因此,中美两国贸易统计体系差异化、具体统计方法的不同可能会造成实证结论的差别。由于在之前检验中,进出口贸易数据均来自美国政府的统计口径,所以在稳健性检验中,我们进一步使用来自中国政府统计下的具体行业的美国对中国方向的贸易数据[①]作为被解释变量,以观察实证结果是否存在差异。图 3-17—图 3-20 为两个行业依次检验结果。首先,从进出口总额的检验结果看(图 3-17、图 3-18),2008 年之后,两个行业的进出口总额的真实值低于合成值,且具有时间连续性趋势,说明关税上升降低了进出口贸易总额(行业 51292进出口总额 2008 年之前拟合不佳,所以未考虑);其次,从贸易平衡角度看(图 3-19、图 3-20),2008 年之后,两个行业的进出口差额的真实值低于(51292 高于)合成值。说明关税上升显著降低(51292 拉大)双边贸易不平

_____

①　贸易具体数据主要包括中国对美国的进口和出口总额,数据来源中华人民共和国商务部。

衡程度,且表现为以美国对中国的贸易逆差降低(51292升高)。稳健性检验结果与之前检验结论一致,说明实证结论是稳健的。

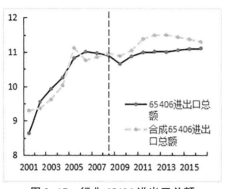

图 3-17　行业 65406 进出口总额
真实值与合成值

资料来源:作者绘制。

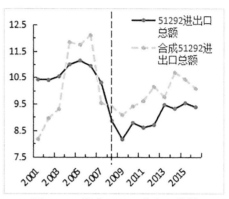

图 3-18　行业 51292 进出口总额
真实值与合成值

资料来源:作者绘制。

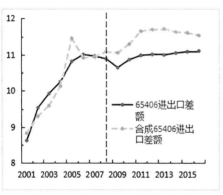

图 3-19　行业 65406 进出口差额
真实值与合成值

资料来源:作者绘制。

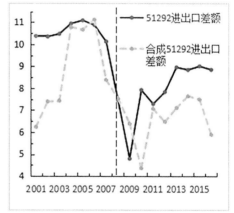

图 3-20　行业 51292 进出口差额
真实值与合成值

资料来源:作者绘制。

第五节　本章结论

　　本章基于 5 位码细分行业,构建了 2001—2016 年美国对中国的进出口贸易面板数据,将 2008 年国际金融危机视为美国对华关税调整(上升)的政策实验,使用合成控制法划分了实验组和对照组,进一步考察了美国对华进口关税的贸易效应。以两个 5 位码下的代表性行业为实验组的实证结果显示,关税上升的贸易效应具有行业异质性特征。关税上升对贸易总额、进口和出口贸易额以及进出口贸易差额存在正负两种方向相对的影响,贸易效应的具体方向与行业特征相关,使用商务部贸易统计数据进行的稳健性检验,证明实证结论是可信的。

　　从实证结论出发,美国对华关税上升的具体贸易效应存在行业异质性角度的多样性特征。在部分行业中,关税上升会显著抑制双边经贸规模,降低贸易市场活力。由此出发的政策建议如下:首先是强调以对话和协商为途径化解贸易福利分配矛盾,降低关税提升带来的经济福利损失,加快世界经济复苏,深化全球化进程。其次,结合当下中美贸易依旧保持总额增长的现实,说明双边市场需求以及国家禀赋优势基础上的价值链分工模式是决定双边贸易规模的最终因素。由此出发,只要我们"做好自己的事",强化自身经济实力、以提升创新能力培育国际竞争优势,就可以保持中国经济发展的活力和吸引力,有效抵御外部环境冲击。

第四章

贸易保护与出口稳定:影响与机制

本章以 1998—2018 年与我国存在贸易往来的国家(地区)4 分位行业(ISIC)数据为样本,通过采用各国对华贸易救济数据作为贸易壁垒的代理变量,实证检验了贸易壁垒对我国产品出口波动的影响及其作用机制。研究发现,贸易壁垒对我国出口波动具有负向影响,且对制造业及下游行业出口波动的影响更为显著。机制分析表明,出口多样化是推动贸易壁垒与出口波动负相关的主要动力,当遭受贸易壁垒时,企业具有多样化出口的动力,产品多样化与市场多样化均有助于降低出口波动;此外,当遭受贸易壁垒时,研发强度较高的产品出口波动更低,具有更大的市场稳定性。在逆全球化背景下,应积极提升我国产品研发强度及出口多样化水平,不断增强出口贸易稳定性,提高我国出口竞争力。

第一节　贸易保护与出口波动

近年来,中国出口产品面临的市场不确定性日趋增大。一方面,伴随着新技术的发展及中国在国际市场影响力的逐渐扩大,各国针对中国出口产品设置的贸易壁垒逐渐增多;另一方面,以美国为典型代表、同时包括欧日等发达国家和地区因国内自身经济问题及右翼民粹主义关切,对中国对外发展空间进行强力挤压,导致中国出口产品面临的贸易壁垒呈现复杂和多样化趋势。这些贸易壁垒既包括以反倾销、反补贴为主要形式的非关税壁垒,又包括直接关税上调为特征的关税壁垒;既包括以进口自中国商品为对象的进口限制,又包括重点技术领域"卡脖子"的出口限制。2019 年 11 月中共中央、国务院发布《关于推进贸易高质量发展的指导意见》,提出增强贸易创新能力,优化贸易结构,实现贸易高质量发展。当前,优化贸易结构、增强我国出口贸易的稳定性和多样化迫在眉睫。贸易壁垒如何影响我国出口贸易的稳定性,以及如何应对是相关研究中最为关注的话题之一。

与本章相关的研究主要涉及出口波动与贸易壁垒影响的研究等。首先,关于出口波动的分析。鲁晓东和李林峰(2018)利用中国制造业企业2000—2012 年的出口交易数据,检验了企业在产品和市场组合上的多样化水平对其出口波动的影响,发现出口多样化指数对企业出口波动的影响呈现"倒 U型"特征。张冀和孙浦阳(2018)基于模块化分析视角和反射法分析思路,分析了中国出口波动的深层原因,认为企业出口波动水平上升可能源于企业生产选择的创新性或产品复杂度的提升。另一篇文章中他们发现企业内源性波动和外源性波动同时受到需求网络集中度的影响,且企业规模和所有制特征与需求网络结构的交互项对企业出口波动存在显著影响(张冀和孙浦阳,2017)。企业可以通过提高多样化程度分散风险,从而在外部冲击下仍能保持出口的稳定并降低出口波动(佟家栋和洪情霖,2018;黄漓江等,2017;克玛尔兹等,2020)。

其次,关于贸易壁垒或贸易自由化影响的分析。基于企业决策模型,不少学者分析了贸易壁垒尤其是非关税壁垒对企业定价行为、出口目的多元化行为、出口产品范围和产品组合以及产品研发的影响(高和彭,2016;鲁等,2013)。一些研究认为贸易自由化有助于提升进出口商品质量(如范等,2018)及产品加成率(祝树金等,2018)。范等(2018)研究了中国加入 WTO背景下出口质量与生产率的关系,发现关税减让可以显著地促使企业提高产品质量,且低生产率企业的质量改变更为明显。不过,也有一些涉及贸易自由化、便利化的相关研究得出了不同的结论,说明贸易自由化、便利化可能产生负面影响(艾米提和坎德尔瓦尔,2013;杨逢珉和程凯,2019),或认为贸易伙伴的反倾销措施不利于中国出口增长边际(王孝松 等,2014)。

直接研究贸易壁垒与出口波动关系的文献较少,其中,詹晶和叶静(2013)发现日本的技术壁垒对我国农产品出口波动预测均方误差的贡献度较大,张志新和宫庆杰(2021)分析了美国"长臂管辖"对中国出口波动的影响效应,认为贸易摩擦及技术壁垒对中国出口不利。综合来看,以往研究强调贸易壁垒的负面性,侧重分析单个国家的贸易限制对我国出口波动的影响,研究结论的一般性有待提升;而针对出口波动的相关研究也多从多样化的角度展开,认为多样化有助于分散风险、降低出口波动,不过,在贸易壁垒多样化频发的背景下,出口多样化更像是结果而非原因。事实上,因应贸易壁垒,出口企业也会做出相应的策略调整,例如加强研发和开展出口多样化。考虑到出口企业的应对策略,贸易壁垒可能有助于减缓出口波动。与已有文献相比,本章的创新之处主要体现在三个方面:一是采用线性回归估计残差的方法构造了单个行业的逐年出口波动指标;二是通过引入研发强度及出口多样化,揭示了二者对贸易壁垒影响产品出口波动的影响机制;三是基于 ISIC4 分位细分行业数据,涵盖与中国存在贸易往来数据的所有国家(地区),深入分析贸易壁垒对我国产品出口产生的影响,在研究广度和深度上对现有研究进行了拓展和完善。

第二节　贸易保护影响出口稳定的机制

一、研发创新与出口波动

研发投资强度一般与出口相互促进。高技术含量的商品具有较高的需求，从而产品出口也相应较多；而出口较多的企业具有较高的利润，可以在研发和创新方面投资更多。出口贸易与企业研发能力具有显著正相关关系（谢建国和丁蕾，2018），一方面，企业出口受多种创新活动的积极影响，创新尤其是工艺创新或产品创新可以在一定程度上促进出口（帕兰卡亚，2013）。同时创新也增加了企业出口的可能性，当企业出口到多个国外市场时，产品创新、流程创新及组织创新活动之间可能存在互补性（帕帕利等，2018）。另一方面，出口对创新也具有积极影响。塔瓦索利和简瓦查拉蒙科（2014）强调相比非出口企业，出口企业的研发及其他创新投资较高。

因为研发对出口具有重要作用，所以某种情况下，即使遭受贸易壁垒时许多企业也会尽力增加创新和研发投资。李敬子和刘月（2019）研究了贸易政策不确定性对中国企业研发投资的影响，结果发现，贸易政策不确定性对企业研发投资具有正向激励作用，且这一作用主要通过政府补贴、企业出口及融资约束等渠道实现。技术性贸易壁垒也可能有助于倒闭企业提升研发水平（李峰和王亚星，2020）。阿塔纳索夫等（2015）认为政策不确定性的上升推动企业研发，并导致企业在研发项目上进行抢占性投资。戴魁早和方杰炜（2019）利用2000—2015年中国制造业25个细分行业的数据，发现通过出口边际扩张和增加对外直接投资，出口贸易壁垒在一定程度上促进了中国制造业出口技术复杂度的提高。此外，一些学者发现，顺境中的企业也有加强研发的动机。贸易政策自由化也可能对研发产生正向影响，如纳瓦斯

(2015)通过构建多部门内生增长模型研究了贸易自由化对创新的影响,结果发现自由贸易促进了那些最初竞争力较弱部门的创新。李杰等(2018)发现中间品贸易自由化有助于推动创新驱动发展,中间品贸易自由化政策的实施与战略性研发补贴产业政策之间存在替代关系。

目前对于研发创新与出口的研究主要关注的是出口量的变化,而对出口波动中研发创新作用的研究相对较少。技术含量及研发强度较高的产品,其需求更加稳定,即使遭受贸易壁垒,也能保持一定的出口,甚至不受贸易壁垒影响。这是因为,企业的研发创新可以提高产品差异化程度,增强消费者的辨识度,使生产企业面对的竞争压力减小,由此面对较低的需求价格弹性,有利于降低企业的内源性波动水平。黎文等(2020)通过分析发现贸易摩擦严重影响了企业附加值及企业发展,而高专利密集度行业产值受贸易摩擦影响较小。如果企业生产的产品具有较高的研发强度,这意味着企业产品可能面对较小的需求弹性,当进口国发起贸易壁垒时,其出口波动也相应较小。基于以上分析,本章提出:

假设 H_1: 相比研发强度较低的行业,当研发强度较高的行业遭受贸易壁垒时其出口波动更低。

二、多样化与出口波动

现有研究表明,贸易壁垒对贸易多样化的影响存在异质性。当企业在遭受贸易壁垒时,可能会进行产品目的地的多样化(金则杨和靳玉英,2020)。程惠芳和詹淼华(2018)通过考察中间品进口贸易自由化对中国多产品企业出口产品多样化的影响,发现中间品关税削减有利于企业出口产品种类多样化,不过这一结果在类型不同的企业方面存在分化,中间品关税降低有利于私营企业出口产品多样化,但不利于国有和外资企业出口产品多样化。而另一些研究发现,贸易壁垒的削减也可以促进贸易多样化。近年来,发展中国家的进出口贸易获得了迅速发展,以降低关税为形式的贸易自由化可能有助于发展中国家的出口多样化(奥萨克威等,2018)。涂远芬(2018)的研究发现贸易便利化对出口多样化具有显著促进作用,不过贸易便利化对农产品出口多样化的作用强于工业制成品,对高收入国家出口产品多样化的影响最大。

在多样化的影响方面,很多研究认为多样化可以缓解外部冲击,减少产品出口波动。企业出口多样化水平的提升可以降低负向需求冲击对出口企业的不利影响。黄漓江等(2017)发现进出口市场多样化对经济波动的负向影响呈 U 型,贸易开放所产生的外部风险显著增加了经济波动,不过贸易市场多样化对保持经济的稳定性发挥了重要作用。克玛尔兹等(2020)认为出口的波动性很大限度上取决于出口厂商客户组合的多样化程度,而因大多数出口商只集中于一到两个主要客户,这导致风险冲击下企业及经济总体将会出现波动。万晓宁(2019)说明了地理多样化和产品多样化对农产品贸易波动性的影响存在不同程度的行业异质性,认为应根据不同商品类别采取多样化或专一化政策以减少农产品进出口波动。张明志和岳帅(2020)提出中美贸易摩擦之所以给中国带来负面影响,主要是由于中国对美国市场过于依赖,对外贸易的市场结构和产品结构不够多元化。在贸易壁垒频发当下,很多学者们建议企业将出口市场多元化战略落到实处,开辟新市场、跨越贸易壁垒(王孝松等,2020)。

在出口多样化方面企业可以有两种选择,一是多产品出口,即拓展生产线,进行多产品生产及出口;二是多市场出口,拓展海外市场,避免过度依赖单一出口市场。根据资产组合理论,分散化投资能有效降低不确定条件下的投资风险。如果企业出口产品及出口渠道单一,当遭受贸易壁垒时,突然的成本增加将会使企业面临较大的出口波动,而出口多样化程度较高的企业通过多样化使出口波动的风险分散,并最终降低出口波动。在贸易不确定背景下,企业出口到一国的产品种类较多或某种产品具有多元化的出口市场,这将有助于实现风险分担,并有效降低外部冲击带来的不利影响。基于以上分析,本章提出:

假设 H_2:以产品多样化和市场多样化为代表的出口多样化可以有效降低贸易壁垒导致的出口波动。

第三节　贸易保护影响出口稳定的模型构建

一、计量模型的构建

为了考察贸易壁垒对我国出口波动的影响,本章构建如下计量模型:

$$EXVOL_{ict} = \beta_0 + \theta ttb_{ct} + \kappa X_{ict} + \upsilon_t + \upsilon_{c,ISIC2} + \varepsilon_{ict} \qquad (4-1)$$

其中,i 表示产品,c 表示出口目的地,t 表示年份。被解释变量 $EXVOL_{ict}$ 表示出口到 c 地的 i 产品在 t 期的出口波动情况。ttb_{ct} 表示贸易壁垒,采用出口目的地 c 在 t 期对我国实施的贸易救济案件数量衡量。θ 是本章重点关注的系数,如果 θ 绝对值越大,则贸易壁垒对产品出口波动产生的影响就越大,正的 θ 意味着贸易壁垒提高出口波动,负的 θ 意味着贸易壁垒可以降低出口波动。控制变量集合 X 包括行业层面和国别层面的控制变量,其中,国别层面的控制变量包括:实际 GDP($rgdp$)、是否 WTO 成员(wto)以及汇率水平(ex);行业层面的控制变量包括:表示贸易成本的 t 期出口目的地 c 针对 i 行业的关税水平($tariff$)。模型还包括了年份固定效应 υ_t 和国别×ISIC2 分位行业联合固定效应 $\upsilon_{c,ISIC2}$。ε_{ict} 为随机扰动项。

二、变量选择与数据来源

(一)样本国家选取及数据来源

多数文献采用 HS6 分位行业研究贸易数据,但 HS6 分位下中国与所有贸易伙伴完整的进出口数据不易获取,无法确切计算我国的市场多样化或产品多样化程度。而基于国际标准行业分类(International Standard Industrial Classification,简称 ISIC),世界综合贸易数据库(World Integrated Trade Solution,简称 WITS)提供了多个国家(包括中国)分行业分国别进出口贸易数据的批量下载。本章中各国进口自中国的产品价值数据来自 WITS,这些数据属于 ISIC 第 3 版 4 分位行业数据。删除进出口贸易数据缺失的样本并对关税值缺失的数据取 0 处理,最终得到 1998—2018 年 145 个行业,201 个进口国家(地区),总样本量为 557 256 的样本。

(二)出口波动

关于出口波动的测算,以往文献大多采用存在连续出口行为的样本,刻画个体在整个样本期内的出口波动(张冀和孙浦阳,2017;张冀和孙浦阳,2018),此外,还有部分文献通过计算出口增长率的方差来刻画出口波动(梵诺伦贝赫等,2016;鲁晓东和李林峰,2018)。这些度量方法虽然简单易行且与波动内涵相吻合,但是无法描述逐年的出口波动。鉴于此,本章选择参考卡尔姆利-奥斯坎等(2014)以及彭书舟等(2020)的研究思路,通过对实际增长率进行线性回归并估计残差的方法以构造单个行业的逐年出口波动指标。估计方程如下:

$$E_{ict} = X_{ict} - X_{ic,t-1} = \gamma_t + \gamma_{ic} + E_{ic,t-1} + E_{ic,t-2} + \varepsilon_{ict} \qquad (4-2)$$

其中, E_{ict} 表示国家(地区) c 在 t 年对我国 i 产品的进口增长率的对数; X_{ict} 表示国家(地区) c 在 t 年对我国 i 产品的进口总额对数值(中国产品出口价值); γ_t 为年份固定效应,以控制随时间变化的外部特征; γ_{ic} 为国别—行业(ISIC3 分位行业)固定效应,以控制不随时间变化的国别行业因素对我国出口增长的干扰;考虑到增长率之间可能存在自相关性,为此在等式右侧同时纳入增长率一阶滞后项 $E_{ic,t-1}$ 和二阶滞后项 $E_{ic,t-2}$ 作为解释变量; ε_{ict} 为随机扰动项。通过对式(4-2)进行回归,得到国别层面聚类稳健标准误下的残差

项 $\hat{\varepsilon}_{ict}$ 反映了出口增长率相对其平稳出口增长率的偏离程度,该指标的绝对值越大,表明出口增长率偏离得越远。对于出口到各国的每一种产品而言,可以使用残差 $\hat{\varepsilon}_{ict}$ 的绝对值来度量出口到某地该类产品每一年的出口波动水平,残差 $\hat{\varepsilon}_{ict}$ 的绝对值越大,出口增长率相对其平稳出口增长率的偏离度就越远,说明出口波动越大。

(三)贸易壁垒(ttb)

国别—时间层面的贸易壁垒数据来自中国贸易救济信息网。中国贸易救济信息网的案件统计部分提供了 1995 年至今的国外涉华贸易救济案件,包括案件号、案件类型、立案时间、申诉国以及涉案行业等信息,涉及的案件类型包括反倾销、反补贴、保障措施及特别保障措施。以往文献很多采用了世界银行反倾销数据库对贸易壁垒进行分析,尽管这一数据可以提供详细的产品层面数据,但是世界银行反倾销数据库目前只更新到 2015 年。考虑到近两年国际经济形势发生了巨大变化,我国对外贸易承受的压力与前几年相比也不可同日而语,所以本章采用最新的中国贸易救济信息网数据进行分析。该数值越大,表示该国针对中国设置的贸易壁垒越高。样本期,国别—时间层面贸易壁垒(ttb)最小值为 0,最大值为 26。其中,美国在 2005 年和 2018 年均对我国发起了 26 起贸易救济案件。

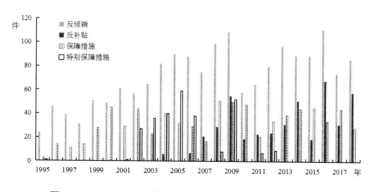

图 4-1　1995—2018 年国外涉华贸易救济案件总体情况

图 4-1 给出了 1995—2018 年国外涉华贸易救济案件总体情况。可以看出,反倾销一直是对华贸易壁垒的主要手段,自加入 WTO 以来,中国面临的反倾销案件呈上升趋势,并在金融危机期间(2008—2009 年)达到高峰。反补贴案件数量虽略有波动,但近些年逐渐增多。保障措施案件数量在样本期较为稳定,而特别保障措施在中国入世后几年实施较多。

（四）产品多样化($pdiv$)与市场多样化($mdiv$)

出口多样化的测度方法很多,参考梵诺伦贝赫等(2016)及鲁晓东和李林峰(2018)的研究,本章将出口多样化分为产品多样化和市场多样化两个层面。假设 x_{ict} 为 t 期我国 i 产品出口到 c 国的价值,N_{ct} 表示 t 期出口到 c 国的产品品种数量,N_{it} 表示 t 期 i 产品出口目的地数量。其中,产品多样化指标为:

$$pdiv_{ct} = \sum_{i=1}^{N_{ct}} \frac{x_{ict}^2}{\left(\sum_{i=1}^{N_{ct}} x_{ict}\right)^2} \qquad (4\text{-}3)$$

$pdiv_{ct}$ 取值在 0 和 1 之间,值越小表示产品多样化水平越高。值为 1 意味着只有一种产品出口到该国 c;为 0 则意味着有很多产品出口到该国,且每一种产品只占出口到该国份额的很小一部分。

市场多样化指标为:

$$mdiv_{it} = \sum_{c=1}^{N_{it}} \frac{x_{ict}^2}{\left(\sum_{c=1}^{N_{it}} x_{ict}\right)^2} \qquad (4\text{-}4)$$

$mdiv_{it}$ 取值在 0 和 1 之间,值越小表示市场多样化水平越高。值为 1 意味着该产品 i 只有一个出口市场;为 0 则意味着该种产品拥有众多出口市场以至于每个出口市场只占很小一部分份额。

随着贸易额的扩大,预计中国出口产品多样化水平逐渐上升。图 4-2 列出了 1995—2018 年中国出口各国产品多样化程度的总体情况。从图 4-2 可以发现,样本期内,中国出口到各国的产品多样化(*pdiv*)指数总体呈下降趋势,从 1995 年的 0.1 降至 2018 年的 0.05,下降一半左右,考虑到指数下降意味着产品多样化水平上升,这说明中国出口产品多样化程度逐渐改善。

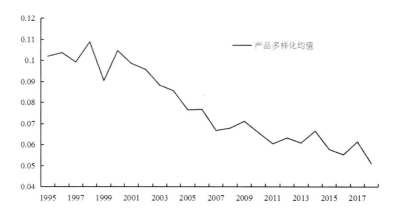

图 4-2　1995—2018 年中国出口各国的产品多样化走势

从市场多样化水平来看,中国出口产品的市场多样化水平也有所提高。表 4-1 列出了排名前十及后十位的各个出口产品市场多样化指数,可以看出,1995 年,市场多样化指数最低的行业"采矿、采石及建筑机械的制造"(ISIC 代码为 2924)值为 0.0742,而 2018 年市场多样化指数最低的行业"纸浆、纸及纸板的制造"(ISIC 代码为 2101)指数为 0.0387,指数降低了 50%左右。"褐煤的开采及结块"(ISIC 代码 1020)和"铀和钍矿开采"(ISIC 代码 1200)分别只有 1 个出口目的地(日本和法国),而到 2018 年,几乎所有的行业都至少出口至 2 个及以上国家(地区),说明近些年我国出口产品的市场多样化水平显著提升。根据假设 H_2,预计出口多样化可以显著降低贸易壁垒导致的出口波动。

表 4-1　1995 年及 2018 年中国部分行业出口的市场多样化水平

代码	行业名称(1995 年)	市场多样化	代码	行业名称(2018 年)	市场多样化
2924	采矿、采石及建筑机械的制造	0.074 2	2101	纸浆、纸及纸板的制造	0.038 7

代码	行业名称(1995 年)	市场多样化	代码	行业名称(2018 年)	市场多样化
2423	制药、药用化学品和植物产品的制造	0.077 3	2710	基本钢铁的制造	0.042 8
2411	基本化学品制造,化肥和氮化合物除外	0.085 6	2924	采矿、采石及建筑机械的制造	0.043 6
2310	焦炉产品制造	0.086 6	2413	初级橡胶及合成橡胶的制造	0.046 0
2925	食品、饮料和烟草加工机械的制造	0.094 7	1711	纺织纤维的纺前加工及纺纱,纺织品的制造	0.046 8
1320	有色金属矿的开采,但铀和钍矿除外	0.095 3	2422	颜料、清漆及类似涂料、印刷油墨及胶粘剂制造	0.049 3
0111	谷物及其他未列明作物的种植	0.104 1	3410	机动车辆的制造	0.053 5
2812	金属罐、储罐和容器的制造	0.111 7	1729	未另列明的其他纺织品制造	0.053 5
2913	轴承、齿轮、传动和驱动部件的制造	0.113 6	2720	基本贵重有色金属的制造	0.055 3
2921	农业和林业机械的制造	0.117 5	2421	农药和其他农业化工制品的制造	0.056 5
1600	烟草制品的制造	0.588 6	3691	珠宝及有关物品的制造	0.329 4
2696	石头的切割、成型和修饰	0.700 9	1310	铁矿的开采	0.339 0
1310	铁矿的开采	0.706 5	2213	录制媒体出版	0.401 2
2212	报纸、杂志和期刊出版	0.820 9	1520	乳制品制造	0.579 1
1554	软饮料的制造、矿泉水的生产	0.858 3	1554	软饮料的制造、矿泉水的生产	0.664 2
1030	泥炭的开采及结块	0.871 7	4010	电的生产、蓄集和分配	0.777 2
2330	核燃料的加工	0.923 7	1552	葡萄酒的制造	0.779 7
4010	电的生产、蓄集和分配	0.949 4	1030	泥炭的开采及结块	0.819 9
1020	褐煤的开采及结块	1	1110	原油及天然气的开采	0.914 5
1200	铀和钍矿开采	1	0121	牛、绵羊、山羊、马、驴、骡和驴骡的饲养;乳品加工	0.967 9

（五）其他变量

贸易成本（$tariff$）：本章以出口目的地的 ISIC4 位码关税衡量出口贸易成本。$tariff_{ict}$ 表示 c 国在 t 期对我国 ISIC4 分位行业下 i 产品的最惠国适用关税（MFN applied tariff）。产品—国别—时间层面的关税数据来自 WITS。黄先海和卿陶（2020）也采用了关税水平衡量出口贸易成本。

实际 GDP（$rgdp$）：别国经济发展水平与其进口需求水平密切相关，为控制别国经济发展水平对我国出口波动的影响，本章控制了 c 国实际 GDP（$rgdp_{ct}$）。数据来自世界银行发展指标数据库，且经对数处理。随着经济发展水平提高，进口需求上升，我国到该国的出口价值将会提高，出口波动也会随之上升。

是否属于世贸组织成员（wto）：若 t 期 c 国属于 WTO 成员则为 1，否则为 0。因降低关税维护贸易关系稳定是世贸组织成员国之间的重要约定，所以预期出口波动的估计模型中 wto_{ct} 前面的系数为负。wto_{ct} 数据来源于世贸组织网站。

汇率变量（ex）：汇率是衡量一个国家的货币相对另一国货币的价值，借鉴卡斯特拉雷斯和萨拉斯（2019）及相关文献，本章采用官方汇率的年度平均值（1 美元可以兑换的本币单位）来表示，并经对数处理。数值上升，表示本币相对美元贬值。数据来自世界银行发展指标数据库。

表 4-2 报告了主要变量的描述性统计特征。

表 4-2　主要变量的描述性统计

变量	观测值个数	均值	标准差	最小值	最大值
出口波动	557 256	0.961 7	1.431 2	0	15.644 8
产品多样化	381 236	0.064 8	0.053 2	0.024 1	1
市场多样化	381 236	0.132 1	0.098 9	0.026 1	1
贸易壁垒	557 256	0.450 2	1.931 0	0	26
贸易成本	557 256	5.352 9	13.740 1	0	3 000
实际 GDP	510 836	24.185 0	2.375 9	17.183 2	30.513 4
是否 WTO 成员	557 256	0.742 9	0.437 0	0	1

变量	观测值个数	均值	标准差	最小值	最大值
汇率	472 035	3.316 9	2.468 0	0.004 6	22.628 8

第四节 实证结果分析

本章的实证分析分为三个阶段。第一阶段分析贸易壁垒对我国出口波动的影响,首先单独检验核心解释变量的作用,其次引入其他控制变量,考察各变量对出口波动的影响,回归结果参见表4-3;第二阶段是稳健性分析,改变样本范围对模型(1)重新估计,并探讨可能的内生性问题,结果见表4-4;第三阶段是异质性影响及作用机制检验。

一、基准回归结果

普通最小二乘法(OLS)假定因变量既可为正也可为负,即未考虑到产品出口波动的非负约束。贝什卡尔等(2015)研究认为应采用 Tobit 模型进行估计,不过当固定效应存在及特异性误差为异方差时,Tobit 模型可能会产生不一致的估计量。泊松拟最大似然估计(PPML)方法在引力模型的相关文献中较为常用,所以在基准模型中本章同时采用 OLS 和 PPML 方法进行了估计。表4-3 为估计结果。

表4-3 第(1)和(4)列分别为未控制其他解释变量时贸易壁垒对我国出口波动影响的估计结果。第(2)-(3)和(5)-(6)列为控制了贸易成本和其他解释变量的结果。从(1)-(3)列看,无论是否加入贸易成本,贸易壁垒的估计系数都在 1% 的显著性水平下显著为负,且系数估计值在 -0.014 8 与 -0.156 之间,说明各国对华贸易壁垒显著降低了我国的产品出口波动。具体而言,对华贸易救济案件每增加 1 件,我国出口波动最多将下降 0.156。从表4-3 第(3)、(6)列可以看出,控制了其他变量之后,贸易壁垒前面的估计系数绝对值相比第(1)、(4)列有所上升,且仍在 1% 的水平上显著为正,拟合优度分别从 16.91% 和 0.02% 提高到 18.35% 和 28%。说明在其他因素不变

情况下,别国涉华贸易救济措施导致中国产品出口波动下降,提高了产品出口的稳定性。这意味着尽管贸易壁垒可能不利于产品出口(余骏强 等,2020),不过对出口波动具有一定缓解作用。这和詹晶和叶静(2013)及张志新和宫庆杰(2021)认为贸易壁垒对出口不利的结论并不一致,主要原因可能在于随着贸易壁垒的变化,我国出口企业的研发创新及多样化程度也发生了较大变化,导致贸易壁垒与出口波动负相关。

表4-3　贸易壁垒对出口波动的影响

变量	普通最小二乘法(OLS)			泊松拟最大似然估计(PPML)		
	(1)	(2)	(3)	(4)	(5)	(6)
贸易壁垒	-0.014 8***	-0.014 8***	-0.156 0***	-0.015 7***	-0.015 7***	-0.017 2***
	(0.001 1)	(0.001 1)	(0.001 1)	(0.002 5)	(0.002 5)	(0.003 1)
贸易成本		-0.000 2	-0.000 4*		0.000 0	-0.000 3
		(0.000 2)	(0.000 2)		(0.000 2)	(0.000 6)
实际GDP			0.781 0***			0.541 6***
			(0.020 4)			(0.042 7)
是否WTO 成员			-0.2672***			-0.258 2***
			(0.0137)			(0.029 8)
汇率			0.009 5**			-0.003 7
			(0.003 8)			(0.012 2)
常数项	0.968 4***	0.969 3***	-17.415 3***	—	—	—
	(0.001 9)	(0.002 2)	(0.480 7)			
时间效应	控制	控制	控制	控制	控制	控制
国家× 行业效应	控制	控制	控制	控制	控制	控制
样本量	557 256	557 256	445 403	549 381	549 381	439 029
拟合优度	0.169 1	0.169 1	0.183 5	0.000 2	0.000 2	0.280 0

注:*、**和***分别代表在10%、5%和1%水平上显著;括号内为稳健标准误。PPML模型估计结果中未报告常数项。下表同。

其他变量方面,第(3)、(6)列显示,关税前面系数为负且不一定显著,贸易成本对产品出口波动并未呈现出一致且显著的影响。这可能是因为短期内关税水平较为稳定,样本期内约有24%的关税样本一阶差分为0,所以出口波动更大限度上受暂时性贸易壁垒(贸易救济措施)的影响,而受关税影响较小。各国实际 GDP 对我国产品出口波动具有正向影响,说明一国经济发展水平越高其对我国产品的需求越大,随着经济发展水平的上升我国产品出口到该国的波动水平也越高。是否属于 WTO 成员变量对出口波动的影响为负,这意味着相比非世贸组织成员,世贸组织成员对我国出口产品需求较为稳定,波动性更低。具体而言,以第(3)列为例,世贸组织成员对我国出口需求的波动比非世贸组织成员低 0.27 左右。第(3)列汇率前面系数在 5%水平下显著为正,而第(6)列汇率前面系数为负且不显著,说明汇率变量前面系数表现不一致,别国汇率变化可能并非我国出口波动主要影响因素。

二、稳健性检验

(一)样本选择

考虑到 2007—2008 年涉及国际金融危机事件,为剔除特殊时间对本章结果的影响,参考以往文献的做法删除 2007 和 2008 年的数据样本,表 4-4 第(1)列为剔除这些年份样本的估计结果。结果显示贸易壁垒估计系数仍然显著为负,说明别国对华贸易救济措施显著降低我国的出口波动,提高了我国出口产品的稳定性。此外,为排除出口价值为 0 及缺失样本对模型估计的干扰,表 4-4 第(2)列删除出口产品价值为 0 的样本对模型重新估计,结果与表 4-3 相比贸易壁垒前面系数正负符号、显著性几乎一致,其他解释变量的估计系数也与表 4-3 基本一致。

(二)内生性检验

一方面,考虑到当期的贸易救济措施可能受到出口波动(由出口价值得到)影响,为避免潜在的内生性问题,在稳健性检验中,本章采用滞后一期的贸易救济案件替换当期贸易救济案件,结果列于表 4-4 第(3)列。结果显示,贸易救济举措前面估计系数仍然显著为负,说明本章结果稳健。另一方面,参考莱克和利纳斯克(2016)的研究,关税水平受自身经济发展状况的影响,表4-4第(4)列为考虑对华关税为内生变量时的估计结果。首先采用HP滤波法将国家 c 的实际GDP($\ln gdp$)分解成周期成分和趋势成分,然后将分解得到的趋势和周期成分的一阶滞后项作为工具变量进行2SLS估计。通过对工具变量进行检验,Cragg-Donald Wald F检验值均大于10,拒绝弱工具变量假设;LM检验P值为0.0000,可以认为不存在识别不足问题,表明选取的工具变量合理。因此,考虑到模型估计的内生性问题后,本章的主要结论依然成立。

表4-4　稳健性检验

变量	(1)	(2)	(3)	(4)
贸易壁垒	-0.018 4***	-0.002 6**	-0.007 7***	-0.165 4***
	(0.002 0)	(0.001 1)	(0.001 3)	(0.035 4)
贸易成本	-0.000 6***	-0.002 0**	-0.000 6**	-1.140 9***
	(0.000 2)	(0.000 8)	(0.000 3)	(0.210 8)
实际GDP	0.730 6***	0.323 7***	0.790 7***	—
	(0.016 3)	(0.022 2)	(0.022 0)	
是否WTO成员	-0.256 6***	-0.461 3***	-0.246 9***	1.671 1***
	(0.013 3)	(0.015 2)	(0.015 0)	(0.386 5)
汇率	-0.002 7	-0.076 7***	-0.005 7	-0.390 9***
	(0.005 5)	(0.005 8)	(0.004 3)	(0.087 9)
常数项	-16.282 8***	-6.294 3***	-17.728 5***	—
	(0.388 4)	(0.543 6)	(0.526 7)	
时间效应	控制	控制	控制	控制
国家×行业效应	控制	控制	控制	控制
样本量	402 411	322 381	422 551	445 353
拟合优度	0.187 5	0.229 4	0.188 4	—

注:由于第(4)列采用2SLS方法估计时,工具变量为实际GDP趋势和周期成分的一阶滞后项,因此未控制实际GDP变量。又因为拟合优度在工具变量回归中没有统计意义,所以列(4)并未汇报拟合优度。

第五节　异质性检验与机制分析

一、贸易壁垒的异质性影响

(一)农业和制造业的影响差异

为分析贸易壁垒对出口波动的影响在不同组别有何差异,本章区分农业和制造业、上游行业和下游行业进行分析。ISIC2 位码编号为 01、02、05 的行业为农林牧渔业,本章记为农业,编号为 15—36 的行业为制造业,依 ISIC2 位码区分农业和制造业,分别对农业和制造业的出口波动进行分析,结果参见表4—5 第(1)—(2)列。可以发现,贸易壁垒对农业的产品出口波动影响为负但不显著,而贸易壁垒对制造业的产品出口波动影响在 10% 水平下显著为负。说明当遭受贸易壁垒时,制造业产品出口波动将显著下降,农业出口波动所受影响不大,贸易壁垒对出口波动的负向影响主要体现制造业。农产品的出口波动受贸易救济措施影响不大,这可能因为一方面农业的需求弹性小,国外对我国农产品的需求较少受到贸易壁垒干扰;另一方面,当遭受贸易壁垒时,研发创新及出口多样化更多发生在制造业,这导致制造业对贸易壁垒反应更敏感。

(二)上游和下游行业的影响差异

参考安特拉斯和乔尔(2013)采用一个行业作为投入品的直接使用量与总使用量之比作为上游或下游行业分界的测算,本章区分了上游和下游行业分析上下游出口波动受贸易壁垒的影响差异情况。因原始上下游分类指标数据为 2002 年美国投入产出(I—O)行业分类标准,而本章采用的行业数据为 ISIC 分类标准,所以首先对 I-O 行业与 NAICS(北美产业分类体系)进行匹配,其次匹配 NAICS 与 ISIC 行业,最终得到 ISIC 分类标准下行业层面的上下游行业划分数据。借鉴卡斯特拉雷斯和 萨拉斯(2019)的思路,构造上游行业虚拟变量,先取所有行业的均值,如果某行业的数值大于均值(数值越大表示对该行业来说,其对生产过程的贡献主要发生在上游阶段),那么该行业为上游行业,取值为 1,否则为 0。表 4-5 第(3)、第(4)列报告了贸易壁垒对上游和下游行业产品出口波动的影响。对下游行业而言,贸易壁垒对产品出口波动的影响在 10% 水平下显著为负,说明贸易壁垒对下游行业出口波动具有负向影响,其他条件不变时,涉华贸易救济案件降低了下游产品出口波动、提高了出口的稳定性。对上游行业而言,贸易壁垒对产品出口波动的影响为负,但不显著,这意味着上游行业出口受贸易壁垒影响较小。原因可能在于下游行业的研发创新及出口多样化尤其是产品多样化更易发生,随着贸易壁垒出现,下游行业的出口波动下降也更明显。

(三)贸易壁垒异质性的影响差异

为区分不同贸易壁垒的影响差异,本章分别检验了反倾销、反补贴、保障措施及特别保障措施对我国出口波动的影响,结果列于表 4-5 第(5)—(8)列。可以发现,反倾销、反补贴及保障措施前面的系数均为负,且在 1% 水平下显著;而特别保障措施前面系数显著为正。这说明贸易壁垒对我国出口波动的减轻作用主要源于反倾销、反补贴及保障措施的实施,而特别保障措施的实施显著增加了我国产品的出口波动。这可能是因为相比特别保障措施,反倾销、反补贴及保障措施较为普遍,在各年份的实施具有更大的可预见性,出口企业有能力针对这些贸易壁垒提前做好预案,防止出口出现较大波动,而如图 4-1 所示特别保障措施在某些年份较为集中,其他年份较为少见,如果突然实施预计将会带来较大的出口波动。

表 4-5 贸易壁垒异质性影响估计结果

变量	农业	制造业	上游	下游	反倾销	反补贴	保障措施	特别保障措施
	(1)	(2)	(3)	(4)	(5)	(6)	(7)	(8)
贸易壁垒	-0.044 6 (0.040 4)	-0.017 3 * (0.009 8)	-0.012 9 (0.013 2)	-0.022 8 * (0.012 7)	-0.054 8 *** (0.011 0)	-0.189 7 *** (0.011 5)	-0.031 7 *** (0.008 4)	0.059 5 *** (0.013 9)
常数项	-16.003 7 *** (2.102 9)	-18.023 1 *** (0.531 8)	-16.568 3 *** (0.691 5)	-18.521 8 *** (0.702 8)	-17.5320 *** (0.488 1)	-17.3864 *** (0.488 5)	-17.5864 *** (0.488 9)	-17.5253 *** (0.488 0)
控制变量	控制	控制	控制	控制	控制	控制	控制	控制
时间效应	控制	控制	控制	控制	控制	控制	控制	控制
国家×行业效应	控制	控制	控制	控制	控制	控制	控制	控制
样本量	18 238	392 983	18 275	394 134	445 403	445 403	445 403	445 403
拟合优度	0.322 1	0.363 7	0.153 2	0.183 9	0.1834	0.1835	0.1834	0.1834

注:表 4-5 中贸易壁垒变量为虚拟变量,如果当年某出口目的地存在针对中国的贸易救济案件,则该变量为 1,否则为 0。

二、贸易壁垒影响产品出口的作用机制

贸易壁垒一定程度上降低了我国产品出口波动、提高了出口的稳定性,那么这种影响效应是否通过研发强度和出口多样化来实现呢?理论上,涉华贸易救济措施导致我国企业出口困难,增加出口成本,短期内将会降低我国出口产品价值并提高出口波动。不过如果出口行业的研发强度、产品多样化或市场多样化程度较高,那么出口受贸易壁垒的负面影响将会较小。多数文献基于因果逐步分析法进行影响机制分析,但本章中研发强度在行业层面固定,产品多样化或市场多样化在国家—时间或行业—时间层面固定,贸易壁垒也不随行业而改变,回归时会出现很多问题。为检验贸易壁垒导致出口波动下降的影响机制,本章借鉴莱克和利纳斯克(2016)研究市场势力作用机制的方法,在基准模型的基础上加入贸易壁垒与研发强度及多样化虚拟变量

的交叉项,具体设定模型如下:

$$EXVOL_{ict} = \alpha_0 + \alpha_1 ttb_{ct} + \alpha_2 ttb_{ct} \times rd\_hi_i + \kappa X_{ict} + \upsilon_t + \upsilon_{c,ISIC2} + \varepsilon_{ict} \quad (4-5)$$

$$EXVOL_{ict} = \alpha_0 + \alpha_1 ttb_{ct} + \alpha_2 ttb_{ct} \times pdiv\_hi_{ct} + \kappa X_{ict} + \upsilon_t + \upsilon_{c,ISIC2} + \varepsilon_{ict}$$
$$(4-6)$$

$$EXVOL_{ict} = \alpha_0 + \alpha_1 ttb_{ct} + \alpha_2 ttb_{ct} \times mdiv\_hi_{it} + \kappa X_{ict} + \upsilon_t + \upsilon_{c,ISIC2} + \varepsilon_{ict}$$
$$(4-7)$$

其中,rd_hi 为标识高研发强度行业的虚拟变量,首先采用安特拉斯和乔尔(2013)公开的依 I-O 行业划分的研发强度数据,构造 ISIC 分类标准下行业层面的研发强度;其次对所有行业的研发强度取均值,如果某行业的研发强度大于均值,rd_hi 取值为 1,否则为 0。$pdiv\_hi$ 为标识产品多样化程度较高的虚拟变量,先对产品多样化数据 $pdiv$ 取其均值,如果 t 年出口到 c 地产品多样化指标小于均值则取值为 1,否则为 0。因产品多样化指标越低意味着产品多样化水平越高,所以 $pdiv\_hi$ 值为 1 说明产品多样化程度较高。$mdiv\_hi$ 为标识市场多样化程度较高的虚拟变量,定义类似 $pdiv\_hi$。其他变量的定义与公式(4-1)一致。

表 4-6 第(1)—(3)列分别是对式(4-5)—(4-7)的估计结果。可以看出,对产品出口波动而言,贸易壁垒与高研发强度交叉项($ttb \times rd\_hi$)系数显著为负,说明相比研发强度较低的行业,贸易壁垒对高研发强度行业的影响更大,可以在更大程度上降低产品出口波动、提升出口稳定性。研发强度较高的行业具有较小的需求弹性,受贸易壁垒影响较小,可以更大程度上抵御贸易壁垒冲击。假设 H_1 得到验证。第(2)、第(3)列显示贸易壁垒前面系数为正,而贸易壁垒与产品多样化交叉项($ttb \times pdiv\_hi$)及贸易壁垒与市场多样化交叉项($ttb \times mdiv\_hi$)分别显著为负。就产品多样化而言,贸易壁垒对产品多样化程度较高国家的出口波动影响更显著,并有助于降低出口至这些国家的出口波动,而当出口目的地产品多样化程度较低时,贸易壁垒缓解出口波动的作用消失。说明通过产品多样化,贸易壁垒可以起到减缓出口波动的作

用。就市场多样化而言,当出口产品的市场多样化程度较低时,贸易壁垒的出现将会提高产品出口波动,而当市场多样化程度较高时,贸易壁垒对出口波动的影响将会出现逆转(0.008 7−0.015 6<0),这意味着市场多样化有助于降低贸易壁垒导致的出口波动。假设 H_2 得到验证。

表4-6　贸易壁垒降低出口波动的机制检验

变量	(1)	(2)	(3)
贸易壁垒	−0.010 3*** (0.001 5)	0.005 0 (0.003 4)	0.008 7*** (0.001 6)
贸易壁垒×高研发	−0.012 4*** (0.001 4)		
贸易壁垒× 产品多样化		−0.007 7** (0.003 3)	
贸易壁垒× 市场多样化			−0.015 6*** (0.001 3)
常数项	−18.399 0*** (0.551 0)	−6.362 6*** (0.551 7)	−6.289 2*** (0.548 1)
控制变量	控制	控制	控制
时间效应	控制	控制	控制
国家×行业效应	控制	控制	控制
样本量	378 418	317 755	317 755
拟合优度	0.185 3	0.229 2	0.229 4

综上,当出口多样化程度较低时,贸易壁垒的出现增加了我国产品的出口波动,使我国出口企业面临一定的风险。而产品多样化和市场多样化可以起到分散风险的作用,通过开发针对特定出口目的地的多种产品出口及拓展特定产品的出口市场,可以使出口企业在遭受贸易壁垒时更加从容,缓解出口波动并保持出口稳定。

第六节　本章结论及政策启示

本章利用行业—国家—时间层面的面板数据研究了 1998—2018 年间贸易壁垒对我国出口波动的影响。结果发现,贸易壁垒对我国出口波动具有负向影响。对华贸易壁垒在一定程度上减少了产品出口波动。机制分析表明,当面临贸易壁垒时,通过产品多样化和市场多样化,出口企业可以显著降低贸易壁垒对出口波动的负面冲击。此外,出口企业也可以通过研发创新进一步降低出口波动。通过区分行业异质性,本章发现制造业及下游行业产品出口波动在贸易壁垒影响下会有所下降,农业及上游行业产品出口受贸易壁垒影响较小。

中国在实现技术赶超过程中,不可避免地会威胁到某些国家的垄断势力。为维持其既得利益,以美国为代表的一些国家针对中国设置了各种形式的贸易壁垒,对中国发展中的行业进行不断打压,这是近年来对华贸易壁垒多发的重要原因。这些贸易壁垒或多或少对我国出口造成了一定冲击,本章的研究对理解各国对华贸易壁垒的影响具有重要意义,同时也对我国相关经贸政策的制定带来一定启示。需要指出的是,受数据限制,本章采用国别—时间层面的贸易壁垒研究其对出口波动的影响可能存在一定缺陷。另外,贸易壁垒也可能通过研发强度、贸易多样化之外的其他作用影响出口波动,对这些问题的探讨超出了本章的范畴,也有待继续深入研究。

本章的研究具有如下政策启示:

首先,详细掌握各国对华贸易壁垒态势。鉴于各国对华贸易壁垒与我国出口波动有着密切关联,因而应准确把握和理解各国对华贸易壁垒的新趋势,详细分析直接与间接受影响行业,针对受影响较大的行业做出有针对性的帮扶举措,尽可能规避或降低其他国家贸易政策变化对我国出口产生的负面影响。

其次，强化技术研发、提高行业研发强度。本章研究结果表明研发强度在缓解贸易壁垒导致的出口波动方面发挥了一定的作用。在贸易壁垒多发背景下，为增强出口贸易的稳定性、提高出口竞争力，政府应制定研发激励政策，鼓励企业提高研发投入占比，激发企业自主创新动力，进而促进行业研发强度的提升。

最后，实行产品差异化策略，拓展销售渠道，提升出口多样化水平。鉴于贸易壁垒对出口波动的负面冲击可能通过产品多样化和市场多样化得到一定程度的缓解，为此出口企业应强化出口产品差异化策略，打造多元化产品线，尽力提升我国出口产品的多样化水平，同时积极开拓其他出口市场，加强同我国已签署自贸协议国家（地区）的经贸往来，减少市场风险，提升出口竞争力。

第五章

贸易保护与产品质量:影响与机制

各种形式的贸易壁垒在全球范围内呈上升趋势,我国推动贸易高质量发展、促进产品质量升级的压力也与日俱增。本章利用企业—行业—国家—时间层面的微观面板数据研究了贸易壁垒对我国出口产品质量的影响。研究发现,关税和非关税壁垒对我国企业出口产品质量均有不同程度的正向影响,而多重贸易壁垒叠加会削弱这种激励作用。机制分析表明,遭受关税壁垒时,一方面,高质量产品的生产企业可以通过提高价格进一步提升产品质量;另一方面,出口产品质量较低的企业在市场筛选机制下更有可能退出出口市场。关税与非关税壁垒的质量影响效应因企业所有制类型及所处行业的不同而具有异质性。本章明确了贸易壁垒对出口产品质量的影响与作用机制,对贸易壁垒叠加背景下提升我国出口质量具有一定的启示意义。

第一节　贸易保护与出口产品质量

作为贸易摩擦的具体形式,贸易壁垒是国家结合具体市场环境对贸易实践做出的政策安排。贸易壁垒按形式可分为关税壁垒和非关税壁垒。作为贸易壁垒的两种主要类型,关税与非关税壁垒在贸易保护主义中扮演了重要角色。早期的贸易保护措施以关税提升为手段,步入 21 世纪,尤其是中国加入 WTO 之后,经过多轮多边框架下的关税减让谈判,成员国双边关税水平已经处于相对较低的水平,通过国家法令以及各种行政措施的形式实施的非关税壁垒取代关税成为贸易保护主义的主要工具。根据中国贸易救济信息网的数据,2001—2019 年,美国对我国贸易救济案件总计 281 起,相比 1980—2000 年的 38 起,增加了 6.4 倍。而近些年,以美国为代表,提升关税成为贸易争端中的主要手段。关税壁垒与非关税壁垒并非完全割裂,二者时常同时被作为贸易保护主义的武器。2018 年初美国对华启动"301 调查",威胁将依据调查结果对从中国进口的商品大规模征收关税,随后不久中美贸易摩擦风起云涌。

2019 年 11 月中共中央、国务院发布《关于推进贸易高质量发展的指导意见》,提出增强贸易创新能力,推动一批重点行业产品质量整体达到国际先进水平,积极采用先进技术和标准,提高产品质量。在贸易争端背景下研究我国出口企业的商品质量变化,正确理解和评估贸易壁垒对企业出口产品质量造成的具体影响,对制定相应政策提升我国出口产品质量,推动我国贸易高质量发展,具有重大的现实意义。一般而言,出口目的国的贸易壁垒会显著降低该类商品的出口额。贸易壁垒除了削减出口商品的贸易"量",是否也会降低出口商品的"质"呢?理论上,进口国的贸易壁垒增加了出口厂商的贸易成本,一方面侵蚀出口企业收入,可能会促使企业降低用于产品质量升级的投入,因此对出口企业质量提升不利;另一方面,贸易壁垒对出口商也会有激励作用,出口企业为了生存,可能会选择质量竞争策略,在不利环境下尽力提升产品质量。

与本章相关的研究主要涉及出口质量以及贸易壁垒等。首先,关于贸易质量的分析。因各国经济发展程度不同,消费者可能对产品质量具有异质性偏好,而生产较高质量的产品往往需要耗费较高的成本,因此企业可能采取质量竞争策略,用更高的成本生产质量更高的产品,满足消费者对产品质量提升的需求(鲍德温和哈里根,2011)。有些学者基于李嘉图贸易模型的比较优势理论,说明比较优势随产品质量升级逐渐增强(亚米维奇 and 美雷拉,2015),同时,也有学者认为行业内的平均出口产品质量随着该国在该行业中的显示性比较优势而提高(阿卡莱,2016)。

其次,从贸易政策不确定性下降或者贸易自由化的角度研究关税下降对出口产品质量的影响。认为贸易自由化有助于提升进出口商品质量(如巴思和施特劳斯—卡恩,2015;施炳展、张雅睿,2016;范等,2018)及产品加成率(祝树金等,2018)。巴思和施特劳斯—卡恩(2015)研究了中间品贸易自由化对出口产品质量的影响,结果表明,中间品进口关税下降引致进口中间品价格和种类的增加,企业利用中间品贸易白由化升级中间品质量,从而促进最终品质量提升。施炳展和张雅睿(2016)采用倍差法分析贸易自由化对中国企业进口中间品质量的影响,发现伴随关税下降,中国企业进口中间品质量整体增长。范等(2018)研究了中国加入 WTO 背景下出口产品质量与生产率的关系,发现关税减让可以显著地促使企业提高产品质量,且低生产率企业的质量改善更为明显。不过,也有一些涉及贸易自由化、便利化的相关研究得出了不同的结论,说明贸易自由化、便利化可能降低产品质量(阿米蒂和坎德尔瓦尔,2013;刘晓宁、刘磊,2015;苏理梅等,2016;杨逢珉、程凯,2019)。

最后,非关税壁垒与产品质量之间的关系。随着前几年关税下降成为主流,国际贸易的研究重点也从贸易政策转向了贸易自由化及非关税壁垒(戈尔德里和帕夫茨尼克,2016)。基于企业决策模型,不少学者分析了贸易壁垒尤其是非关税壁垒对企业定价行为、出口目的多元化行为、出口产品范围和产品组合以及产品研发的影响(高和彭,2016;鲁等,2018)。通过分析反倾销壁垒数据,部分学者发现非关税壁垒与出口产品质量具有正相关关系(范登布斯切和沃蒂,2001),也有学者认为贸易伙伴的反倾销措施不利于中国出口增长边际(王孝松等,2014)及出口产品质量升级(谢建国、章素珍,2017)。不过,因所处行业类型不同,贸易壁垒与产品质量之间的相关关系并不十分确定(张先锋等,2018)。

　　结合以往文献,本章可能的创新点在于:首先,已有文献多数讨论了单一贸易壁垒(关税或非关税壁垒)对产品质量的影响,考虑到关税壁垒与非关税壁垒都是贸易保护主义的表现形式,两者可能同时发生,本章尝试分析关税和非关税壁垒对我国出口企业产品质量的联动影响,丰富了贸易壁垒影响的相关研究。其次,以往文献多侧重分析单个国家,如美国或欧盟对华贸易壁垒的影响(如鲁等,2013;谢建国、章素珍,2017),本章的数据涵盖与中国发生贸易关系的52个国家,以深入分析关税和非关税壁垒对我国出口产品质量产生的影响,在研究广度和深度上对现有研究进行了拓展和完善。最后,本章把细分行业的关税数据与企业质量数据相结合,探讨贸易壁垒的影响情况,为新形势贸易壁垒叠加背景下促进我国出口贸易质量提升提供政策参考依据。

第二节 贸易保护影响出口产品质量的机制

一、贸易壁垒对高质量产品生产企业的激励效应

由于生产技术要求高,高质量产品的生产门槛也相应较高,所以生产企业的产品差异化程度更显著,市场势力更强,从而可以在不利环境下更自由地调整价格(王雅琦等,2018)。正是由于高质量产品的生产企业遭受负面冲击时可以提高价格并同时避免较多的销量损失,因此,此类企业有动机进一步提高产品质量,提高市场竞争力。卢德玛和余(2016)从企业层面考察了国外关税变化对美国企业出口价格的影响,认为出口企业通过提高产品质量和价格来应对关税上涨,其中高生产率企业比低生产率企业提高幅度更大。阿德利安和卢戈夫斯伊(2019)则探讨了进口关税对耐用品价格变化的影响,发现关税变化可以解释相对价格变化的 30%。艾尔文(2019)发现有相当程度的关税变化将转移到产品价格。贸易壁垒带来的贸易成本的提高会产生两种效应。一方面,贸易成本提高时,高质量的企业有能力通过提高价格避免利润下降,同时为保持竞争优势,企业有动机采用质量竞争策略,促进自身产品质量升级;另一方面,贸易壁垒也可能产生气馁效应。

二、贸易壁垒对低质量产品生产企业的气馁效应

因为进入门槛较低,低质量产品的生产企业面临较多的竞争者,市场定价能力较弱,所以当遭受贸易壁垒时,这些企业可能放弃技术创新和产品质量升级,降低价格,导致产品质量下降。同时,遭受贸易壁垒后,出口产品进入国外市场的质量门槛提高,质量水平较低的生产企业如果想继续维持出

口,那么其出口产品质量需要较大幅度的提升。但是,这对质量水平较低的生产企业来说具有一定难度,因此,贸易壁垒的出现可能促使这些企业选择低价竞争策略,通过降低价格利用价格优势吸引消费者。而为维持利润水平,这些企业不得不进一步压缩生产成本,替换廉价原料或生产方式,以质量损失为代价降低生产成本,导致出口产品质量进一步下降。杨逢珉和程凯(2019)研究贸易便利化对出口产品质量的影响,发现贸易便利化通过降低出口企业的贸易成本,可能会促使企业选择低价竞争策略抑制出口产品质量升级。因此,贸易壁垒通过对不同质量的生产企业产生不同影响,并进而对其出口产品质量产生影响。

三、贸易壁垒对企业进入和退出的筛选效应

贸易壁垒也可能通过创造性破坏效应影响企业出口产品质量。一方面,高质量产品具有更小的需求弹性(陈和朱文纳尔,2016),当遭受贸易壁垒时,生产高质量产品的出口企业面临的需求下降也将更少,从而维持出口状态的可能性也更高;另一方面,当面临成本上升、需求下降等负面冲击时,效率及质量较低的企业和产品将会退出市场,通过这种净化效应,资源得以重新配置,最终留在市场上的企业出口产品质量越来越高。这种外生冲击下通过市场的进入退出机制导致的产品质量变化,表现为产品质量较低的企业退出市场,最终将会提升市场整体的质量水平(施炳展,2014)。弗里格斯和瓦格纳(2010)利用德国1995—2004年的微观数据研究了企业生产率对出口企业进入退出的影响,结果发现,生产率较低的出口企业更容易退出国际市场。关税壁垒以关税上升为主要表现形式,增加了出口企业的贸易成本,反倾销—反补贴审查也会体现为一种隐形的成本,二者会降低出口企业的盈利能力,从而使得部分企业无法继续出口。高质量产品出口企业具有稳定的需求,遭受贸易壁垒时保持持续出口的概率也会较高;而质量较低的出口企业,在这种筛选机制下更易退出市场。因此贸易壁垒也可能通过如下渠道发挥作用:贸易壁垒导致产品质量较低的企业退出出口市场,并使得整体出口市

场上产品质量水平上升。

总之,贸易壁垒对出口产品质量的影响可以通过三种渠道产生。一是通过对高质量产品生产企业的激励效应,二是通过对低质量产品生产企业的气馁效应,三是通过对企业进入和退出的筛选效应。

第三节　贸易保护影响产品质量的实证检验

一、计量模型的构建

为了考察贸易壁垒对我国出口商品质量的影响,本章构建如下计量模型:

$$quality_{fict} = \beta_0 + \theta Barrier_{ict} + \kappa X + \upsilon_t + \upsilon_f + \upsilon_{c,HS4} + \varepsilon_{fict} \qquad (5-1)$$

(5-1)式中:f 表示企业,i 表示产品,c 表示国家,t 表示年份。被解释变量 $quality_{fict}$ 表示 f 企业出口到 c 国的 i 产品在 t 期的产品质量情况。$Barrier_{ict}$ 表示 HS6 分位行业下 c 国在 t 期对我国 i 产品的最惠国适用关税(MFN applied tariff)或者反倾销—反补贴调查情况。控制变量集合 X 包括行业层面和企业层面的控制变量,其中,企业层面的控制变量包括:企业存续年龄(lnage)、企业资本—劳动比(lnklr);行业层面的控制变量包括:表示行业竞争程度的赫芬达尔指数(HHI)。模型还包括了年份固定效应 υ_t、企业固定效应 υ_f 和国别×HS4 分位行业联合固定效应 $\upsilon_{c,HS4}$。ε_{fict} 为随机扰动项。

二、数据来源及说明

企业—产品—国别—时间层面的出口数据来自中国海关数据库;产品—国别—时间层面的关税及非关税数据来自世界综合贸易数据库(World Integrated Trade Solution,简称 WITS)和世界银行反倾销数据库(鲍恩,2010);企业特征的数据来自中国工业企业数据库。首先,运用中国海关数据库测算企

业出口产品质量;其次,参考田巍和余淼杰(2013)的做法,根据时间和企业
名称等对中国工业企业数据库和海关数据库进行匹配,并参照蔡和刘
(2009)及祝树金等(2018)的处理方法,剔除部分异常样本;最后,根据时间、
产品、国别匹配企业出口产品质量与贸易壁垒数据,进而得到企业—产品—
国别—年份层面面板数据,按照通常做法剔除未匹配样本。通过上述整理,
得到2000—2013年125293家企业,总样本量为1963372。具体变量梳理
如下:

(一)被解释变量

产品质量。关于产品质量的测算,本章参考哈拉克和西瓦达桑(2013)、
施炳展(2014)以需求信息反推产品质量的方法,测算企业—产品—目的
国—年份层面的出口质量。首先估计如下计量方程式:

$$\ln q_{fict} = \chi_{ict} - \sigma \ln price_{fict} + \varepsilon_{fict} \tag{5-2}$$

(5-2)式中:$price_{fict}$为企业出口产品价格,根据企业出口价值与出口数
量的比值计算而得,q表示需求量,χ_{ict}包括目的地、年份以及产品虚拟变量。
ε_{fict}为包含产品质量信息的残差项。现有文献通常将产品加总到HS6位码,
因为6位码在不同国家间是一致的,所以我们将海关数据库中原始的HS8位
码加总到6位码计算产品质量。本章参照范等(2015)及祝树金等(2018)的
做法,根据布罗拉和魏因斯坦(2006)公开的进口需求弹性系数(加总到HS2
位码),作为(5-2)式中σ的替代值,采用OLS方法对(5-2)式进行回归,估
计得到产品质量fq:

$$fq_{fict} = \frac{\hat{\varepsilon}_{fict}}{\sigma-1} = \frac{\ln q_{fict} - \ln \hat{q}_{fict}}{\sigma-1} \tag{5-3}$$

为了使不同产品的质量便于比较,对(5-3)式进行标准化处理,从而得

到企业—产品—目的国-年份层面的标准化质量指标：

$$quality_{fict} = \frac{fq_{fict} - \min fq_{fict}}{\max fq_{fict} - \min fq_{fict}} \tag{5-4}$$

（5-4）式中：min, max 分别代表最小值与最大值，是针对 HS2 位码行业在所有年份、所有企业、所有目的国层面上求出的最值。标准化质量指标取值在[0,1]之间，便于在行业之间跨期比较。

（二）核心解释变量

关税壁垒变量（$tariff$）。本章的 HS6 分位行业关税数据来自 WITS。本章重点研究贸易壁垒对出口产品质量的影响，考虑到可用的企业出口产品质量数据时间区间以及非关税壁垒国别样本，本章选取关税的时间跨度为 2000—2013 年，涵盖 52 个国家①。为了使不同产品的关税之间可以比较，与（4）式类似，也对关税进行标准化处理。

非关税壁垒变量（$ttbd$）。因反倾销和反补贴是非关税壁垒的最常用手段，所以本章考虑的非关税壁垒变量 $ttbd_{ict}$ 为某国是否对中国在该行业实施反倾销或反补贴调查（$ttbd_{ict}$ 为 1 意味着 t 期 c 国针对中国的 i 产品实施了反倾销或反补贴调查，否则为 0），谢建国和章素珍（2017）也采用了类似的定义。本章所使用的非关税壁垒数据来自世界银行反倾销数据库。世界银行

---

① 数据涉及国家或地区分别为阿根廷、爱尔兰、爱沙尼亚、奥地利、澳大利亚、巴西、保加利亚、比利时、波兰、丹麦、德国、俄罗斯、法国、菲律宾、芬兰、哥伦比亚、哈萨克斯坦、韩国、荷兰、加拿大、捷克、拉脱维亚、立陶宛、卢森堡、罗马尼亚、马来西亚、美国、秘鲁、墨西哥、南非、葡萄牙、日本、瑞典、塞浦路斯、斯洛伐克、斯洛文尼亚、泰国、特立尼达和多巴哥、土耳其、危地马拉、委内瑞拉、乌拉圭、西班牙、希腊、新西兰、匈牙利、以色列、意大利、印度、印度尼西亚、英国以及越南。其中，法国、德国、意大利、荷兰、比利时、卢森堡、英国、丹麦、爱尔兰、希腊、西班牙、葡萄牙、奥地利、芬兰以及瑞典的对华贸易壁垒数据采用欧盟的对华贸易壁垒数据。2004 年波兰、拉脱维亚、立陶宛、爱沙尼亚、匈牙利、捷克、斯洛伐克、斯洛文尼亚、塞浦路斯加入欧盟（出口马耳他的企业数据缺失），2007 年保加利亚和罗马尼亚加入欧盟，按出口目的国正式加入欧盟时间匹配其面临的关税水平。

全球反倾销反补贴数据库记录了 1980—2015 年以来世界各国实施的反倾销、反补贴调查,同时也提供了基于 HS2、HS4、HS6 或 HS8 位码受影响产品的详细信息、调查结论、撤销时间以及针对调查结论所实施的相应措施等。因 HS6 位码已经提供了产品足够详细的信息,为与产品质量变量保持一致,我们把整理出的各国反倾销、反补贴数据统一成 HS6 位码。

图 5-1 为 2000—2013 年中国面临的关税水平及遭受的反倾销—反补贴案件调查数量。如图 5-1 所示,在样本期,中国面临的关税水平呈逐渐下降趋势。最惠国平均适用关税从 2000 年的 12.93% 下降到 2013 年的 9.45%,得益于中国加入 WTO,这其中约有 90% 的关税下降发生在 2000—2007 年间。而金融危机发生后,各国保护主义势力抬头,从 2007 年开始到 2013 年,关税只下降了 0.37 个百分点。同样值得注意的是,在样本期内,以反倾销—反补贴为代表的非关税壁垒并未呈现下降趋势。中国遭受的反倾销—反补贴案件数从 2005 年的 49 件上升到 2009 年的 88 件,2013 年则为 89 件。

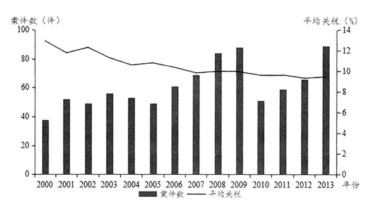

图 5-1　2000-2013 年中国面临的关税和反倾销—反补贴案件数

数据来源:关税数据来自 WITS;反倾销—反补贴数据来自世界银行反倾销数据库。

（三）其他变量

企业存续年龄(*age*)。采用当年年份与企业成立年份的差值衡量。随着企业存续年龄上升,企业各项经营运作将更加成熟,产出的产品质量也将更高。

资本劳动比(klr)。采用企业固定资产净值与企业职工人数的比值衡量(祝树金等,2019)。资本劳动比高,说明企业为资本密集型。资本、技术等高端生产要素集中,一般有助于产品质量的提升。

行业竞争程度(HHI)。根据行业内的企业销售额比重来计算国民经济4位码行业赫芬达尔指数。赫芬达尔指数越高,意味着市场集中程度越高。企业成立年份、固定资产净值、职工人数及销售额数据均来自中国工业企业数据库。

贸易依存度(IM)。采用各国进口自中国 i 产品的价值与该国 i 产品的总进口额之比表示。本章选取不随时间变化的各产品进口贸易额进行分析,IM_{ci} 表示 c 国 i 产品某一年对中国的进口依赖程度,考虑到2001年我国加入世界贸易组织,所以取2000年的数据进行分析。IM_{ci} 的计算公式为 $IM_{ci} = IM_{ciz}/IM_{ciw}$,其中 IM_{ciz} 代表2000年 c 国从中国进口 i 产品的价值,IM_{ciw} 表示2000年 c 国的 i 产品从世界各国的进口总额。进口贸易数据来自WITS。

各国实际GDP($rgdp$)。这里采用以美元计价的不变价格实际GDP衡量,数据来自世界银行发展指标数据库。莱克和利纳斯克(2016)研究发现贸易依存度和各国经济周期(由各国实际GDP计算得到)会影响贸易壁垒尤其是关税壁垒。贸易依存度(IM)和实际GDP($rgdp$)的引入主要用来计算贸易壁垒的工具变量。为降低异方差的影响,对企业存续年龄、资本劳动比及实际GDP进行取对数处理。表5-1报告了主要变量的描述性统计特征。

表5-1　主要变量的描述性统计

变量	样本量	均值	标准差	最小值	最大值
quality	1 963 372	0.5297	0.1260	0	1
tariff	1 963 371	0.0981	0.1025	0	1
ttbd	1 963 372	0.0034	0.0583	0	1
lnage	1 963 372	2.1670	0.6256	0	4.1744
lnklr	1 962 009	3.8173	1.4042	−5.9081	12.7359
HHI	1 963 372	0.0141	0.0281	0.0006	0.9674

续表

变量	样本量	均值	标准差	最小值	最大值
IM	1 963 372	0.2573	0.2748	0	1
ln*rgdp*	1 963 372	31.0634	2.3300	25.1300	36.6376

注:关税的标准化是在与企业匹配之前计算,未匹配成功的样本被删除。因取标准化会出现分母为0的情形,所以关税标准化之后的样本略少于关税原始的样本量。

第四节　贸易保护影响产品质量的结果分析

本章的实证分析分为三个阶段。第一阶段分析关税壁垒及非关税壁垒对我国出口产品质量的影响,首先单独检验核心解释变量的作用,其次引入其他控制变量,考察各变量对出口产品质量的影响,回归结果参见表5-2;第二阶段是稳健性分析,改变样本范围对模型(1)重新估计,并探讨可能的内生性问题,结果见表5-3、表5-4;第三阶段是作用机制检验及异质性影响分析。

一、基准回归结果

第(1)和(2)列分别为未控制其他解释变量时关税壁垒和非关税壁垒对产品质量影响的估计结果。第(3)和(4)列为同时控制其他解释变量和固定效应的结果。从关税壁垒的影响来看,无论是否加入其他解释变量或固定效应,关税的估计系数都在1%的显著性水平上显著为正,且系数估计值在0.01与0.09之间,说明目的国关税的上升有助于提升我国出口企业的产品质量。这与现有的研究结论一致(刘晓宁、刘磊,2015)。从表5-2第(3)列可以看出,控制了其他变量及固定效应之后,关税前面的估计系数略有下降,但仍在1%的水平上显著为正,且拟合优度从1.24%提高到52.02%。关税上升导致出口企业进入国外市场的成本上升,使得企业面临的竞争威胁加剧,为保持竞争力,企业会努力进行技术创新和质量升级。

从非关税壁垒的影响来看,列(2)显示当不考虑其他解释变量时,反倾销—反补贴调查对出口产品质量的影响显著为正。当引入控制变量之后,非关税壁垒对产品质量的影响几乎没变,且列(2)和(4)中非关税壁垒前面估计系数均在1%水平下显著。说明其他因素不变情况下,反倾销—反补贴调查可能导致涉案产品出口质量的上升,这与高新月和鲍晓华(2020)的结果一致。非关税壁垒可能产生"倒逼效应",遭受非关税壁垒的企业为了生存,除了积极应诉外,也会更加积极提升产品质量,提高自身产品竞争力。

表 5-2　贸易壁垒对出口产品质量的影响

变量	(1)	(2)	(3)	(4)	(5)
tariff	0.0958 *** (0.0009)		0.0135 *** (0.0017)		0.0136 *** (0.0017)
ttbd		0.0032 *** (0.0012)		0.0032 *** (0.0012)	0.0080 *** (0.0016)
ln*age*			0.0004 (0.0003)	0.0004 (0.0003)	0.0004 (0.0003)
ln*klr*			0.0002 (0.0001)	0.0002 (0.0001)	0.0002 (0.0001)
HHI			0.0012 (0.0050)	0.0012 (0.0050)	0.0012 (0.0050)
tariff×*ttbd*					−0.0659 *** (0.0138)
常数项	0.4897 *** (0.0007)	0.4910 *** (0.0006)	0.4881 *** (0.0009)	0.4896 *** (0.0009)	0.5755 *** (0.0455)
时间效应	YES	YES	YES	YES	YES
国家×行业效应	NO	YES	YES	YES	YES
企业效应	NO	YES	YES	YES	YES
样本量	1 963 371	1 940 166	1 938 936	1 938 938	1 938 936
拟合优度	0.0124	0.5202	0.5202	0.5202	0.5202

注: *、* *和* * *分别代表在10%、5%和1%水平上显著;括号内为稳健标准误。列(3)-(5)中 ln*age*、ln*klr*以及 *HHI* 的估计系数并不完全一致,因四舍五入到小数点后四位,所以看起来几乎相同,这可能是控制了企业效应的缘故。未控制企业效应的情况下,这些变量部分显著,且贸易壁垒前面估计系数正负及显著性不变。下表同。

考虑到贸易壁垒之间的作用也可能相互影响,表 5-2 列(5)为引入关税和非关税壁垒交互项的估计结果,以考察关税壁垒与非关税壁垒叠加的影响。可以发现,关税壁垒的主效应为 0.0136,与列(3)基本一致;非关税壁垒的主效应为 0.0080,略高于列(2)和(4)中的结果。表明关税和非关税壁垒都对企业出口产品质量有正向影响。二者交互项效应值为负,通过了1%的显著性检验,系数值为−0.0659。这意味着当关税水平较低时,双重壁垒对出口产品质量影响不大,而随着关税水平的上升,双重壁垒导致出口产品质量显著低于非关税壁垒不存在的情形(0.0136−0.0659<0)。与仅遭受关税提高的行业相比,遭受关税与非关税壁垒双重影响的行业,产品质量不仅没有提升,反而可能显著下降。可能的原因在于,面临单一贸易壁垒时,企业可以找到足够的措施应对,减轻并规避单一壁垒的影响,甚至化危为机;而多重贸易壁垒叠加出现,可能产生负面的影响,导致企业顾此失彼,无法从容应对,不得不降低产品质量以转移多重贸易壁垒的损害。

就其他解释变量来说,企业存续年龄(age)、资本劳动比(klr)以及行业竞争程度(HHI)前面系数均为正,但都不显著。表5-2(3)—(5)列中,其他解释变量的引入并未显著提升拟合优度,且各解释变量估计系数及显著性水平相差不大,进一步增强了本章结论的可信度。

二、稳健性检验

(一)样本选择

考虑到2000—2002年包含中国加入WTO、国企改制及外资放松管制等重大事件,而金融危机则可能影响2008—2009年的企业样本,为剔除特殊时间对本章结果的影响,表5-3第(1)—(3)列为剔除这些特殊年份样本的估计结果。(1)—(3)列结果均显示关税壁垒、非关税壁垒估计系数显著为正,交互项估计系数显著为负,说明单一贸易壁垒对企业出口产品质量具有激励作用,而贸易壁垒叠加出现对出口产品质量具有较大的负面冲击。此外,为排除部分特殊目的国对模型估计的干扰,表5-3第(4)—(6)列删除观测值最少的四个出口目的国——乌拉圭、危地马拉、哈萨克斯坦以及特立尼达和多巴哥重新估计,结果与表5-2相比贸易壁垒及其交互项估计系数正负符号、显著性几乎一致,其他解释变量的估计系数也与表5-2基本一致。最后,考虑到企业全要素生产率与产品质量密切相关,所以稳健性检验中,本章也加入企业全要素生产率($lntfp$)作为控制变量(基于 LP 方法计算),结果列于表 5-3 第(7)列。结果显示关税壁垒与非关税壁垒交互项前面估计系数仍然显著为负,贸易壁垒前面估计系数为正,说明结果稳健。

表 5-3　贸易壁垒对出口产品质量影响的稳健性检验

变量	(1)	(2)	(3)	(4)	(5)	(6)	(7)
$tariff$	0.0109*** (0.0020)		0.0111*** (0.0020)	0.0134*** (0.0017)		0.0135*** (0.0017)	0.0136*** (0.0017)
$ttbd$		0.0117*** (0.0014)	0.0196*** (0.0019)		0.0032*** (0.0012)	0.0081** (0.0016)	0.0080*** (0.0016)
$tariff×ttbd$			-0.1038*** (0.0162)			-0.0658*** (0.0138)	-0.0658*** (0.0138)
$lnage$	-0.0002 (0.0004)	-0.0002 (0.0004)	-0.0002 (0.0004)	0.0004 (0.0003)	0.0004 (0.0003)	0.0004 (0.0003)	0.0004 (0.0003)
$lnklr$	0.0003** (0.0002)	0.0003** (0.0002)	0.0003** (0.0002)	0.0002 (0.0001)	0.0002 (0.0001)	0.0002 (0.0001)	0.0002 (0.0001)
HHI	0.0056 (0.0066)	0.0056 (0.0066)	0.0056 (0.0066)	0.0009 (0.0050)	0.0010 (0.0050)	0.0010 (0.0050)	0.0011 (0.0050)
$lntfp$							-0.0022** (0.0011)
常数项	0.5332*** (0.0010)	0.5343*** (0.0010)	0.5331*** (0.0010)	0.4880*** (0.0009)	0.4895*** (0.0009)	0.4880*** (0.0009)	0.4916*** (0.0019)
时间效应	YES	YES	YES	YES	YES	YES	YES
国家×行业效应	YES	YES	YES	YES	YES	YES	YES
企业效应	YES	YES	YES	YES	YES	YES	YES
样本量	1 534 164	1 534 164	1 534 164	1 931 426	1 931 428	1 931 426	1 938 936
拟合优度	0.5224	0.5224	0.5224	0.5200	0.5200	0.5200	0.5202

注:＊＊、＊＊＊分别代表在5%和1%水平上显著;括号内为稳健标准误。

三、内生性检验

企业效应、时间效应及国别—行业联合固定效应虽然能够部分解决遗漏变量导致的内生性问题,但双向因果关系导致的内生性问题可能仍然存在,出口产品质量提升也可能反过来影响对华贸易壁垒(张先锋等,2018)。考虑到潜在的内生性问题,首先采用 HP 滤波法将国家 c 的实际 GDP($\ln rgdp$)分解成周期成分和趋势成分,将分解得到的趋势和周期成分的一阶滞后项以及对华贸易依存度(IM)作为工具变量进行 2SLS 估计。具体来讲,国家 c 的贸易政策受其自身经济发展状况及其贸易依存度的影响(莱克 and 利纳斯克,2016),而其他国家的经济周期一般不会直接影响我国企业的产品质量。估计结果参见表 4。其中,第(1)、第(2)列为只将关税壁垒($tariff$)视为内生变量时的估计结果,第(3)列为同时考虑关税壁垒和非关税壁垒($ttbd$)为内生变量时的估计结果。为与基准结果一致,同时控制了企业等固定效应。通过对工具变量进行检验,Cragg-Donald Wald F 检验值均大于 10,拒绝弱工具变量假设;LM 检验 P 值为 0.0000,可以认为不存在识别不足问题,表明所选取的工具变量是合理的。表5-4 中,关税壁垒及非关税壁垒前面估计系数为正,交互项估计系数仍为负,且在 5% 水平上显著。因此,考虑到模型估计的内生性问题后,本章的主要结论依然成立。

表 5-4　工具变量回归结果

变量	(1)	(2)	(3)
$tariff$	0.0210 **	0.0412 ***	0.0728 ***
	(0.0097)	(0.0094)	(0.0219)
$ttbd$		0.2503 ***	0.6921 ***
		(0.0249)	(0.1953)
$tariff×ttbd$		−3.3864 ***	−11.1775 ***
		(0.3415)	(2.7018)
控制变量	YES	YES	YES
时间效应	YES	YES	YES

续表

变量	(1)	(2)	(3)
国家×行业效应	YES	YES	YES
企业效应	YES	YES	YES
样本量	1 904 805	1 904 805	1 904 805

注：＊＊、＊＊＊分别代表在5%和1%水平上显著；括号内为稳健标准误。因为拟合优度在工具变量回归中没有统计意义，所以表5-4并未汇报。

第五节　贸易保护对产品质量的影响机制

一、贸易壁垒影响出口企业产品质量的作用机制

（一）激励效应与气馁效应

贸易壁垒带来的贸易成本的提高会产生激励效应和气馁效应。一方面，贸易壁垒导致贸易成本提高时,企业可以通过提高价格,采用质量竞争策略,提高出口产品质量以保持甚至扩大市场优势(激励效应)(鲁德玛和余,2016);另一方面,贸易壁垒会压缩销售渠道,可能促使企业采用低价竞争策略,放弃技术创新和质量提升,通过降低价格扩大销量,导致出口产品质量下降(即气馁效应)。结合前文的机制分析,我们认为当遭受贸易壁垒时,相比低质量的企业,高质量产品的生产企业可以通过其对产品价格较高的影响力提高产品价格,并促进产品质量提升。为检验这一机制,本章在基准模型式(1)的基础上加入了贸易壁垒与高质量产品虚拟变量的交叉项,具体模型设定如下:

$$\ln price_{fict} = \alpha_0 + \alpha_1 Barrier_{ict} + \alpha_2 Barrier_{ict} \times highq_{fi} + \alpha_3 X + \upsilon_t + \upsilon_f + \upsilon_{c,HS4} + \varepsilon_{fict}$$
$$(5-5)$$

$$quality_{fict} = \gamma_0 + \gamma_1 Barrier_{ict} + \gamma_2 Barrier_{ict} \times highq_{fi} + \gamma_3 X + \upsilon_t + \upsilon_f + \upsilon_{c,HS4} + \varepsilon_{fict}$$
$$(5-6)$$

(5-5)、(5-6)式中:$price$ 为出口产品价格,由出口价值与出口数量的比值衡量。计算时删除了价格平均增长率超过200%和小于-50%的观测值,并

对其进行截尾处理,将样本前 1% 和后 1% 的观测值删除。$highq_{fi}$ 为标识高质量产品的虚拟变量,不随年份及出口目的地的不同而变。首先对于每种 HS6 产品计算得出其质量的中位数,然后对于每家企业出口的 HS6 产品,计算得出其质量中位数,若后者大于前者,则 $highq$ 取值为 1,反之为 0。其他变量的定义与公式(5-1)一致。式(5-5)检验贸易壁垒对企业出口价格的影响效应。式(5-6)检验贸易壁垒对出口产品质量的影响效应。

表 5-5 贸易壁垒通过价格影响产品质量的检验结果

变量	(1) lnprice	(2) quality	(3) lnprice	(4) quality	(5) lnprice	(6) quality
tariff	-1.8093*** (0.0212)	-0.1962*** (0.0019)			-1.8114*** (0.0212)	-0.1962*** (0.0019)
ttbd			-0.4072*** (0.0153)	-0.0246*** (0.0016)	-0.5126*** (0.0217)	-0.0272*** (0.0020)
tariff×ttbd					2.6833*** (0.1747)	0.1617*** (0.0175)
tariff×highq	4.0872*** (0.0131)	0.4108*** (0.0012)			4.0890*** (0.0131)	0.4110*** (0.0012)
ttbd×highq			0.6297*** (0.0240)	0.0565*** (0.0022)	0.8005*** (0.0341)	0.0703*** (0.0028)
tariff×ttbd×highq					-4.8305*** (0.2885)	-0.4429*** (0.0259)
常数项	1.8167*** (0.0093)	0.4907*** (0.0009)	1.8223*** (0.0092)	0.4897*** (0.0009)	1.8176*** (0.0093)	0.4907*** (0.0009)
控制变量	YES	YES	YES	YES	YES	YES
时间效应	YES	YES	YES	YES	YES	YES
国家×行业效应	YES	YES	YES	YES	YES	YES
企业效应	YES	YES	YES	YES	YES	YES
样本量	1 809 084	1 938 936	1 809 086	1 938 938	1 809 084	1 938 936
拟合优度	0.6539	0.5589	0.6305	0.5204	0.6540	0.5591

注:***代表在 1% 水平上显著;括号内为稳健标准误。

表5-5是对式(5-5)和式(5-6)的估计结果。可以看出,在第(1)、第(2)列分别对出口产品价格和质量的回归结果中,关税壁垒(*tariff*)的估计系数均为负且在1%水平上显著,关税与高质量产品虚拟变量交叉项(*tariff*×*highq*)估计系数显著为正。这说明相较于低质量产品,关税壁垒对高质量产品的质量提升作用较大。当面临关税壁垒时,低质量产品的生产企业倾向于降低价格,采取低价竞争策略;而高质量产品的生产企业利用自身的价格影响力,将会提高出口价格(4.09−1.81 = 2.28>0),并最终提升产品质量(0.41−0.20 = 0.21>0)。

从列(3)和列(4)可以看出,非关税壁垒(*ttbd*)前面估计系数显著为负,而非关税壁垒与高质量产品虚拟变量交叉项(*ttbd*×*highq*)前面估计系数显著为正,说明非关税壁垒显著降低了低质量产品生产企业的出口价格和产品质量,而对高质量产品生产企业具有相反的影响。这意味着企业遭受非关税壁垒时,对低质量产品生产企业来说气馁效应占主导,低质量生产企业倾向于选择低价竞争策略(杨逢珉、程凯,2019)。第(5)和(6)列显示,对高质量产品来说,相比仅存在关税壁垒的情形,当关税和非关税壁垒同时发生时,该类企业出口产品价格提升幅度较小而质量也将有所下降(−1.81+2.68+4.09−4.83 = 0.13;−0.20+0.16+0.41−0.44 = −0.07)。这说明即使对高质量产品生产企业来说,多重贸易壁垒叠加也会产生显著的负面影响,导致高质量企业自救措施有限,削弱其对出口产品价格的影响力,并降低其出口产品质量。

综合来看,遭受贸易壁垒时,不同企业会选择不同的应对策略,导致出口产品质量受到不同的影响。当面临关税提升或遭受反倾销—反补贴审查时,高质量的企业选择质量竞争策略,通过提高出口产品价格实现产品质量升级,以稳定或扩大市场;而低质量的产品生产企业倾向于采用低价竞争策略,这对产品质量提升不利。无论高质量还是低质量产品生产企业,贸易壁垒叠加出现都会对产品质量产生一定程度的负向影响,并最终对总体出口产品质量产生负面冲击。

(二)产品质量与企业退出概率

当遭受贸易壁垒时,生产低质量产品的企业被迫退出市场,资源更多集中于生产高质量产品的企业中,因而总体质量得到提升。为了验证这一渠道,我们将贸易壁垒与企业的退出结合起来,并进一步分析贸易壁垒和高产品质量对企业退出概率的交互影响。关税上升或者反倾销—反补贴审查将会降低出口企业的盈利能力和出口利润,从而使得一部分企业无法继续出口,不得不退出出口市场,但这一效应对不同企业有不同的影响。高质量产品的生产企业往往经营绩效较好,受贸易壁垒的影响更小,因此持续出口的概率可能会高于其他企业;而如果企业生产的产品质量较低,当遭受贸易壁垒时企业出口绩效下滑严重,那么更可能退出市场。

基于上述分析,本章参照王雅琦等(2018)的做法,运用如下模型来实证检验贸易壁垒、产品质量与企业进入之间的关系:

$$En_{fict} = \varphi_0 + \varphi_1 Barrier_{ict} + \varphi_2 Barrier_{ict} \times highq_{fi} + \upsilon_t + \upsilon_f + \upsilon_{c,HS4} + \varepsilon_{fict}$$

$$(5-7)$$

(7)式中:En_{fict}为标识企业—产品—国别—年份层面企业进入出口市场的虚拟变量,若在t年企业f在行业i对国家c有出口则该虚拟变量取值为1,反之取值为0。$Barrier_{ict} \times highq_{fi}$为贸易壁垒与高产品质量虚拟变量的交互项。固定效应与公式(5-1)一致。回归结果汇报在表5-6中。

表5-6第(1)和(2)列分别为关税壁垒与非关税壁垒影响的回归结果。第(1)列关税壁垒前面估计系数显著为负,说明当关税上升时,一部分企业由于利润下滑、无法维持出口将退出市场。关税与高质量产品虚拟变量交互项前面估计系数显著为正,说明相比低质量产品出口企业,当面临关税壁垒时,高质量产品的出口企业退出市场的可能性更低,也更有可能继续维持出口行为。第(2)列非关税壁垒及其与高质量产品虚拟变量交互项前面估计系数不显著,说明反倾销—反补贴调查并未能显著影响企业退出出口市场的可能性。表5-6中第(3)列加入了关税壁垒、非关税壁垒与高产品质量虚拟变量三者的交互项,可以看到关税壁垒前面估计系数显著为负,关税壁垒与高产品质量虚拟变量交互项仍然显著为正,其他变量不显著。这说明关税壁

垒出现时,相比低质量产品,高质量产品生产企业持续出口的概率更大。对高质量产品的筛选效应只有关税壁垒才显著,而非关税壁垒不明显。可能的解释是,出口企业一般对关税壁垒具有长期的预期,而将反倾销—反补贴调查视为短期冲击,企业做出进入退出决策主要依据其对市场的长期判断。

表5-6　贸易壁垒、产品质量与企业退出市场概率

	(1)	(2)	(3)
$tariff$	−0.0003*** (0.0000)		−0.0003*** (0.0000)
$tariff×highq$	0.0001*** (0.0000)		0.0001*** (0.0000)
$ttbd$		0.0045 (0.0044)	−0.0007 (0.0044)
$ttbd×highq$		−0.0094 (0.0061)	−0.0002 (0.0074)
$tariff×ttbd×highq$			0.0007 (0.0008)
常数项	1.2507*** (0.0010)	1.2559*** (0.0009)	1.2507*** (0.0010)
时间效应	YES	YES	YES
国家×行业效应	YES	YES	YES
企业效应	YES	YES	YES
样本量	6 351 416	6 474 489	6 351 416
拟合优度	0.2471	0.2483	0.2471

注:＊＊＊代表在1%水平上显著;括号内为稳健标准误。关税壁垒采用标准化之后关税的一阶差分衡量(刘晓宁、刘磊,2015)。为控制企业等固定效应,表5-6采用OLS模型进行估计。因为表5-6也包括了出口值为0的样本,所以样本量显著多于其他各表。

作为贸易壁垒的不同表现形式,关税措施与非关税措施在制定及实施方面存在显著不同。这也决定了二者产生影响的渠道及方式有所不同。实际关税的设定需要平衡进口竞争部门内外的多产业利益,且具有一定的延续性,一旦实施短期内不易取消;而非关税壁垒措施的实施主要考虑国内行业或部分企业的需求,制定程序简单,能随时实施,且其实施有一定期限。由于

这些不同,遭受不同贸易壁垒的企业可能会选择不同的应对策略,导致关税壁垒与非关税壁垒通过企业的进入退出决策对出口产品质量产生不同的间接效应。

二、贸易壁垒的异质性影响

为分析贸易壁垒对产品质量的影响在不同组别有何差异,本章进一步区分企业所有制差异以及行业出口规模差异,对所有样本进行划分。首先,将企业按照实收资本分为外资、国有和民营企业三类,考察企业性质对企业产品质量的影响差异;其次,考虑到行业之间的差别,在 HS6 产品下把出口价值划分为高、中、低三类,重点分析出口价值不同的行业在贸易壁垒对出口产品质量影响方面的差异情况。

(一)企业异质性

表 5-7(1)—(3)列报告了贸易壁垒对不同所有制企业出口产品质量的影响。对外资企业而言,非关税壁垒前面的估计系数不显著,民营和国有企业样本非关税壁垒估计系数显著。说明非关税壁垒主要对民营和国有企业的出口产品质量具有激励和促进作用,而外资企业受非关税壁垒影响较小。这可能与对华贸易壁垒的行业倾向有关,别国对华发起的反倾销—反补贴调查主要针对国内的部分行业,而这些行业外资较少涉足。对国有企业而言,关税和非关税壁垒交互项前面估计系数未通过显著性检验,说明关税壁垒和非关税壁垒同时发生对国有企业影响较弱,贸易壁垒叠加主要对民营和外资企业出口产品质量产生负面冲击。相比外资和国有企业,民营企业受贸易壁垒联合影响较大。可能的原因在于:一方面,民营企业具有较大灵活性,面临单一贸易壁垒时能积极调整产品决策,提升质量赢得市场主动;另一方面,在多重贸易壁垒冲击下,民营企业也更加脆弱,相比民营企业,国有企业更容易得到扶持补贴政策倾斜,在面临多重贸易壁垒情况下,可以保证出口产品质量不受影响。

表 5-7 企业异质性影响估计结果

变量	(1)	(2)	(3)
	外资企业	民营企业	国有企业
tariff	0.0195*** (0.0026)	0.0065*** (0.0025)	0.0195* (0.0102)
ttbd	0.0008 (0.0022)	0.0158*** (0.0025)	0.0142* (0.0085)
tariff×ttbd	−0.0503** (0.0220)	−0.0726*** (0.0206)	−0.0791 (0.0484)
常数项	0.4920*** (0.0014)	0.864*** (0.0017)	0.4885*** (0.0066)
控制变量	YES	YES	YES
时间效应	YES	YES	YES
国家×行业效应	YES	YES	YES
企业效应	YES	YES	YES
样本量	1 030 724	828 473	60 274
拟合优度	0.5016	0.5615	0.6309

注:*、**和***分别代表在10%、5%和1%水平上显著;括号内为稳健标准误。

表 5-8 行业异质性影响估计结果

变量	(1)	(2)	(3)
	低出口行业	中出口行业	高出口行业
tariff	−0.0035 (0.0027)	0.0514*** (0.0035)	0.0454*** (0.0042)
ttbd	−0.0085** (0.0035)	0.0122*** (0.0029)	0.0196*** (0.0026)
tariff×ttbd	0.0374 (0.0232)	−0.0511** (0.0245)	−0.1726*** (0.0304)
常数项	0.4721*** (0.0016)	0.4981*** (0.0016)	0.5224*** (0.0018)
控制变量	YES	YES	YES
时间效应	YES	YES	YES

变量	(1)	(2)	(3)
	低出口行业	中出口行业	高出口行业
国家×行业效应	YES	YES	YES
企业效应	YES	YES	YES
样本量	627 365	627 499	632 833
拟合优度	0.5570	0.5940	0.6157

注：＊＊、＊＊＊分别代表在5%和1%水平上显著；括号内为稳健标准误。

(二) 行业异质性

贸易壁垒对企业出口的影响也可能存在行业异质性。考虑到行业之间的差别，首先计算所有样本企业每种HS6产品的出口价值，随后依出口价值把所有产品划分为高、中、低三类，重点分析出口价值不同的行业在贸易壁垒对产品出口质量影响方面的差异情况。表5-8为行业异质性的检验结果。第(1)列显示非关税壁垒前面估计系数显著为负，关税壁垒及其与非关税壁垒的交互项估计系数均不显著。这说明出口价值较低的行业仅受非关税壁垒的影响，且非关税壁垒对这类行业的出口产品质量有抑制作用。这可能是因为相比出口价值较高的行业，这些行业出口价值较低，遭受非关税壁垒时，产品质量提升所能获得的收益较少，导致企业不愿进行质量升级活动。对出口额中等和较高的行业组而言，关税壁垒和非关税壁垒的主效应都显著为正，联合效应都显著为负。不过第(3)列出口价值较高的行业组中，交互项估计系数绝对值大于第(2)列，说明对出口价值较高的行业来说，多重贸易壁垒导致的产品质量下滑更为严重。对此可能的解释是：出口越多，遭受多重贸易壁垒的企业面临库存或回款压力，越有可能选择低价竞争策略，降低产品质量升级的投入，从而对产品质量提升产生抑制。

第六节 本章结论及政策启示

本章利用企业—行业—国家—时间层面的微观面板数据研究了2000—2013年间贸易壁垒对我国出口企业产品质量的影响。结果发现,单一贸易壁垒对我国企业出口产品质量有不同程度的正向影响,不过,多重贸易壁垒叠加会削弱这种激励作用。改变样本选择范围及考虑内生性问题之后,上述结论仍然稳健。进一步机制分析表明,当面临贸易壁垒时,高质量产品的生产企业具有更高的价格影响力,通过选择质量竞争策略提高价格、增加质量投入以实现产品质量升级;而因价格影响力较弱,在遭受贸易壁垒时,低质量产品生产企业无法通过提价转移成本,在气馁效应下可能放弃提质增效,转而偷工减料造成产品质量进一步下滑;同时,遭受贸易壁垒尤其是关税壁垒时,在筛选机制下,低质量产品生产企业相比高质量产品生产企业更可能退出市场,因此出口市场中留存的产品质量逐步提升。最后,我们区分了企业与行业异质性,结果发现,外资企业出口产品质量受非关税壁垒影响较弱,而国有企业出口产品质量较为稳定,不易受贸易壁垒叠加的负面影响。此外,单一贸易壁垒对我国出口较多的传统优势行业的产品质量提升具有一定促进作用,不过当遭受多重贸易壁垒叠加影响时这些行业也首当其冲。

虽然本章研究表明一定程度的贸易壁垒有助于我国出口产品质量升级,但这并不是一个绝对乐观的结果。贸易壁垒可能对我国产品质量提升没有损害,但却很可能阻碍我国企业进入当地市场,降低持续出口的可能。质量提升只是企业设法立足海外市场的一个意外收获,而在这个过程中,有很多国内低技术出口企业被迫退出国外市场,同时目的国行业企业在贸易壁垒的庇护下成长壮大,获得优势地位并挤出中国企业。尤其当多重贸易壁垒叠加出现时,出口企业进行产品质量升级面临实际困难,我国整体的贸易质量提升也将面临挑战。

本章研究结论具有以下启示:首先,应对多重贸易壁垒叠加保持警惕并积极制定规避政策。尽管单一贸易壁垒通过市场的激励机制和筛选机制一定程度上有助于我国出口产品质量提升,但是对于面临多重贸易壁垒的行业来说,其产品质量将经受较大的负面冲击。因此,政策制定部门应研究制定针对这些行业的相应政策,为企业长期发展提供政策支持。建立对外贸易预警机制,及时更新发布对外贸易信息,重点关注贸易壁垒叠加行业,建立企业联系指导机制,分行业、分规模开展培训和宣讲,做好贸易救济工作。同时,要加强对重点行业外贸数据变化、重点进出口商品数据变化及企业预期变化的持续跟踪研究,及时发现波动并研究制定调控办法。鼓励出口企业提出有助于缓解贸易壁垒压力的诉求,如通关政策、补贴减税、低息贷款等,并对这些诉求予以积极回应及提供相关保障。

其次,对遭受不同贸易壁垒的企业、行业精准施策。考虑到关税与非关税壁垒的质量影响效应因企业类型及行业的不同而具有异质性,尤其是民营企业可能受到贸易壁垒叠加更大的负面冲击,施政者可以为这类企业提供一定的政策倾斜,支持企业利用原产地规则、归类规则等合理规避出口目的国的贸易壁垒,落实好国家出口退税的各项措施。加大对处于弱势地位民营企业的扶持力度,适时出台补贴、减税、低息贷款等政策,多举措化解企业面临的外贸风险,帮助受贸易壁垒冲击较大的企业渡过难关。针对民营外贸企业特点和关心关注问题,积极探索具体、有针对性和惠及企业的支持举措,助力民营企业外贸健康平稳发展。同时,为企业在研发方面提供更多税费优惠,激励企业在面临贸易壁垒时更多选择质量竞争策略,实现出口质量的整体提升。

最后,推进传统优势行业质量升级。本章研究表明关税与非关税壁垒叠加会显著降低我国高出口行业的产品质量。一方面,在出口较多的传统行业,企业具有贸易壁垒的应对经验,在市场机制作用下单一贸易壁垒有助于激励企业加强研发和产品质量升级;另一方面,相比其他行业,在贸易壁垒叠加情况下,我国传统优势行业将受到更大冲击,质量下滑更为严重。这意味着贸易保护主义盛行下,我国传统优势行业呈现出较为脆弱的特性。为此,应积极鼓励传统行业企业开发新品种,提高产品附加值,提升产品工艺生产技术和制造水平,采用新工艺新技术改造产品促进质量升级,提高产品质量和稳定性。鼓励企业坚持创造性转化和创新型发展,针对差异化市场需求提供品类更多、品质更优良的产品;创新营销模式,利用新技术提高品牌知名度;加快培育更多更好的高技能人才,为提升质量提供有力支撑。同时,企业内部应进一步提升精细化管理水平,推进优势传统产业高质量发展,以高附加值产品抢占高端市场,提升产品核心竞争力,最终实现我国对外贸易由规模速度型向质量效益型转变。

第六章

环境贸易措施实践与企业创新：
影响与机制

环境贸易措施作为绿色转型期对外贸易制度创新的重要一环,对于协调经济发展与环境保护具有重要作用。本章基于2009—2019年间环境贸易措施通报数据和A股上市公司专利数据,采用双重差分法考察了中国环境贸易措施对企业绿色创新的影响。研究发现,环境贸易措施会显著提升国内上市公司的绿色创新水平,但对企业整体创新影响不大,在一系列稳健性检验后,结论依然成立。机制检验表明,环境贸易措施通过出口需求激励和命令驱动机制推动企业进行绿色创新。异质性分析发现,环境贸易措施对企业绿色创新的促进作用主要表现在非国有企业和高新技术行业,而对国有企业、非高新技术行业的绿色创新没有显著影响。本研究为评估近年来环境贸易措施的创新效应提供了经验证据,对我国绿色贸易标准制定和绿色贸易体系的改革调整具有一定的政策启示。

第一节　贸易保护与中国环境贸易措施

改革开放以来,贸易成为我国经济发展的重要引擎之一,不过以资源短缺、环境污染、生态退化等为主的环境代价也日益凸显。国际公约及多边贸易协定中关于环境保护已经有很多规定,《关税与贸易总协定》赋予世界贸易组织(WTO)各成员"环保例外权",各成员有权以保护人类及动植物生命、健康或以保障天然资源为由,采取贸易限制措施。近些年,我国也积极运用环境贸易措施维护自身利益,目前,中国签署的所有自贸协定均包括环保条款。根据 WTO 环境数据库[①],2009—2020 年间,中国向 WTO 汇报了 323 个环境相关的通报(Environment-related notifications)、采取了 651 件环境相关的措施(Environment-related measures),并在定期的贸易政策审议中(Environment-related TPR entries)有 335 次涉及环境议题,中国也是除欧盟之外贸易政策审议(Trade policy Reviews,简称 TPRs)中涉及环境议题数量最多的国家。其中,在环境相关的具体举措中,有 171 件是为了节能与增效,占到了26.3%,257 件采用了技术法规或规范(Technical Regulation or Specifications),占所有措施的 39.5%。中国承诺 2030 年前二氧化碳排放达到峰值,2060 年前实现碳中和。"双碳"目标的实现需要环境贸易政策的紧密配合,也需要市场主体尤其是企业做出相应的行为规范。"十四五"规划提出要提升企业技术创新能力,完善国家创新体系。作为自然资源的索取者和创造社会经济财富的核心载体,环境污染主体的应对策略决定了绿色发展理念能否转为政策红利。面对当前我国经济发展内外环境的深刻变化,基于企业绿色创新视角,探究环境贸易措施对我国企业绿色创新的影响,可以为评估近年来环境贸易措施的创新效应提供经验证据,也为我国绿色贸易标准制定和绿

---

① 参见 https://edb.wto.org/。

色贸易体系的改革调整具有重要启示。

然而,现有关于我国环境贸易措施对企业绿色创新影响的研究相对不足,从微观企业层面探究贸易措施创新效应的研究也相对较少。一方面,作为一种贸易限制举措,环境贸易措施会增加企业成本,进而压缩企业的研发投入;另一方面,环境贸易措施也可能激励企业努力提高产品质量,通过加强技术创新及合规生产,以期赢得更多市场份额。所以,环境贸易措施对企业绿色创新的影响并不确定。环境贸易措施的具体影响如何?近些年我国出台的技术法规或规范会对企业绿色创新有何作用?在环境贸易措施对企业绿色创新的影响机制中,又有哪些因素在发挥作用?这些问题值得进行深入探讨。

为了回答上述问题,基于 2009—2019 年间环境贸易措施通报数据和 A 股上市公司专利数据,本章利用产品层面的环境技术标准差异和广义双重差分模型,估计了环境贸易措施对企业绿色创新的影响。本章的研究发现:(1)我国环境贸易措施显著提高了企业绿色创新水平,使上市公司的绿色专利获得数量提高了 7 个百分点,而对企业整体创新水平的提升影响不显著。在考虑了平行趋势假设和一系列稳健性检验之后,该结论依然成立。(2)需求激励机制和命令驱动机制是环境贸易措施影响企业绿色创新的重要渠道,通过增加企业的出口需求,以及通过强制性命令给企业施加外部压力,环境贸易措施显著提高了企业获得的绿色专利数量。(3)环境贸易措施对企业绿色创新的影响因企业性质和所属行业的不同而不同,环境贸易措施主要提高了非国有企业以及高新技术行业企业的绿色创新水平。

第二节　环境贸易措施研究进展

环境贸易措施主要包括环境规制和标准、环保标识、产品产销税费等（克敦,2009）。与本章主题相关的现有文献主要涉及环境贸易措施的影响、我国环境贸易措施的效果以及环境贸易措施对企业创新的影响。近年来,环境敏感型的商品贸易日益增加,越来越多的进出口商品受到包括环境技术标准在内的非关税壁垒的限制（查克拉博蒂,2017）,研究环境贸易相关举措影响的研究也日益增多。有些研究从进出口贸易的角度分析了环境贸易举措对贸易流产生的影响,认为环境贸易政策对贸易量具有负向影响（维加尼等,2012）,而其他一些研究看法相反,认为环境贸易措施通过提升出口产品技术及消费者对产品的信心,有助于提高贸易产品质量和贸易量（奥尔珀等,2014;蒂米尼和科内萨,2019）。张肇中和王磊（2020）认为进口国的安全标准在当期通过影响企业的出口选择、降低企业出口额两种途径抑制企业出口二元边际。尽管学者在环境贸易措施对贸易量的影响方面存在分歧,但一般都认为以技术标准为代表的环境贸易措施有助于改善进口产品质量,进而提升消费者福利水平（鲍德温,2000;古德西和斯托勒,2020）,也有可能促进自由贸易（马雷特和贝甘,2010）。

随着我国成为主要的贸易救济措施的发起国之一,中国对外贸易救济效果也引起了政策制定者和学者的广泛关注（何欢浪等,2020）。中国环境出口政策的影响方面,学者们主要从出口退税的角度评估了出口贸易政策的效果,如我国的出口退税政策对环境保护（江永红和陈熙楠,2020）、出口量（何欢浪和冯美珍,2017）、稀土企业进入退出行为（何欢浪和刘惠,2020）的影响。中国环境进口政策的影响方面,一些学者针对最近实施的中国固废进口禁令,认为固废禁令造成的总体经济和产业影响较为微弱（董婉璐等,2020）,而另一些学者的研究表明固体废物进口限制将对我国宏观经济和产业产出造成一定损失(崔琦等,2019)。总体来说,我国在可持续贸易规则体系方面尚处于探索阶段(孙瑾等,2020)。

关于环境贸易措施对企业创新的影响,有些学者基于跨国数据研究了环境可持续性举措(Environmentally Sustainable Practices,ESP)对企业研发强度的影响,发现ESP有助于提高企业的研发强度,而制度质量和研发基础设施在其中发挥了积极作用(班纳吉和古塔,2019)。贸易壁垒造成贸易成本上升,减少了企业通过出口中学习等效应促进其创新水平提升的机会(李平等,2014),短期内会对国外企业产生增加出口成本的贸易抑制效应,导致竞争力相对壁垒主导国下降,进而对企业的技术创新产生抑制。各经济体协调一致设定的绿色关税,除降低污染品的贸易量和生产量之外,还可以阻止企业迁移到污染避难所,并促使企业从事减少污染的研发创新(纳加维,2004)。有学者认为贸易政策对高技术和低技术企业的影响具有差异性,贸易政策不确定性下降可以对中国出口企业加成率产生显著的"U型"曲线效应,且对高技术企业来说这一表现更加明显(谢杰等,2021)。企业为了满足进口国设置的绿色壁垒要求,需要支付额外的附加成本,包括一次性遵循成本和重复遵循成本(胡麦秀和薛求知,2007),这些成本的增加可能冲击环保技术匮乏、资金不充裕的企业,致使其失去产品价格优势。资本市场开放进程中,我国上市公司股权激励发挥着促进研发投资行为的重要作用(吴作凤,2017),随着我国环境贸易措施特性的体现,环境贸易措施对企业创新的影响也有待深入挖掘。

综上所述,已有研究对环境贸易措施的影响展开较多讨论,并对环境贸易措施与企业创新之间的关系作出了一些分析,为本章提供了有益的研究思路和范式借鉴。与已有研究相比,本章可能的边际贡献主要体现在:第一,在研究视角上,较为系统地考察了我国环境贸易措施的绿色创新效应。出于保护环境、节约能源或居民生命健康目的实施的环境贸易措施,通过对特定进出口产品设定一定标准和规范可以对贸易量产生影响,但其对企业绿色创新的影响如何尚缺乏经验研究的支撑,本章是对已有文献的丰富和补充。第二,在数据识别上,基于标准普尔全球市场财智数据库(S&P Global Market

Intelligence)筛选出中国沪深两市 A 股上市公司所属的细分行业数据,通过与我国环境贸易措施数据匹配,识别受环境贸易措施影响的具体上市公司,使双重差分模型的研究结果更加准确合理,也为近些年环境贸易措施如何影响企业绿色创新提供微观证据。第三,在影响机制上,本章从需求激励和压力驱动渠道检验了环境贸易措施对企业绿色创新的影响机制,进而深化了我国环境贸易措施与企业绿色创新关系的理解。此外,已有的相关研究主要围绕我国某一项出口或进口环境贸易政策的调整展开,本章基于 2009—2019 年间中国环境贸易措施的案例数据,研究结论更具有一般性,对环境贸易政策选择及绿色贸易体系构建与完善也具有一定启示。

第三节 中国环境贸易措施的实施特征

一、中国环境贸易措施的实施特征

WTO 贸易与环境委员会授权 WTO 秘书处汇编、核对所有收到的与环境有关的措施。这些信息每年都在 WTO 环境数据库(WTO EDB)中更新,具体包括 WTO 成员提交的环境相关的通报[①]、与环境相关的措施以及关于环境的贸易政策审议[②]。例如,2009—2020 年期间,WTO 收到的关于环境的通报有 6968 个,关于环境的 TPRs 有 8805 条,通报中关于环境的措施有 14604 件。本章所研究的环境贸易措施主要包括 WTO 环境数据库中中国通报的关于环境的措施。表 6-1 为 2009—2019 年中国环境贸易实施的具体措施、涉及行业以及实施目标(关键词)[③]。从第(2)列可以发现,"技术法规或规范"是中国环境贸易措施采取的主要方式,在所有措施中占三成以上。其次是"许可和直接支付""税收优惠""合格评定程序""禁令""反补贴"及"进出口许可"等。因只有"技术法规或规范"与"数量限制"措施包含具体的行业信息,而"数量限制"涉及的行业信息只有在部分年度才有数据,所以本章分析环境贸易措施的影响主要是基于"技术法规或规范"措施展开。从第(4)和

---

① 为了提高 WTO 成员贸易措施的透明度,WTO 成员须以"通报"的形式向 WTO 报告其措施。

② 在贸易政策审议机制下 WTO 定期对成员国的贸易政策进行监督。

③ 因篇幅所限,均只列出排名前 10 的种类。各类措施相加并不等于总的实施件数,这是因为 1 个案件可以有多重目标(关键词),通过多种措施实施,并牵涉多种行业。如文档编号 G/TBT/N/CHN/1341 的文件,为了保护环境和节约能源的目的,针对制造业和化学品实施了技术法规和规范措施,规定了车用汽油洗涤剂添加剂的术语和定义、要求和试验方法、检验规则、标志、包装、运输、贮存和安全的标准。

(6)列可以看出,出于环境保护、能源利用、水土保持以及减少污染排放等原因,中国环境贸易措施主要针对制造业、化学品、能源、农业以及林业等行业实施。

表6-1　中国环境贸易政策的具体措施、涉及行业以及实施目标(件)

环境贸易措施		涉及行业种类		关键词	
(1)	(2)	(3)	(4)	(5)	(6)
技术法规或规范	235	制造业	294	环境	380
许可和直接支付	161	化学品	106	能源	206
税收优惠	99	能源	73	水土保持	157
合格评定程序	77	农业	68	减排	76
禁令	42	林业	51	污染	73
反补贴措施	15	服务业	38	自然资源	66
进出口许可	23	渔业	26	浪费	57
贷款和融资	9	矿业	9	标签	54
非货币支持	8	所有产品或经济活动	5	森林	50
投资措施	6	其他或未指定	102	危险品	43

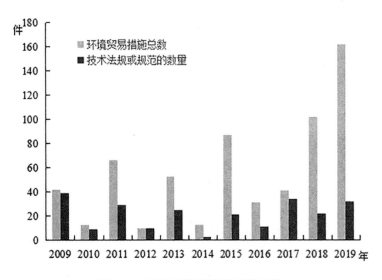

图6-1　中国环境贸易措施变动趋势

图 6-1 给出了 2009—2019 年中国实行的环境贸易措施变化趋势。从图 6-1 可以看出,在样本期,中国环境贸易实施数量虽有所波动但总体呈上升趋势。2010 年、2012 年及 2014 年每年均保持在 10 件左右,而 2019 年环境贸易措施数量升至 162 件,这可能与中美经贸摩擦有关。"技术法规或规范"方面,2009 年的环境贸易措施中,涉及"技术法规或规范"措施的占到了92.9%,2012 年所有的环境贸易政策审议措施都涉及了"技术法规或规范",而 2018 年、2019 年随着环境贸易实施总量的上升,"技术法规或规范"措施的占比有所下降。

二、影响机制分析

环境贸易措施的主要任务是促使境内生产或销售的产品或服务符合相关标准,以保障国内居民健康、促进资源节约和环境保护,实现经济高质量发展。环境贸易措施主要方式"技术法规或规范"的实施对象主要是在境内从事生产和销售活动的生产商。企业绿色创新可以有效协调环境贸易政策与企业绩效增长,而创新活动具有高收益与高风险并存的特点,这时企业从事创新活动的强度就取决于管理者对企业创新活动风险和预期收益的权衡(李青原和肖泽华,2020)。考虑到环境贸易措施主要是与环境相关的举措,所以相比一般的技术创新,其施行对企业绿色创新的影响将更为显著。

(一)需求激励机制

环境贸易措施尤其是环境技术标准的实施,对消费者而言可以作为一种标签或者质量指标,意味着企业生产和销售的商品满足了一定的质量标准,从而向消费者发出有关产品质量较高的信号,进而减轻消费者对产品质量的担忧,并增加有效需求(格雷克,2006)。这一需求既包括国内需求,也包括国外需求。国外需求的增加一方面意味着企业出口的概率或出口企业的数量增加(扩展边际);另一方面意味着企业出口额度上升(集约边际)。而出口也可以通过三个方面的效应影响企业创新:一是出口学习效应。出口企业通过直接学习和间接学习,在更广阔的市场上获得知识技术以及管理经验,积累知识和技术资本,促进了研发投入及生产力的提高(萨洛蒙和肖弗,2005;汉利和佩雷斯,2012),并有助于提高企业的创新能力(康志勇,2011)。二是出口压力效应。根据新贸易理论,出口贸易使企业置身于更激烈的国际竞争市场,从而推动企业进行创新活动。出口企业面对瞬息万变的出口竞争市场,具有较大的质量提升和成本削减压力,为了保持持续的出口竞争优势,更有动力吸收高技术研发人员并进行研发创新活动(阿基翁等,2018)。三是规模经济效应。出口贸易提升了企业的专业化程度,扩大了企业的规模,有助于降低企业绿色创新风险,进而提高企业的绿色创新能力,并推动我国企业在国际市场竞争力的上升(崔静波等,2021)。

"波特假说"认为适宜的环境政策有助于企业进行技术革新。环境技术标准的实施既可以显著增加企业的出口需求(查克拉博蒂,2017),也可以帮助企业展现产品的环境友好属性,进而增加产品的差异化价值、提高竞争优势(西谷和伊藤,2016),进而从需求激励渠道鼓励企业进行绿色创新。鉴于此,本章提出:

假说1:环境贸易措施通过需求激励机制影响企业绿色创新。

(二)命令驱动机制

降低能耗、保护环境以及促进经济可持续发展是政策制定者的现实诉求,环境贸易措施是我国政府为转变经济和贸易发展方式而采取的积极行动之一。除了建议性技术规范,部分环境贸易措施具有强制性,要求在境内生产或销售的产品必须符合特定标准或规范。2017年国家标准化管理委员会批准的《轻型汽车能源消耗量标识 第1部分:汽油和柴油汽车》,规定了轻型汽车能源消耗量标识的内容、格式、材质和黏贴要求,通过将标识名称从"燃料消耗量"扩展到"能源消耗量",希望达到进一步促进中国汽车产品节能技术发展,从整体上降低中国能源消耗水平的目的。而《轻型汽车能源消耗量标识 第2部分:可外接充电式混合动力电动汽车和纯电动汽车》指出了对于纯电动汽车和可外接充电式混合动力电动汽车的标识所应包含的基本信息和要求,反映了我国在降低能耗,引导消费者购买环境友好型商品的迫切需求。2019 年发布的《单元式空气调节机能效限定值及能效等级》规定了单元式空气调节机的能效等级、技术要求和试验方法。这些技术规范对企业来说都是强制性规定,必须遵守。

强制命令型环境规制具有较强的创新引致效应,当面临严格的环境规制时,企业会积极通过增加创新以应对由环境规制带来的成本(康志勇等,2020)。横向比较来看,受到政策影响的企业将会比没有受到影响的企业具有更高的创新投入(卡拉尔和德谢兹勒普雷特,2016)。强制性环境贸易举措相当于给企业施加了一种外部压力,企业被要求遵守严格的污染排放或能效标准等,这些具体的环境技术规范要求所有生产相关产品的企业必须接受,为应对这些技术规范、达到规定标准,企业迫于外部压力不得不购置相关设备并增加研发投入,包括研发资金和研发人员投入,以继续生产或销售。因此,相比受"建议型"环境标准影响的企业来说,受到"强制型"环境贸易措施影响的企业绿色创新水平可能更高。鉴于此,本章提出:

假说 2:环境贸易措施通过命令驱动机制影响企业绿色创新。

第四节　环境贸易措施的影响检验

一、计量模型构建

为了考察环境贸易措施对我国企业绿色创新的影响,本章构建如下计量模型:

$$Y_{fit+1} + \alpha_0 + \alpha_1 TBT_{it} + \rho X_{ft} + \gamma_i + \gamma_t + \gamma_d + \varepsilon_{fit} \qquad (6-1)$$

在上式中,f 表示企业,i 表示企业所属行业,t 表示时间。α_0、α_1、ρ 均是待估参数。γ_i 是行业固定效应,用以捕捉行业层面不随时间变化的变量对企业绿色创新的影响;γ_t 是年份固定效应,用来控制时间趋势对本章估计结果的影响;γ_d 是省份固定效应,可以控制地区因素对企业绿色创新的影响;ε_{fit} 是误差项。y_{fit} 为被解释变量,采用上市公司的绿色专利获得数量衡量。TBT_{it} 是本章的核心解释变量,若 i 行业在 t 年受到环境贸易措施的影响,则 i 行业内企业在 t 年及之后的年份取值为 1,在 t 年之前的年份取值为 0,控制组在样本期内取值为 0。受到我国环境贸易措施影响的企业为处理组,这类企业至少有一种 HS6 位码产品遭受过环境贸易措施影响,从来没有受到环境贸易措施影响的企业作为控制组。这种面板数据双重固定效应估计方法,可以理解为一种广义双重差分模型,因为包含了时间固定效应和行业固定效应,所以该变量系数表示双重差分的结果,衡量了我国环境贸易措施对企业绿色创新的净影响,即相对于未受到环境贸易措施影响的行业上市公司,受到环境贸易措施影响的行业上市公司绿色创新水平的平均变化。

二、数据来源及处理

本章使用的数据主要包括 2009—2019 年万德数据库、标准普尔全球市场财智数据库、中国研究数据服务平台（CNRDS）以及 WTO 环境数据库。

1. 被解释变量（y）。（1）企业创新水平。关于企业创新的衡量，已有研究主要采用上市公司专利申请数量（吴伟伟和张天一，2021）、专利获得数量（孟庆斌等，2019）和研发投入（蔡庆丰等，2020）等指标，鉴于本章主要评估环境贸易措施对实质性创新的影响，所以主要采用企业专利获得数量（$hdpat$）衡量企业的整体创新水平。（2）企业绿色创新。本章重点关注环境贸易措施的创新效应，因为环境贸易措施主要涉及生态环境相关的举措，相比企业整体创新水平，绿色创新应该对该措施更加敏感，而上市公司财务报表中尚无绿色研发投入费用的计量和披露。有鉴于此，本章采用绿色专利获得数量（$hdgrepat$）作为企业绿色创新的测量指标。

其中，$hdpat = \ln($发明数量+实用新型数量+外观设计数量+1$)$，$hdgrepat = \ln($绿色发明数量+绿色实用新型数量+1$)$。在稳健性检验中，分别将专利申请数量（pat）和绿色专利申请数量（$grepat$）作为企业创新和绿色创新的替代指标进行敏感型分析，结果保持不变。为了尽可能避免反向因果关系以及考虑到企业创新的延迟性，被解释变量均采用 $t+1$ 期。数据来自中国研究数据服务平台。

2. 核心解释变量：环境贸易措施（TBT）。本章的核心解释变量 TBT_{it} 表示是否受到环境贸易措施的影响，若 i 行业在 t 年受到环境贸易措施的影响，且企业属于 i 行业，则 i 行业内企业在 t 年及之后的年份取值为 1，否则为 0。该数据来自 WTO 环境数据库。WTO 环境数据库记录了 1995 年以来 WTO 成员通报的所有关于环境的贸易措施，也提供了基于受影响行业的细分代码、贸易措施持续时间、针对国别、措施种类以及实施目的等（利姆等，2020），鉴于 2009—2019 年期间该数据库提供了针对各项环境贸易措施的详细信息分类表格，更有可比性，因此本章的数据区间选为 2009—2019 年。

WTO 环境数据库提供的受影响行业的数据是基于 HS 行业编码,需要得到 HS 行业编码下的上市公司细分行业数据,为此,我们结合标准普尔全球市场财智数据库①与皮尔斯和肖特(2012)提供的 HS 与 SIC②匹配数据获得上市公司详细的 HS6 分位细分行业数据。具体如下:首先,我们利用标准普尔全球市场财智数据库筛选出内地上市公司所属的 SIC4 位码下细分行业数据;其次,根据皮尔斯和肖特(2012)的数据匹配 SIC4 位码与 HS6 位码,通过与上市公司所属的 SIC4 位码匹配,获得上市公司所属的 HS6 位码行业数据。需要注意的是,因为通过标普全球市场财智数据库可以获得 SIC4 位码分类的行业下有哪些企业,所以最终得到的上市公司所属细分行业数据包括了上市公司涉及的所有 SIC4 位码行业。为避免对应多个 SIC4 位码行业的企业涉及的行业过于分散,本章删除一个企业对应多个 SIC4 位码的样本,仅保留对应一个 SIC4 位码行业的企业样本。将上市公司 4 位 SIC 产品分类对应到 6 位 HS 产品分类,这可能造成识别上不够精准。但是,鉴于上市公司所属 HS6 位产品层面的数据不可得,我们无法获得上市公司所属 6 位 HS 产品层面的分类,只能通过 SIC4 位码与 HS6 位码的匹配获得上市公司所属的细分行业信息。

3. 控制变量(X)。式(6-1)中 X 表示关于企业创新影响因素的控制变量,变量的选取参考了已有文献。(1)企业规模($lnsize$)。使用企业总资产的自然对数衡量。相比小企业,大企业可能在规模经济与风险承担方面拥有更大优势。(2)企业年龄($lnsetage$)。使用当年年份减去成立年份加 1 之后取自然对数衡量。一方面,成立时间较长的企业相关知识和经验更加丰富,在资金筹集、市场地位和利润获取上具有一定优势,更有技术创新的基础;另一方面,新成立的企业一般更有活力,在激烈市场竞争中,进行技术创新的动力更强。冯根福等(2021)发现企业规模和企业年龄是影响企业创新最重要的

---

① 标准普尔全球市场财智数据库提供了来自 216 个国家(地区)的企业数据,包括企业所属 SIC4 位码行业、国别、区域以及财务数据。

② SIC 属于较老的、划分国内经济行为的行业分类标准,1997 年之前美国采用标准行业分类(SIC)对国内经济行为进行分类,1997 年之后开始采用北美行业分类体系(NAICS)。

变量。(3)产权性质(ownership)。若企业属于"中央国有企业"或"地方国有企业",则定义该变量取值为1,否则为0。在稳健性检验部分,本章还引入了以下变量进行控制:(4)政府补贴(subsity)。采用政府对企业补贴占销售额的比例衡量,缺值用0补齐。(5)出口密度(exportd)。参考冯根福等(2021),出口密度采用海外收入占营业收入的比重衡量,缺值设为0。(6)融资约束(absfinc)。借鉴吴秋生和黄贤环(2017)的研究,采用SA指数法衡量融资约束:$-0.737asset+0.043asset^2-0.04setage$,其中 $asset=\ln($企业总资产/1000000),总资产单位为元,由此计算出的SA指数为负,再对其取绝对值,绝对值越大表示该企业面临的融资约束越严重。上述数据均来自万德。

企业数据与环境贸易措施数据匹配之后的样本经过如下筛选:剔除金融行业上市公司,剔除企业年龄为负的样本;此外,为避免公司存在多个非主业对估计结果造成干扰,剔除1家公司对应多个SIC4位码行业的公司样本,仅保留1家公司对应1个SIC4位码行业的样本。经过上述处理,本章最终获得1063家上市公司,共计11490个有效观测样本。表6-2为本章主要变量的说明与描述性统计。

表6-2　主要变量描述性统计

变量符号	变量名称	样本量	均值	标准差	最小值	最大值
hdpat	专利获得数量	11490	1.2320	1.6271	0.0000	8.7504
hdgrepat	绿色专利获得数量	11490	0.3146	0.7550	0.0000	6.7178
TBT	环境贸易措施	11490	0.4344	0.4957	0.0000	1.0000
lnsize	企业规模	9274	21.1838	1.3459	15.5968	27.4677
lnsetage	企业年龄	11391	2.5521	0.5695	0.0000	4.1744
ownership	产权性质	11490	0.1513	0.3583	0.0000	1.0000
subsity	政府补贴	11490	0.0187	0.4070	−0.0038	26.7810
exportd	出口密度	11490	0.1403	0.2266	0.0000	1.0000
absfinc	融资约束	9263	3.6142	0.3358	1.3062	5.7041

第五节　环境贸易措施的结果分析

一、基准估计结果

表6-3是本章的基准估计结果,列(1)—列(4)均控制了行业、年份和省份固定效应,列(2)和列(4)加入了企业规模、成立年龄和所有权作为控制变量。估计结果显示,对于绿色专利获得数量而言,核心解释变量 *TBT* 前面系数显著为正;而对于专利获得数量来说,*TBT* 前面系数不显著。也就是说,我国环境贸易措施使企业的绿色创新水平显著提升,而对一般创新水平没有显著影响。具体而言,环境贸易措施使相关行业上市公司的绿色创新水平平均提高了 7 个百分点,且随着控制变量的放入,结果保持稳健。可能的解释为,环境技术标准("技术法规或规范")是环境贸易措施的主要形式(参见表6-1),一方面,通过设定进出口的产品标准,限制不合标准的国外加工品进入本国市场,可以提升国内最终品的生产质量,并深化国内企业产品的竞争优势,也有利于激发国内、国外市场对我国产品的需求,这有助于提高上市公司的资金充裕程度,并最终使上市公司在进行技术创新方面更加从容。另一方面,为了达到新的环境贸易标准,企业需要投入更多的人力要素和资本要素进行技术更新,以提升自身的绿色创新水平。

第(1)和(3)列的估计结果表明,环境贸易措施对企业专利获得数量的影响不显著,这说明我国的环境贸易措施对企业的非绿色创新没有造成实质影响。可能的原因在于:环境贸易措施主要对进出口产品设定了环境友好、资源节约的技术标准,这对企业进行绿色创新具有较大的激励作用,而对其他类型的企业创新影响有限。控制变量的估计结果显示,企业规模(ln*size*)对企业专利获得和绿色专利获得数量均具有显著的正向影响,由于大企业在规模经济、风险分担及创新投入支持方面相比小企业均享有较大的优势,所以大企业的创新绩效优于中小企业(冯根福等,2021),这与"熊彼特假说"相一致。企业年龄变量(lnsetage)对企业创新和绿色创新的影响存在差异,成立时间越长的公司专利获得数量越多,而绿色专利的获得受企业年龄的影响并不明显,这可能是因为处于成熟期的企业有能力和资源实施技术创新,而对环境友好型的绿色创新项目由于有政府的大力支持,不同生命周期的企业都有动力参与,所以成立年龄对企业绿色创新影响不大。

表 6-3　基准估计结果

变量	(1)	(2)	(3)	(4)
	$hdpat_{t+1}$	$hdgrepat_{t+1}$	$hdpat_{t+1}$	$hdgrepat_{t+1}$
TBT	0.1005	0.0734 *	0.0621	0.0710 *
	(0.0807)	(0.0419)	(0.0629)	(0.0404)
lnsize			0.7480 ***	0.3258 ***
			(0.0300)	(0.0283)
lnsetage			0.3034 ***	−0.0102
			(0.0768)	(0.0597)
ownership			0.1157	0.0337
			(0.1056)	(0.0625)
行业固定效应	是	是	是	是
年份固定效应	是	是	是	是
省份固定效应	是	是	是	是
样本量	10 339	10 339	8 211	8 211
R2	0.1666	0.1072	0.4331	0.3081

注:括号内数字表示企业层面聚类的稳健标准误,* 、* * 、* * * 分别表示在10%、5%和1%的显著性水平上显著。限于篇幅,未报告常数项回归结果,备索,下表同。

二、平行趋势检验

政府推行的某项政策对实施对象的挑选是否随机是有关政策效果评估

研究面临的一大挑战。具体到本章来说,本章的双重差分估计需要处理组和控制组满足平行趋势假定,即在处理前,两者具有相同的变化趋势。为了验证平行趋势假设,本章借助事件分析法考察。如果平行趋势假设成立,那么环境贸易措施对上市公司绿色创新的影响只会发生在政策措施实施之后,而在实施之前,受影响企业与不受影响企业的变动趋势应该不会存在显著差异。回归模型如下:

$$y_{fit+1} = \beta + \sum_{n=-6}^{6} \beta_n ERT_{i,t+n} + \rho X_{ft} + \gamma_i + \gamma_t + \gamma_d + \varepsilon_{fit} \qquad (6\text{-}2)$$

其中,$ERT_{i,t+n}$ 表示 i 行业是否受到环境贸易措施影响的虚拟变量,如果我国在 n 年前出台了针对 i 行业的环境贸易措施,那么 $ERT_{i,t+n}$ 取值为 1,系数刻画第 $t+n$ 年该政策的影响。例如 $ERT_{i,t+1}$ 取值为 1,前面系数表示 i 行业在政策实施后 1 年受到的环境贸易措施影响,而 $ERT_{i,t-1}$ 取值为 1,前面系数表示 i 行业在政策实施前 1 年受到的影响。因此,β_0 为政策实施当期的效果,β_{-6} 到 β_{-1} 表示政策实施之前 1—6 期的效果,β_1 到 β_6 表示政策实施之后 1—6 期的效果,其中 $n=-6$ 包含政策冲击前 6 年及之前的观测值,$n=6$ 包含政策冲击后 6 年及之后的观测值。其他变量定义与回归模型(1)相同,标准误为稳健标准误,并在企业层面聚类。

为避免多重共线性,本章令 $n=6$ 作为基准组。如果 β_{-6} 到 β_{-1} 与 0 没有显著区别则说明平行趋势假说成立。β_n 系数的大小及其 95% 的置信区间见图 6-2,横坐标表示数据年份与冲击年份的差值,纵坐标表示 β_n 的估计结果。图 6-2 显示,β_{-6} 到 β_{-1} 的值在 0 附近波动,且在统计上与 0 没有显著差异,企业专利获得与绿色专利获得数量的 β_n 在政策发生前的年份均不显著,表明政策实施之前处理组和控制组之间的变化趋势并没有显著的差异。这说明平行趋势假说成立,即处理组和控制组在政策实施之前是可比的。

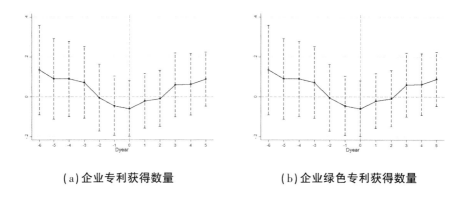

(a) 企业专利获得数量 　　　　　　　(b) 企业绿色专利获得数量

图 6-2　平行趋势检验

三、稳健性检验

(一) 更换指标

除了专利获得数量,文献中也经常采用绿色专利申请数量作为企业绿色创新的衡量指标(王馨和王营,2021),本章分别采用专利申请数量(pat)和绿色专利申请数量($grepat$)度量企业创新和绿色创新,进行稳健性检验,所得结果分别列于表 6-4 第(1)和第(2)列,可见对绿色专利申请数量来说,环境贸易措施前面系数显著为正,而对专利申请数量而言系数不显著,这与基准回归结果保持一致,说明本章回归结果稳健。

(二) 剔除极端值

考虑到极端值可能会使回归结果产生偏误,首先,将上市公司专利获得数量、绿色专利获得数量高于 95% 分位或低于 5% 分位的样本分别删除,进行稳健性检验,所得结果参见表 6-4 列(3)、列(4);其次,鉴于中美贸易摩擦的发生,2019 年也可能是极端值,并影响本章的结果,因此,在剔除极端值的基础上,进一步删除 2019 年的样本,表 6-4 列(5)、列(6)为估计结果,与基准回归一致,表明本章的结果具有可信性。

表 6-4　更换指标和剔除极端值的稳健性检验结果

变量	（1）	（2）	（3）	（4）	（5）	（6）
	pat_{t+1}	$grepat_{t+1}$	$hdpat_{t+1}$	$hdgrepat_{t+1}$	$hdpat_{t+1}$	$hdgrepat_{t+1}$
TBT	0.0284	0.0803*	0.0473	0.0486**	0.0246	0.0427**
	(0.0685)	(0.0461)	(0.0574)	(0.0195)	(0.0609)	(0.0207)
lnsize	0.8189***	0.3994***	0.5922***	0.1403***	0.5860***	0.1360***
	(0.0320)	(0.0310)	(0.0277)	(0.0092)	(0.0283)	(0.0093)
lnsetage	0.3148***	−0.0067	0.3633***	0.0491**	0.3599***	0.0525***
	(0.0822)	(0.0648)	(0.0653)	(0.0199)	(0.0666)	(0.0200)
ownership	0.1647	0.0554	0.0625	0.0294	0.0767	0.0338
	(0.1133)	(0.0763)	(0.0986)	(0.0335)	(0.1010)	(0.0339)
行业固定效应	是	是	是	是	是	是
年份固定效应	是	是	是	是	是	是
省份固定效应	是	是	是	是	是	是
样本量	8 211	8 211	7 651	7 644	6 715	6 705
R2	0.4395	0.3261	0.3336	0.1777	0.3327	0.1782

注:括号内数字表示企业层面聚类的稳健标准误,*、**、***分别表示在10%、5%和1%的显著性水平上显著。

(三)改变固定效应及引入其他变量

由于控制不同的固定效应通常会影响估计结果,所以我们进一步考虑控制企业、年份层面的固定效应,并将标准误聚类在行业层面进行估计①,所得结果参见表6-5列(1)、列(2),绿色专利获得数量仍然受到环境贸易措施的显著正向影响,而对专利获得数量,环境贸易措施变量系数不显著。此外,考虑到政府补贴、出口及融资约束也可能对企业创新具有重要影响,表6-5列(3)和列(4)加入了政府补贴(subsity)、出口密度(exportd)和融资约束(absfinc)作为控制变量。估计结果显示,对绿色专利获得数量,核心解释变

①　由于存在共线性,所以企业产权变量(ownership)在估计时被忽略。

量 *TBT* 前面系数仍然显著为正;而对专利获得数量,*TBT* 前面系数不显著,说明我国的环境贸易措施对企业创新的影响主要表现在提高了企业的绿色创新水平,这与基准估计结果一致。

表 6-5　更换数据来源的稳健性检验结果

变量	(1)	(2)	(3)	(4)
	$hdpat_{t+1}$	$hdgrepat_{t+1}$	$hdpat_{t+1}$	$hdgrepat_{t+1}$
TBT	0.0343	0.0940 **	0.0610	0.0693 *
	(0.0565)	(0.0395)	(0.0628)	(0.0400)
lnsize	0.6190 ***	0.2234 ***	0.7818 ***	0.4012 ***
	(0.0837)	(0.0555)	(0.0380)	(0.0409)
lnsetage	0.6407 ***	−0.0320	0.5398 ***	0.5167 ***
	(0.2183)	(0.0835)	(0.1291)	(0.1153)
ownership			0.1037	0.0065
			(0.1060)	(0.0602)
subsity			0.0018	0.0073
			(0.0144)	(0.0077)
exportd			−0.0292	−0.0955
			(0.1317)	(0.0687)
absfinc			−0.4136 **	−0.9205 ***
			(0.2054)	(0.2509)
行业固定效应	否	否	是	是
年份固定效应	是	是	是	是
省份固定效应	否	否	是	是
企业固定效应	是	是	否	否
样本量	8 211	8 211	8 211	8 211
R2	0.7476	0.6937	0.4341	0.3290

注:列(1)、列(2)括号内为聚类到 SIC2 分位行业的稳健标准误,列(3)、列(4)括号内为企业层面聚类的稳健标准误,*、* *、* * * 分别表示在 10%、5%和1%的显著性水平上显著。

第六节 环境贸易措施影响机制

上文基准检验和稳健性检验分析表明中国的环境贸易措施对国内上市公司绿色创新具有促进作用,而对企业整体创新水平影响不大。那么其路径或作用机制是什么? 环境贸易举措对不同的上市公司作用有何不同? 本部分试图从需求激励和命令驱动的角度考察环境贸易政策对企业绿色创新的影响机制[①]。

一、需求激励机制

我们构建中介效应模型对需求激励机制进行验证,采用企业是否出口、出口收入、国内营业收入以及企业利润作为市场需求的中介变量。具体模型设定如下:

$$Y_{fit+1} + \alpha_0 + \alpha_1 TBT_{it} + \rho X_{ft} + \gamma_i + \gamma_t + \gamma_d + \varepsilon_{fit} \tag{6-3}$$

$$M = \delta_0 + \delta_1 TBT_{it} + \rho X_{ft} + \gamma_i + \gamma_t + \gamma_d + \varepsilon_{fit} \tag{6-4}$$

$$Y_{fit+1} + \varphi_0 + \varphi_1 TBT_{it} + \varphi_2 M + \rho X_{ft} + \gamma_i + \gamma_t + \gamma_d + \varepsilon_{fit} \tag{6-5}$$

其中,M 代表中介变量,bi_export 表示企业是否出口,借鉴杨菁菁等(2019)的衡量方法,如果企业有海外营业收入则设企业是否出口变量为 1,否则为 0;lnexport 代表企业出口收入,采用企业海外收入加 1 之后取对数表示(缺失按 0 计算);lnde_sale 表示国内营业收入,计算方法为营业收入与海外收入的差额加 1 之后再取对数;lnprofit 表示企业利润,也经对数处理。检

---

① 由于环境贸易措施只对企业绿色创新影响显著,所以本章机制分析的被解释变量均为企业绿色创新。

验结果显示在表6-6。第(1)列以 bi_export 为因变量,发现 TBT 的估计系数显著为正,即环境贸易措施显著提高了上市公司的出口概率。第(2)列报告了以 lnexport 为因变量的回归结果,发现环境贸易措施使企业的海外收入显著增加。第(3)、列(4)列分别显示了企业的国内营业收入以及企业利润对环境贸易措施的回归结果,可以发现环境贸易措施前面的系数并不显著,说明环境贸易措施对企业的境内收入及营业利润影响不明显。(5)列和(6)列为因变量对基本自变量和中介变量回归的结果,出口概率及出口额前面系数为正,且分别通过了1%的显著性检验,这说明海外出口需求在我国环境贸易措施影响企业绿色创新中扮演着重要的中介作用,即环境贸易措施通过需求激励机制影响企业绿色创新。验证了假说1。环境技术标准的提高有助于提升企业的市场需求,尤其促进了企业海外市场的需求。随着市场需求上升,企业更有动力开展绿色创新活动。

表6-6 环境贸易措施影响企业绿色创新的机制检验

变量	(1)	(2)	(3)	(4)	(5)	(6)	(7)
	bi_export_{t+1}	$lnexport_{t+1}$	$lnde\_sale_{t+1}$	$lnprofit_{t+1}$	$hdgrepat_{t+1}$	$hdgrepat_{t+1}$	$hdgrepat_{t+1}$
TBT	0.0477**	0.9873**	−0.0031	−0.0214	0.0649	0.0638	0.0669*
	(0.0233)	(0.4440)	(0.0628)	(0.0442)	(0.0407)	(0.0408)	(0.0403)
bi_export					0.1253***		
					(0.0334)		
lnexport						0.0073***	
						(0.0020)	
TBT×comp							0.4136**
							(0.2007)
comp							−0.2379
							(0.2186)
控制变量	是	是	是	是	是	是	是
行业固定效应	是	是	是	是	是	是	是

续表

变量	(1)	(2)	(3)	(4)	(5)	(6)	(7)
	bi_export_{t+1}	$lnexport_{t+1}$	$lnde\_sale_{t+1}$	$lnprofit_{t+1}$	$hdgrepat_{t+1}$	$hdgrepat_{t+1}$	$hdgrepat_{t+1}$
年份固定效应	是	是	是	是	是	是	是
省份固定效应	是	是	是	是	是	是	是
样本量	8 211	8 211	5 813	7 666	8 211	8 211	8 211
$R2$	0.2131	0.2557	0.6816	0.5219	0.3117	0.3122	0.3086

注:括号内数字表示企业层面聚类的稳健标准误,*、**、***分别表示在10%、5%和1%的显著性水平上显著。

二、命令驱动机制

参考王桂军和卢潇潇(2019)的做法,将影响企业绿色创新的强制性命令变量($comp$)嵌入到式(1)中,检验环境贸易措施通过强制性命令对企业绿色创新的影响机制,模型设定为:

$$Y_{fit+1} + \varphi_0 + \varphi_1 TBT_{it} + \varphi_2 TBT_{it} \times comp_{it} + \varphi_3 comp_{it} + \rho X_{ft} + \gamma_i + \gamma_t + \gamma_d + \varepsilon_{fit}$$

$$(6-6)$$

式(6-6)中,$comp$ 表示强制性命令①,主要关注交互项 $TBT \times comp$ 系数的统计显著性,其他变量定义与式(1)一致。表6-6第(7)列给出了强制性命令对环境贸易措施的企业绿色创新效应影响机制验证结果。可以发现,交互项系数显著为正,说明强制命令型技术标准可以显著增强环境贸易措施对企业绿色创新的推动效应。因此,假说2环境贸易措施可以通过命令驱动机制影响企业绿色创新得到验证。总体来说,环境贸易措施可以通过提升出口

---

① 通过关键词查找案件,如果我国实施的环境贸易措施中含有"mandatory""compulsory"或"obligation",那么就认定为强制命令措施,设 $comp$ 为1,否则为0。

市场需求的需求激励机制和强制性的命令驱动机制来促进企业进行绿色创新。

中国实施的环境贸易措施一方面通过增加企业出口需求,令企业在外部市场环境中处于更加有利的位置,激励企业进行绿色创新;另一方面,通过强制性命令的方式,要求企业必须满足相关技术规范等,强制企业采用绿色技术等,促使企业进行绿色创新。

第七节 异质性分析

为分析环境贸易措施对上市公司绿色创新的影响在不同组别有何差异，本章进一步区分企业所有权以及企业所属行业类型，对所有样本进行划分。因企业发明专利获得数量受环境贸易措施影响不显著，所以本部分重点估计企业绿色专利获得数量，分别分析环境贸易措施对不同企业获得的绿色发明数量(*greinvig*)及绿色实用新型数量(*greumig*)的影响程度。首先，区分企业性质。较多文献认为，国有企业与非国有企业在我国经济体系中虽相互依赖，但在资源基础等方面存在明显不同，本章根据企业性质，把"中央国有企业"和"地方国有企业"归为国有企业，其余企业归为非国有企业，以分析企业性质的异质性影响。其次，区分行业属性。环境贸易措施对企业绿色创新的影响可能因所属行业属性差异而有所不同，高新技术行业具有门槛高、收益高、风险高的特点，可能促使该行业中的企业在应对环境贸易措施时表现出不同的应对策略，为此，本章区分了高新技术行业与非高新技术行业进行异质性分析。其中，企业性质及行业类型数据来源于万德。

一、对不同性质企业的影响

表6-7(1)—(4)列分别报告了国有企业、非国有企业绿色创新受环境贸易措施的影响情况。估计结果表明，对非国有企业而言，环境贸易措施前面的估计系数均显著为正，而国有企业环境贸易措施估计系数不显著。这说明环境贸易措施显著提高了非国有企业的绿色创新水平，而对国有企业的影响较小。这与刘诗源等(2020)的研究接近。国有企业和非国有企业在市场势力、高管激励机制及经营目标导向等方面存在明显不同(冯根福等，2021)，国有企业多为垄断型企业，在融资及政策方面相比非国有企业都具有

明显的优势,且国有企业高管晋升相对非市场化,导致国企高管较为保守,缺乏实施创新项目的足够动力,因此在面临外部冲击时,非国有企业具有更大的动机通过实施绿色创新体现产品的差异化价值,以增加自身的竞争优势。区分专利类型可以发现,列(4)中环境贸易措施的系数约为列(3)的2.8倍,说明环境贸易措施对非国有企业的绿色实用新型获得数量具有更大的提升作用,而在绿色创新质量方面的作用稍弱。

二、对不同行业属性的影响

高新技术行业来自科技部对高新技术领域的认定,并参考权小锋等(2020)的研究,将以下几个行业确定为高新技术行业:"计算机、通信和其他电子设备制造业""医药制造业""铁路、船舶、航空航天和其他运输设备制造业""化学纤维制造业""化学原料和化学制品制造业""仪器仪表制造业""软件和信息技术服务业",其余行业划入非高新技术行业。表6-7列(5)—(8)分别报告了区分行业类型样本后的估计结果,在高新技术行业样本中,环境贸易措施前面系数显著为正;而在非高新技术行业样本中,无论对绿色发明还是绿色实用新型获得数量来说,环境贸易措施的影响均不显著。一方面,高新技术行业对研发创新高度依赖,这使得其对以绿色技术标准为代表的环境贸易措施更加敏感;另一方面,高新技术行业中的企业一般具备较强的技术创新能力,靠其高新技术积累,在面临政策冲击时,可以较快反应并进一步做出提升绿色创新水平的应对。

表6-7　环境贸易政策对不同类型企业绿色创新的影响

变量	国有企业		非国有企业		高新技术行业		非高新技术行业	
	(1)	(2)	(3)	(4)	(5)	(6)	(7)	(8)
	$greinvig_{t+1}$	$greumig_{t+1}$	$greinvig_{t+1}$	$greumig_{t+1}$	$greinvig_{t+1}$	$greumig_{t+1}$	$greinvig_{t+1}$	$greumig_{t+1}$
TBT	0.0196 (0.0151)	0.0630 (0.0447)	0.0121** (0.0060)	0.0340** (0.0172)	0.0261** (0.0106)	0.0509* (0.0287)	-0.0001 (0.0064)	0.0270 (0.0202)

变量	国有企业		非国有企业		高新技术行业		非高新技术行业	
	(1)	(2)	(3)	(4)	(5)	(6)	(7)	(8)
	$greinvig_{t+1}$	$greumig_{t+1}$	$greinvig_{t+1}$	$greumig_{t+1}$	$greinvig_{t+1}$	$greumig_{t+1}$	$greinvig_{t+1}$	$greumig_{t+1}$
$lnsize$	0.0292 ***	0.0829 ***	0.0295 ***	0.1181 ***	0.0380 ***	0.1319 ***	0.0265 ***	0.1089 ***
	(0.0073)	(0.0209)	(0.0031)	(0.0091)	(0.0054)	(0.0154)	(0.0033)	(0.0097)
$lnsetage$	−0.0045	−0.0052	0.0035	0.0260	−0.0051	0.0214	0.0069	0.0366 *
	(0.0322)	(0.1176)	(0.0054)	(0.0167)	(0.0111)	(0.0304)	(0.0058)	(0.0201)
$owner$-$ship$					−0.0159	−0.0356	0.0177	0.0694 *
					(0.0150)	(0.0456)	(0.0126)	(0.0385)
行业固定效应	是	是	是	是	是	是	是	是
年份固定效应	是	是	是	是	是	是	是	是
省份固定效应	是	是	是	是	是	是	是	是
样本量	1 380	1 402	6 265	6 308	2 756	2 828	4 889	4 882
$R2$	0.1184	0.2272	0.0586	0.1511	0.0773	0.1958	0.0718	0.1619

注：绿色发明获得数量、绿色实用新型获得数量均经过离群值剔除（删除高于95%或低于5%的样本）及对数化处理。括号内数字表示企业层面聚类的稳健标准误，＊、＊＊、＊＊＊分别表示在10%、5%和1%的显著性水平上显著。

第八节　本章结论与启示

根据 WTO 发布的年度《全球贸易数据与展望》,2020 年全球货物贸易量下滑 5.3%,亚洲地区成为唯一一个货物出口维持正增长的地区,而中国继续为全球最大的出口国和第二大进口国,进出口贸易量分别占全球的 11.5% 和 14.7%。随着贸易量的增长,中国的环保压力也与日俱增。2020 年 9 月 22 日,中国在联合国大会上做出承诺,力争二氧化碳排放 2030 年前达到峰值,努力争取 2060 年前实现碳中和。环境贸易措施作为绿色转型期对外贸易制度创新的重要一环,对于协调经济发展与环境保护具有重要作用。本章基于 2009—2019 年间中国环境贸易措施及上市公司专利数据,利用双重差分模型实证检验了中国环境贸易措施对企业绿色创新的影响及其作用机制。本章的研究结果表明:

第一,中国环境贸易措施提高了国内企业创新水平,且主要表现在对企业绿色创新水平具有显著的正向影响,使上市公司获得的绿色专利数量提高了 7 个百分点,这一结论在考虑了平行趋势假设、更换因变量衡量指标、剔除离群值、调整固定效应及引入政府补贴等变量之后均保持了稳健。

第二,影响机制检验发现,需求激励机制和命令驱动机制是环境贸易措施影响企业绿色创新的重要渠道。一方面,环境贸易措施显著提升了企业的出口概率及出口价值,从需求层面激励企业进行绿色创新;另一方面,环境贸易措施通过强制性的方式命令企业必须遵守相关环境技术标准,驱动企业提升绿色创新水平。

第三,异质性分析结果表明,在企业异质性方面,中国环境贸易措施对企业绿色创新的促进作用在非国有企业更为明显,在环境贸易措施的影响下,非国有企业的绿色发明获得数量及绿色实用新型获得数量均显著提升;在行业异质性方面,受环境贸易措施影响,高新技术行业的绿色发明获得数量及绿色实用新型获得数量上升较为明显，而非高新技术行业绿色创新水平提升不显著。

本章从企业绿色创新的角度对中国环境贸易措施效果评价的文献进行了补充，同时也为企业绿色创新提供了新的解释视角。基于以上研究结果，本章提出如下政策建议：首先，善用环境贸易措施促进绿色贸易发展。环境贸易措施是保护自然生态环境、维护人民生命健康及限制国外企业环境污染转移的正当贸易措施，也是维持国际正常经济贸易秩序的合法政策工具。在面对外国企业碳转移、污染转移的不当贸易往来时，我国应善用、巧用环境贸易措施，致力于为国内企业构建绿色环保的市场环境，积极推动绿色贸易标准的健全，完善强制性绿色标准认证制度，推动企业加强绿色技术创新投入，提升国内企业的绿色创新能力，并最终促进绿色贸易发展。其次，加快完善绿色贸易政策体系。考虑到需求激励是环境贸易措施发挥作用的重要途径之一，国有企业及非高新技术企业的绿色创新对环境贸易措施不敏感，这可能是因为环境贸易措施对这些企业的需求引致作用不足所致，为此应加快建立和完善国内环境标准和技术规范体系，积极参与国际标准互认，激发企业创新的内生动力。最后，企业应加强环境保护意识，主动加强研发创新投入，提高绿色创新能力，避免采买国外不环保或对国内消费者健康有害的原材料或消费品，同时不以国内环境或居民生命健康为代价生产或销售出口贸易品。环境贸易措施为国内企业提供了良好的绿色发展环境和发展机遇，企业应避免惰性思维，善于抓住机遇并积极回应市场期待，增加研发创新投入，提高研发创新能力和绿色竞争实力。

第七章

贸易保护下贸易新业态突破：
数字贸易发展

近年来,数字贸易在全球服务贸易中的主导地位逐步显现,日益成为重塑全球产业链供应链的核心力量。使用社会网络分析方法,本章对2005—2020年全球数字贸易网络格局演变及数字贸易发展与数字贸易限制之间的关系进行研究。结果发现:全球数字贸易规模在样本期内迅速扩张,各经济体之间的数字贸易联系更加紧密,经济体之间的通达性及集聚化程度也显著提升。美欧等经济体在交易能力、控制能力及中介作用等方面处于数字贸易网络的核心枢纽地位。QAP相关性分析结果表明,数字贸易发展与数字贸易限制程度负相关。行业异质性研究发现,尽管样本初期不同经济体在不同的数字贸易领域具有各自的比较优势,但是近些年美欧等经济体在数字贸易各个领域的优势地位更加明显。因此,为促进我国数字贸易高质量发展,应重视数字技术应用,扩大数字贸易规模,提升我国数字治理能力,把握区域经贸协议扩展机遇,更好融入国际数字贸易,同时加大知识产权保护力度,提高金融服务水平。

第一节 数字贸易研究进展

2021年9月2日习近平总书记在中国国际服务贸易交易会全球服务贸易峰会上致辞时指出，将加强服务领域规则建设，支持北京等地开展国际高水平自由贸易协定规则对接先行先试，打造数字贸易示范区。2021年10月商务部等24部门印发的《"十四五"服务贸易发展规划》首次将数字贸易列入规划。事实上，得益于云计算、人工智能、物联网等新兴科技的迅猛发展及广泛应用，数字贸易在全球服务贸易中的主导地位逐步显现。联合国贸易与发展会议（UNCTAD）发布的报告显示，2008—2019年，全球可数字化服务出口规模已从1.9万亿美元增长至3.2万亿美元，且占全球服务出口的比重达到52%。随着数字贸易的蓬勃发展，数字贸易日益成为学术界关注的热点话题。

最初，数字贸易的研究对象仅限于数字内容产品和服务，韦伯（2010）较早提出了数字贸易的概念，认为数字贸易是通过互联网等电子化手段传输有价值产品或服务的商业活动。联合国贸易与发展会议（UNCTAD）和经济合作与发展组织（OECD）将数字贸易定义为通过电子信息网络跨境提供和交付的所有服务贸易。事实上，长期以来，数字贸易的含义并没有标准答案，通常指通过计算机网络，以数字订购或数字交付方式进行商品或服务的国际交易。我国是全球第一大商品贸易国，也是第二大服务贸易国，不过，近些年我国在服务贸易领域持续逆差。根据商务部网站数据，2021年中国服务贸易进口额为2.75万亿元，出口额为2.54万亿元，服务贸易逆差为2113亿元。数字贸易将对全球贸易形态和格局带来深刻变革，一方面，数字技术在贸易领域的广泛应用将显著降低贸易成本，促进产业供应链不同环节间的分工更加细化，大大降低中小企业参与国际贸易的门槛；另一方面，随着数据价值链的形成，跨境数据流动、知识产权以及数据保护制度等数字贸易治理体制也

◎ 贸易保护、数字贸易与推进高水平对外开放研究

成为一国数字贸易比较优势的体现和来源。因此,评估全球数字贸易网络的发展与演化规律,分析数字贸易发展与数字贸易治理的关系是促进数字贸易发展及推进数字贸易实现赶超的基础性工作。

与本章相关的研究主要涉及数字贸易和贸易网络等。首先,关于数字贸易界定及数字规则的研究。盛斌等(2021)通过对数字贸易的传统决定因素和新型决定因素进行分析,界定了数字贸易的分析框架。岳云嵩等(2021)关注了数字贸易统计测度的理论和实践问题,通过梳理数字贸易的概念内涵,分析了数字订购贸易和数字交付贸易的统计测度方法及面临的问题。莫尔兹(2019)认为为解决数字贸易监管与数据流动需求之间的关系,需要建立新的数字贸易规则和国际监管合作机制。王岚(2021)比较了不同领域、不同国家之间的数字贸易限制程度,发现由于基础设施和连通性以及数据获取和使用障碍限制,发展中经济体的数字贸易壁垒明显高于发达经济体。此外,还有部分文献分析了数字贸易治理体系、我国数字贸易发展面临的机遇和挑战、区域自贸协定中数字贸易的规则及可能影响等。

其次,关于数字贸易及数字治理影响的研究。莱斯特里(2020)等发现数字贸易可以作为新冠疫情期间贸易部门的稳定器。齐俊妍等利用2014—2018年42个国家的数字服务贸易数据,考察了双边数字服务贸易限制措施对服务出口的影响,认为双边数字服务贸易限制措施对服务出口存在明显阻碍。刘斌等(2021)基于2000—2014年的世界投入产出表分析了规制融合对数字贸易的影响,发现规制融合主要通过降低贸易成本、增强双边的网络效应及缩短制度距离的方式促进了数字贸易的增长。凯曼等(2020)分析了文化相似性和数字差异对欧洲经济体之间文化贸易的影响,发现数字差异对文化贸易没有显著影响,而互联网的使用显著增加了文化产品贸易量。此外,还有数字贸易限制对制造业服务化的影响分析、数字贸易与产业结构升级的关系探究等。

最后,关于全球贸易网络格局及演化的分析。网络方法可以充分反映经济体之间的相互经济关联,所以在国际贸易领域具有十分广泛的应用。斯奈德(Snyder D)等(1979)较早地使用社会网络分析方法研究了贸易网络的结

构特征。最近,社会网络分析方法在石油、金属、电子信息制造、粮食等贸易领域中多有应用。部分学者采用网络分析方法研究服务贸易网络特征,如周文韬等(2020)分别在二元和加权视角下构建了2005—2016年世界服务贸易网络,并通过二次指派程序(Quadratic Assignment Procedure,QAP)方法进行分析,发现各国间的多维距离变量可以解释世界服务贸易网络结构演变的3.1%。刘敏等(2021)借助社会网络分析方法研究了全球数字贸易中各经济体之间的竞争互补关系及其演化,认为各经济体之间的竞争和互补性逐年提升。吕延方等(2021)采用社会网络分析技术深入分析了全球数字服务贸易网络的拓扑结构、动态变迁及其影响因素,认为全球数字服务贸易网络存在贸易集聚效应和"小世界"高度聚类特征。

综上所述,一方面,已有数字贸易的文献多采用定性分析方法阐述数字贸易的内涵、特征,相关定量研究也多采用计量经济学方法,研究数字贸易规则的影响效应,本章通过在数字贸易领域引入社会网络分析方法,探讨全球数字贸易网络的整体特征和网络中经济体的个体特征,以深入分析全球数字贸易网络格局的演变规律。另一方面,以往文献多侧重贸易规模的影响因素分析,本章采用QAP方法,结合各经济体的数字贸易限制指数,从数字贸易网络与数字贸易限制程度之间关系的角度,剖析全球数字贸易主要治理规范。此外,本章基于行业异质性视角,探究各经济体在不同数字贸易领域网络地位的差异性和演变特征,为进一步开放背景下促进我国数字贸易发展提供政策参考依据。

第二节　数字贸易发展现状

一、数字贸易规模的测度

限于数据可得性问题,目前尚缺乏直接测度数字贸易的完备统计数据或统计方法。本章按照拜尔福特(Barefoot K)等(2018)的界定,将数字贸易定义为可潜在地被信息通信技术化的服务贸易。借鉴周念利、王泽宇等的经验做法,通过对比数字贸易统计口径,结合联合国贸易和发展会议(UNCTAD)服务贸易统计数据库中的服务类别,本章将电信、计算机和信息服务,金融服务,个人、文化和娱乐服务,知识产权费用,保险和养老金服务,其他商业服务六个部门纳入数字贸易,用六个部门加总的出口额表示当年各经济体数字贸易规模。

在对数字贸易网络进行分析之前,本章分析了近些年全球及中国的数字贸易发展情况,参见图 7-1、图 7-2 所示。从数字贸易出口规模来看,由图 7-1 可知,全球数字贸易出口在 2005—2021 年呈上升趋势,2005 年全球数字贸易出口规模约为 1.2 万亿美元,而 2021 年数字贸易总出口额达到 3.86 万亿美元,相比 2005 年增加了两倍多。从图 7-2 可以看出,中国数字贸易出口规模在样本期内也表现出显著的上升趋势,2005 年中国数字贸易出口额约为 173 亿美元,到 2021 年中国数字贸易出口额达到 1948 亿美元。相比于 2005 年,2021 年中国数字贸易出口规模增加了 10 倍多。从数字贸易增速来看,2008 年之前全球数字贸易规模增长较快,其中,2007 年相比 2006 年增长了 22.1%。不过,受金融危机影响,2009 年全球数字贸易出口出现下降,2009 年相比上一年下降了 6.39%。随后,受全球经济低迷和贸易保护主义等因素影响,全球数字贸易规模整体增速呈震荡趋势。中国在 2007 年及

2008年数字贸易出口增速较快，分别达到91.8%和21.6%，超过同期全球数字贸易增速，此后受国际金融危机影响，中国数字贸易出口增速在2010年下降了70%左右。不过，在2011年中国数字贸易出口规模又迅速恢复。在疫情的影响下，中国数字贸易出口规模出现较快增长，2021年增速达到26.22%。中国数字贸易出口规模由2005年占全球数字贸易出口规模的1.45%提升到2021年的5%左右。可以看出，中国数字贸易发展潜力巨大，但相比主要发达国家，中国在全球数字贸易中的影响力仍有待进一步提升。

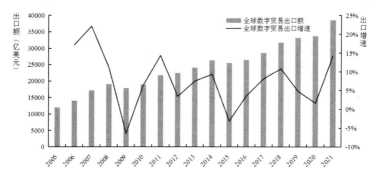

图7-1 2005—2021年全球数字贸易出口额及增速

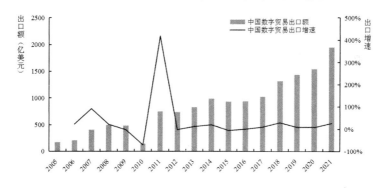

图7-2 2005—2021年中国数字贸易出口额及增速

二、数字贸易网络基本特征

本章的数字贸易网络构建是以包含节点和节点间相关关系的社会网络模型为基础，以参与全球数字贸易进出口的各经济体为节点，以各经济体之

间的数字贸易出口额作为节点关联的权重,加权全球数字贸易网络可以表示为:

$$G = (V, E) \qquad\qquad (7-1)$$

式中,V 表示所有节点,代表数字贸易网络中的所有经济体的集合;$v_i \in V, i = 1, 2, \cdots$,表示数字贸易网络中的各经济体;$E$ 表示节点之间的所有边,代表节点 v_i 与 v_j 之间的数字贸易出口关系。

借鉴吕延方等的研究方法,利用阈值法提炼网络的核心结构,既充分保留数字贸易网络的重要基本信息,又可以简化数字贸易网络以更深入探究数字贸易的网络特征。分别以各年度数字贸易出口额平均值作为阈值,将经济体之间数字贸易相互关联矩阵转化为二值矩阵 D,该矩阵中的元素 d_{ij} 为 1 表示经济体 i 出口至经济体 j 的数字贸易额超过当年全球数字贸易出口平均值,说明二者存在数字贸易联系;d_{ij} 为 0 表示经济体 i 对经济体 j 的数字贸易出口额未超过当年全球数字贸易平均值,二者不存在数字贸易联系。

提取阈值后虽然会损失部分节点观测值,但数字贸易出口额仍占当年全联通数字贸易出口总额的绝大部分,如提取阈值后,2005 年代表性经济体关联贸易额占全球总出口额的比例约为 94.9%,2020 年代表性经济体关联贸易额占比约为 88%,这说明提取阈值后的数字贸易网络具有优良的代表性。利用阈值法和 UCINET 软件构建的数字贸易出口网络可知,2005 年,美国出口至其他经济体的贸易通道最为明显,其次是英国和德国。在 2020 年的数字贸易出口网络中,经济体之间的数字贸易网络关系相比 2005 年表现得更为紧密,存在数字贸易往来的经济体数量显著增加,由 27 个经济体 66 条数字贸易联系发展到 52 个经济体近 300 条数字贸易联系,但数字贸易总体格局并未发生重大变化,美国、英国与德国仍是主要的出口经济体。其中,2020 年,美国数字贸易出口规模是中国的 3.6 倍,占当年全球数字贸易出口总规模的 16.6%。

三、数字贸易网络特征测度指标

(一)数字贸易网络整体特征指标

本章使用三种测度指标刻画数字贸易网络的整体结构特征：网络密度、平均路径长度和平均聚类系数。其中，网络密度和平均路径长度可反映数字贸易网络的联系紧密程度，聚类系数可表明数字贸易网络的集聚效应。

(1)网络密度。网络密度表示网络中节点之间关系的紧密度，数值越大，表示网络中经济体之间的关系越紧密。计算公式为网络中的实际数字贸易关联数除以数字贸易网络中最大可能的数字贸易关联总数。本章参考聂常乐等的研究，将网络密度定义为：

$$K_{den} = \frac{m}{n(n-1)} \qquad (7-2)$$

其中，K_{den} 表示数字贸易网络密度，m 表示网络中实际数字贸易关联数，n 表示网络中的节点数量。

(2)平均路径长度。平均路径长度表示网络中任意两节点最短路径的平均值，可以衡量数字贸易网络的传输性能和传输效率，表明所有经济体与其他经济体之间实现数字贸易通达所需的最小中间贸易计次平均值，在数字贸易网络中反映数字贸易的畅通程度和贸易效率。平均路径长度数值越小，说明数字贸易网络中的信息传递效率越高，数字贸易网络越便利。依据王泽宇等的研究，将平均路径长度定义为：

$$K_{apl} = \frac{\sum_{i=1}^{n} \sum_{j=1}^{n} s_{ij}}{n(n-1)} \qquad (7-3)$$

其中,K_{apl} 表示平均路径长度,s_{ij} 代表经济体 i 与经济体 j 之间的最短路径。

(3)平均聚类系数。平均聚类系数反映了节点之间的关系强度和聚集程度,可以衡量数字贸易网络中经济体之间相互连接的程度和聚集的程度。聚类系数数值越大,表明数字贸易网络中各个经济体整体的集群化程度较高,说明数字贸易合作较为密切。参考吕延方等的研究,聚类系数公式为:

$$K_{clu} = \frac{1}{n} \sum_{i=1}^{n} \frac{2e_i}{n(n-1)} \tag{7-4}$$

其中,K_{clu} 代表平均聚类系数,e_i 表示与经济体 i 存在实际数字贸易联系的所有经济体数目。

(二)数字贸易网络个体特征指标

为研究单个经济体在数字贸易网络中的地位,本章测量了 4 种类型的中心度指标:度数中心度、接近中心度、中介中心度、佩奇排名(PageRank)中心度。

(1)度数中心度。度数中心度可以反映节点是否处于网络核心位置,测度的是能够与某个经济体直接建立数字贸易联系的经济体数目。数值越大,说明该经济体越处于网络的核心位置。参考吕延方等(2021)的定义,度数中心度公式为:

$$C_i^d = \frac{C_i^{in} + C_i^{out}}{2(n-1)} \tag{7-5}$$

其中,C_i^d 表示经济体 i 的度数中心度;C_i^{in} 表示入度中心度,衡量方法为经济体 i 与其他经济体的数字贸易进口关系数量;C_i^{out} 表示出度中心度,衡量方法为经济体 i 与其他经济体的数字贸易出口关系数量。

（2）接近中心度。接近中心度描述数字贸易网络节点的可达性，即经济体 i 是否可以与其他经济体较为便捷顺畅地建立数字贸易联系。经济体 i 的接近中心度数值越大，表明其在数字贸易网络中对其他经济体的依赖程度越低，越可以较为顺畅地与其他国家进行数字贸易往来。依据朱学红等（2020）的研究，本章将接近中心度定义为节点 i 与所有其他节点之间最短路径之和的倒数，表达式为：

$$C_i^c = \frac{1}{\sum_{j=1}^{n} s_{ij}} \tag{7-6}$$

其中，C_i^c 表示经济体 i 的接近中心度。

（3）中介中心度。中介中心度表示某个节点作为中介的重要性，可以理解为某个经济体处于其他两个经济体之间最短路径中的概率，该指标衡量数字贸易往来中的一个节点影响其他节点交易的能力，表明了该节点在控制数字贸易流中的中介作用，度量了数字贸易网络中节点的连接性特征。中介中心度指标数值较大，表明该经济体具有较强的议价能力。参考（Ge J P）等（2016）的研究，将中介中心度定义为：

$$C_i^b = \frac{2 \sum_j \sum_k \dfrac{q_{jk}(i)}{q_{jk}}}{(n-1)(n-2)} \tag{7-7}$$

其中，C_i^b 表示经济体 i 的中介中心度，q_{jk} 表示经济体 j 和经济体 k 之间建立数字贸易联系的路径数量，$q_{jk}(i)$ 表示经济体 j 和经济体 k 通过经济体 i 建立贸易联系的路径数量。

（4）PageRank 中心度。中心度是测度经济体在数字贸易网络中是否处于关键位置的重要指标，上述中心度指标虽能刻画单个经济体在数字贸易网络中的位置，但仅限于单方面描绘经济体的中心枢纽特征。如度数中心度测量网络中经济体自身的交易能力,没有考虑能否控制他人;接近中心度考察的是经济体在多大程度上不受其他经济体控制;中介中心度研究单个经济体在多大程度上居于其他两个经济体之间,这些中心度指标无法反映数字贸易网络中较为关键的近朱者赤特征,借鉴吕越等的研究,本章引入 PageRank 中心度指标,计算公式为:

$$C_i^{PR}(k) = \alpha \sum_{j=1}^{n} d_{ji} \frac{C_i^{PR}(k-1)}{C_i^{out}} + \frac{1-\alpha}{n} \tag{7-8}$$

式(7-8)中,$C_i^{PR}(k)$ 表示迭代第 k 步的 PageRank 中心度,该数值越高表明经济体 i 在全球数字贸易网络中越处于核心枢纽地位。α 表示阻尼系数,在文献中通常取 0.85,代表任意时刻节点两两之间建立联系的概率,在数字贸易网络中表示任意时刻经济体两两之间开展数字贸易往来的概率,$1-\alpha$ 则表示终止数字贸易关系的概率。

(三) 样本与数据来源

本章选取 2005—2020 年存在数字贸易往来的经济体数据构建数字贸易网络,数据主要来源于联合国贸易与发展会议(UNCTAD)服务贸易统计数据库。由于各年国际经济形势不同,每年各经济体发展状况不同,经阈值法调整的经济体数量在各年略有差异。在联合国贸易与发展会议(UNCTAD)服务贸易统计数据库中,2021 年各经济体进出口总量数据可得,但各经济体细分行业进出口数据不完整,因此本章主要采用 2005—2020 年数据对数字贸易网络进行分析。

第三节　数字贸易网络结构特征

一、数字贸易网络的整体结构

（一）数字贸易网络规模

网络规模指网络所包含的全部参与者的数量，数字贸易的网络规模指数指贸易网络中包含的经济体数量。表 7-1 展示了 2005—2020 年全球数字贸易网络规模，可以发现，样本期内数字贸易网络规模总体呈现增长态势，就所包含的经济体数量而言，数字贸易网络节点数由 2005 年的 27 个增加至 2013 年的 57 个，并在随后几年稳定在 50 个左右；就网络包含的边数而言，数字贸易网络包含的关系数由 2005 年的 66 条增加至 2017 年的 310 条，不过考虑到美国在数字贸易网络中的重要地位，可能因为受到美国发起的中美贸易争端影响，2019 年数字贸易网络所包含的关系数量有所下降，收缩为 259 条。这表明贸易保护主义对数字贸易网络造成了较大冲击，作为数字贸易网络的关键环节，知识产权以及电信、计算机和信息服务等领域的限制是美国贸易限制的主要手段之一。一方面，美国曾在"301 调查"中以窃取知识产权为借口指责中国进行不公平贸易。美国《1974 年贸易法》第 301 条至 310 条被称为"301 条款"，《1988 年美国综合贸易法案》将知识产权保护问题纳入"301 条款"中，形成体系。关于知识产权的"301 条款"也被称为"特别 301 条款"。2017 年 8 月，美国在特朗普总统指示下对中国开展"301 调查"，主要针对与知识产权、技术转让等相关的政策或做法。另一方面，从 2018 年开始美国对中国"电信、计算机和信息服务"行业的限制也一直未见放松，这些贸易保护政策对全球数字贸易的蓬勃发展形成了一定的阻碍。而在疫情影响下，数字贸易又获得较快发展,2020 年数字贸易关系上升到接近 300 条。

表 7-1 2005—2020 年全球数字贸易网络规模

年份	经济体数量	数字贸易关系数
2005	27	66
2006	31	79
2007	32	83
2008	37	139
2009	42	161
2010	53	218
2011	53	210
2012	54	252
2013	57	277
2014	54	298
2015	52	291
2016	52	305
2017	52	310
2018	54	306
2019	50	259
2020	52	296

（二）数字贸易网络整体结构特征

表 7-2 列出了全球数字贸易网络整体的结构特征,包括数字贸易网络密度、平均路径长度以及聚类系数。可以发现,从数字贸易网络密度来看,全球数字贸易网络密度虽表现出一定程度的波动,但整体而言数值具有上升的趋势,最小值出现在 2010 年为 0.079,最大值出现于 2017 年为 0.117。网络密度越大,表明网络成员之间的联系越紧密,该网络对其中行动者的行为等产生的影响就越大。这说明全球数字贸易网络从较为稀疏发展为较为稠密。从数字贸易网络的平均路径长度来看,全球数字贸易网络的平均路径长度从

最大值 2005 年的 2.038 下降为 2019 年的 1.782，平均路径长度考察了网络中各节点之间的可达性，这说明在样本期全球数字贸易网络中各经济体之间数字贸易通达性逐渐提升。受益于新一代信息通信技术的迅猛发展，经济体之间的数字贸易往来日益便捷，相互之间的数字贸易距离日益缩短。不过 2008 年的平均路径长度相比上一年度有所上升，2017 年和 2018 年平均路径长度的数值也都超过 1.9，说明金融危机和贸易保护主义对数字贸易均有负面冲击。

从数字贸易网络的聚类系数来看，全球数字贸易网络的聚类系数在样本期内虽有所波动但具有上升趋势，2005 年聚类系数为 0.67，2019 年上升为 0.775。聚类系数反映了数字贸易网络中经济体之间的关系强度和聚集程度，全球数字贸易网络聚类系数上升意味着数字贸易网络中各个经济体整体的集群化程度提高，各经济体相互之间的数字贸易合作日益频繁。值得注意的是，金融危机之后的几年里（2009—2011 年）数字贸易网络聚类系数值均小于 0.6，说明金融危机对全球数字贸易网络造成较大冲击，导致经济体之间数字贸易往来的集聚程度降低，随着新一代信息技术的发展及各个经济体逐渐从金融危机中复苏，各经济体之间的数字贸易联系也日益密切。

表 7-2　全球数字贸易网络整体结构特征

年份	总密度	平均路径长度	聚类系数
2005	0.094	2.038	0.670
2006	0.089	1.930	0.730
2007	0.084	1.845	0.698
2008	0.104	1.875	0.650
2009	0.094	1.933	0.575
2010	0.079	1.928	0.586
2011	0.087	1.896	0.581
2012	0.088	1.895	0.629
2013	0.087	1.997	0.666
2014	0.104	1.893	0.708

年份	总密度	平均路径长度	聚类系数
2015	0.110	1.863	0.709
2016	0.115	1.895	0.782
2017	0.117	1.925	0.771
2018	0.107	1.943	0.759
2019	0.106	1.782	0.775
2020	0.112	1.877	0.750

二、数字贸易网络的个体特征

表 7-3 列示了 2005 年和 2020 年全球数字贸易出口网络度数中心度、接近中心度、中介中心度、PageRank 中心度排名前五的经济体。可以发现：样本期内全球数字贸易网络中各个经济体的地位格局基本保持不变。度数中心度方面，2005 年，度数中心度排名靠前的经济体为美国、英国、德国以及瑞典，中国香港也在全球数字贸易网络中占据重要地位，位列第五；2020 年，美国、英国、德国以及法国的度数中心度排名较为靠前。这说明美欧经济体在数字贸易网络中优势地位比较明显，具有较强的交易能力。接近中心度方面，2005 年，美国、英国、德国以及瑞典具有绝对的优势地位；2020 年，美国、英国、德国、法国以及爱尔兰等经济体表现较为突出，表明这些经济体在数字贸易网络中对其他经济体的依赖程度较小，与其他经济体之间的数字贸易往来比较通达、便捷。中介中心度方面，2005 与 2020 年，美国、英国一直名列前茅，说明美英经济体在数字贸易网络中一直发挥着重要的媒介和桥梁作用。PageRank 中心度方面，美国在数字贸易网络中的排名仍较稳定，德国由排名第四上升到第二位，瑞典由排名第三下降到第九位，中国香港的地位也有所下降，美欧经济体在数字贸易中的地位愈发稳固，表明这些经济体在数字贸易网络中控制能力较强，是全球数字贸易网络的中心枢纽，能够借助自身的渠道和优势提高自身竞争力，并带动与之存在密切贸易联系的经济体发展。

　　此外,传统的中心度衡量方法中,无论度数中心度、接近中心度还是中介中心度,美国相应指标的数值都有所提升,如美国的度数中心度在 2005 年为 0.463,而 2020 年上升为 0.647;美国的接近中心度在 2005 年为 0.425,而在 2020 年提高至 0.472;中介中心度也有所上升。不过,PageRank 中心度指标结果显示美国的数值略微下降,从 2005 年的 0.23 降至 2020 年的 0.10。2005 到 2020 年,美国、英国、德国在全球数字贸易网络中心度排名中均位列前五,这显示在全球数字贸易网络中,通过积累自身数字贸易领域的先发优势,美国、英国和德国进一步巩固了自身在数字贸易领域的地位,相对其他经济体的优势地位更加明显。内地在数字贸易领域中仍有较大的发展潜力,2005 年,在度数中心度以及接近中心度的传统中心度衡量方法中,2005 年分别排名第七和第十二,2020 年排名第十四和第二十八位,而在 PageRank 中心度指标比较方面,排名也较为靠后,说明在全球数字贸易网络中,我国与美欧经济体相比仍存在一定差距,具有较大的发展空间。

表 7-3　2005 年、2020 年全球数字贸易出口网络中心度排名前五的经济体

年份	排名	度数中心度	接近中心度	中介中心度	PageRank 中心度
2005	1	美国	美国	美国	美国
	2	英国	英国	英国	英国
	3	德国	德国	瑞典	瑞典
	4	瑞典	瑞典	德国	德国
	5	中国香港/卢森堡	中国香港	中国香港	中国香港
2020	1	美国	美国	美国	美国
	2	英国	英国	英国	德国
	3	德国	德国	德国	英国
	4	法国	法国	日本	爱尔兰
	5	爱尔兰	爱尔兰	法国	荷兰

第四节 数字贸易限制与数字贸易发展

为对全球数字贸易网络的演变特征进行分析,本章进一步采用 QAP 方法对各经济体数字贸易与数字贸易限制之间的关系进行分析,同时把数字贸易细分为电信、计算机和信息服务,金融服务,个人、文化和娱乐服务,知识产权费用,保险和养老金服务,其他商业服务六个领域,探讨各经济体在全球数字贸易不同领域中的地位变迁。其中,QAP 方法是以对矩阵数据的置换为基础,对两个方阵中各元素的相似性进行比较,给出两个矩阵之间的相关系数,并对系数进行非参数检验的方法。

一、数字贸易网络相关性研究——基于 QAP 方法

数字贸易网络形成受到多种因素的影响,数字贸易限制程度是其中之一。一方面,数字贸易发展与数字服务开放相互促进,数字服务开放有助于降低数字贸易成本,促进经济体之间的数字贸易往来和交流,吸引更多经济体、企业和个人参与数字贸易中;另一方面,数字贸易发展程度较高的经济体可能更倾向采取数字贸易限制措施,考虑到数据的政治、经济和文化敏感性,数字服务开放可能给个人隐私、产业发展造成风险,部分经济体对数字服务开放采取谨慎态度,尤其一些数字贸易比较发达的经济体在数据开放方面制定了严苛的法律,如欧盟强调重视个人隐私保护,对个人数据出境提出了较为严格的要求。数字贸易限制数据来源于 OECD 数字服务贸易限制指数(Digital Services Trade Restrictiveness Index,DSTRI)。该数据库涵盖了 2014 年起的所有 OECD 和部分非 OECD 经济体,以贸易限制的综合指数考察各经济体相互之间的数字贸易壁垒,具体数值介于 0 和 1 之间,数值越大表示数字贸易限制程度越高,为 1 表示完全封闭的数字贸易制度。在具体的计算

中，数字贸易限制指数（DSTRI）矩阵中元素的设定是将每年 i 经济体的平均数字贸易限制指数作为临界值，若 i 经济体对 j 经济体的数字贸易限制数值小于该临界值，则设定 i 对 j 的数字贸易限制为 0，否则取 1。利用 UCINET 软件和 QAP 方法对数字贸易网络和数字贸易限制指数进行相关性分析，选择 5 000 次随机置换，估计结果如表 7-4 所示。

由表 7-4 可知，数字贸易限制指数（DSTRI）与数字贸易网络的相关系数在各年份均为负，且通过了显著性检验。这表明数字贸易往来与数字限制指数表现为负向的相关关系，如果两个经济体之间的数字限制程度较低，那么这两个经济体将更容易进行数字贸易往来，反之如果数字限制程度较高，那么随着数字交易成本的上升，数字贸易的频率和规模将随之下降。这与周念利等的研究结论近似，她们认为数据跨境流动限制措施对该经济体出口技术复杂度具有负面影响。从表 7-4 可以看出，数字贸易网络与数字贸易限制的相关系数值在样本期内未出现显著波动，2014 年相关系数为 -0.154，2019 年为 -0.147，说明数字贸易与数字贸易限制指数二者关系较为稳定。从表 7-3 可知美欧经济体在全球数字贸易领域居于领先地位，这些经济体相互之间的数字贸易限制程度也处于较低水平，原因可能在于，基于地缘政治等因素考量，美欧数字贸易发达经济体之间达成的贸易协议较多，进行数字贸易的成本较低，进而数字贸易合作较为紧密。不过，2020 年，数字贸易网络与数字贸易限制之间的负相关关系减弱，显著性水平也有所降低，这可能是因为在新冠肺炎疫情影响下，数字贸易限制水平较高的发展中经济体也迎来数字贸易的发展机遇，与其他经济体的数字贸易往来增加。

在全球数字贸易治理中，我国也在积极探索适合我国发展进程的数字开放路径，在积极促进数字贸易发展阶段，找到数字开放与数字保护之间的平衡点是一个重要的研究课题。近年来，出于政治层面的考虑部分经济体通过签署贸易协议，对协议之外的经济体采取差别化的数字贸易限制举措，给全球数字贸易的发展格局也造成一定影响。部分数字贸易比较发达的经济体相互之间采取比较开放的跨境数字流动措施，而出于数字产业安全顾虑，这些经济体对发展程度较低的其他经济体采取较严格的数字贸易限制措施，导致数字贸易越发达,数字跨境流动越便捷,从而数字贸易与数字限制指数之间的负相关关系也在一定程度上打上了这一烙印。因此,在数字贸易发展阶段,我国如何处理数字跨境流动限制与数字贸易发展之间的关系需要积极审慎研究。

表7-4　数字贸易网络与数字贸易限制指数(*DSTRI*)相关性分析结果

年份	数字贸易限制指数(*DSTRI*)
2014	−0.154 *** (0.046)
2015	−0.146 *** (0.050)
2016	−0.138 *** (0.048)
2017	−0.160 *** (0.050)
2018	−0.149 *** (0.047)
2019	−0.147 *** (0.043)
2020	−0.067 * (0.046)

注:*、**、***分别表示在10%、5%、1%的统计水平上显著,括号内数字为标准差。

二、数字贸易网络异质性研究

鉴于各经济体在数字贸易的不同领域可能存在发展差异,因此本部分通过把数字贸易细分成六个不同的领域进行分析,研究各经济体在不同领域数字贸易网络中的个体特征差异。考虑到PageRank中心度指标可以描绘数字贸易网络中经济体的近朱者赤特征,所以本部分主要基于PageRank中心度指标进行分析,结果参见表7-5。

表7-5的估计结果显示,不同经济体在不同领域数字贸易网络中的个体

特征呈现出一定的异质性。在电信、计算机和信息服务（tele）领域，2005 年德国、瑞典和英国 PageRank 中心度排名靠前，而 2020 年德国、爱尔兰和美国位列前三，美国和爱尔兰取代瑞典，在电信领域具有了绝对的优势。在金融服务（financ）领域，2005 年英国、中国香港以及德国的数字贸易出口优势比较明显，而 2020 年美国、卢森堡和英国在该领域占据主导地位。保险和养老金服务（insur）领域，英国、法国和爱尔兰在该领域的优势凸显，2020 年在该领域位于全球数字贸易网络的核心枢纽地位，而美国和德国的地位略有下降。个人、文化和娱乐服务（recrea）领域，2005 年与 2020 年 PageRank 中心度排名差异较大，2020 年美国、瑞典和英国取代德国、匈牙利以及中国香港排名分列前三，说明近些年美欧等经济体文娱产业发展较快，实现了更多的文娱产品输出。知识产权服务（intel）领域，2005 年美国、英国和韩国在该领域较为先进，而到 2020 年该领域的主导地位再度落入美国、荷兰和英国等美欧经济体。在其他商业服务（other）领域，2005 年欧盟经济体占据核心位置，而 2020 年美国在该领域也开始占有举足轻重的地位。

值得注意的是，2005 年美国只在保险和养老金服务（insur）、知识产权费用（intel）这两个数字贸易领域占据绝对的优势地位，PageRank 中心度排名第一，而在 2020 年美国的优势领域进一步扩大，在除保险之外的所有数字贸易领域名列前茅，且在其他商业服务（other）中的排名大幅提升，仅次于排名第一的德国位列第二位。英国在除电信服务之外的五个数字贸易领域里的地位也进一步得到巩固，PageRank 中心度排名均位于前三。这说明美英这两个经济体在全球数字贸易网络中具有较强的控制能力，在助力全球数字贸易发展中处于关键节点地位，而我国在全球数字贸易网络中的地位提升仍然具有较大空间。

表 7-5　2005 年、2020 年全球数字贸易不同领域 PageRank 中心度排名前五的经济体

年份	排名	电信、计算机和信息服务（tele）	金融服务（financ）	保险和养老金服务（insur）	个人、文化和娱乐服务（recrea）	知识产权费用（intel）	其他商业服务（other）
2005	1	德国	英国	美国	德国	美国	德国
	2	瑞典	中国香港	英国	匈牙利	英国	英国
	3	英国	德国	德国	中国香港	韩国	瑞典
	4	丹麦	卢森堡	加拿大	澳大利亚	德国	丹麦
	5	匈牙利	澳大利亚	瑞典	葡萄牙	瑞典	波兰
2020	1	德国	美国	英国	美国	美国	德国
	2	爱尔兰	卢森堡	法国	瑞典	荷兰	美国
	3	美国	英国	爱尔兰	英国	英国	英国
	4	英国	法国	美国	法国	日本	法国
	5	荷兰	德国	德国	德国	德国	荷兰

第五节　本章结论与政策建议

一、结论

随着数字技术的广泛应用,数字贸易得到快速发展,其战略作用越来越突出。在数字贸易影响下不同经济体系加快融合,新的贸易方式、贸易产品加快涌现,新的市场领域不断拓展,成为未来国际贸易发展的新动能和驱动因素。数字贸易为贸易规模的扩张提供持续动力,有望成为国际竞争力重要体现。本章使用社会网络分析方法,对 2005—2020 年全球数字贸易网络格局变化与结构特征及数字贸易发展与数字贸易限制之间的关系进行了研究,得到如下结论:

第一,样本期内,全球数字贸易出口规模增长迅速,参与数字贸易的经济体数量显著增加,数字贸易往来关系也更加紧密。数字贸易网络整体结构特征中,网络密度、聚类系数上升,平均路径长度降低,表明全球数字贸易规模迅速扩张,各经济体之间的数字贸易联系更加紧密,经济体之间的通达性及集聚化程度也有显著提升。不过,与发达经济体相比,我国数字贸易的出口规模仍处于较低水平,具有较大的发展潜力。

第二,数字贸易网络的个体特征分析结果显示,以美国、英国和德国为代表的美欧经济体在度数中心度、接近中心度、中介中心度及 PageRank 中心度指标方面均排名靠前,而我国在这些中心度指标上的排名靠后,说明美欧等发达经济体在交易能力、控制能力及中介作用等方面处于数字贸易的核心枢纽地位,我国数字贸易的发展与这些经济体相比仍然存在一定的差距。

第三,QAP 相关性分析结果表明,数字贸易发展水平与数字贸易限制水平之间的相关关系显著为负,数字贸易发展与数字服务开放正相关,一方面发达经济体在数字贸易领域处于领先地位;另一方面,这些经济体相互之间的数字贸易限制水平较低,数字服务开放可能有助于促进经济体之间进行数字贸易往来,不过这也可能与部分发达经济体出于地缘政治考虑,相互之间通过签署涉及数字贸易往来的自贸协议以促进经贸往来有关。

第四,异质性分析发现,在不同的数字贸易领域,美国、德国和英国始终处于领先地位。其中,德国在电信、计算机和信息服务和其他商业服务方面一直具有绝对优势;美国不仅在金融服务,个人、文化和娱乐服务方面发展较快,也在知识产权费用方面始终保持领先;近些年,英国在保险和养老金服务方面发展迅速,居于核心枢纽地位。

二、政策建议

基于上述研究结论,结合我国数字贸易发展的现实基础,为充分发挥数字贸易对贸易高质量发展的驱动作用,提出如下政策建议:

第一,重视数字技术应用,扩大数字贸易规模。发挥我国在 5G 技术领域的优势,打造数字化程度更高的综合型数字基础设施。在投入方面,大力推进数字基础设施建设,坚持市场投入为主、政府规划引导为辅,支持多元主体参与数字基础设施建设。推动数字经济共建共享,引领跨境电商快速发展,推进数字基础设施互联互通,以国家数字服务出口基地为依托,探索数字跨境流动新机制,鼓励中国数字产品和解决方案对外服务,扩大数字服务进出口规模。

第二,处理好数据开放与保护之间的关系,提升我国数字治理能力。一方面,积极推动数字贸易领域进一步扩大开放。提升电信服务、金融服务、保险服务等领域的开放程度,提高知识产权相关的专利申请服务效率和质量水平,推动行政审批的规范化和便利化,鼓励银行业做好金融服务创新,推动跨境贸易收支更加便利。另一方面,做好数据隐私保护,规范数据流通标准。以我国数字经济发达地区和城市群为突破口,通过数据互联互通,建立统一的数据流通标准。有效甄别数据的准确性和数字安全等级,制定数据规范标准,推动数据跨境流动的制度创新,提升我国数据治理能力。

第三,把握区域经贸协议扩展机遇,更好融入国际数字贸易。区域全面经济伙伴关系协定(RCEP)和全面与进步跨太平洋伙伴关系协定(CPTPP)等区域自贸协议以及数字经济伙伴关系协定(DEPA)有助于推动数字贸易领域的经济一体化,并对全球数字贸易规则制定产生深刻影响,应准确把握数字贸易规则重构机遇,推动我国数字贸易发展。可以考虑从与自贸协议伙伴国尤其是与发达经济体的数据跨境流动的突破入手,在合适的数字贸易规则体系下,加强同自贸协议伙伴之间的数字贸易往来。同时依托国际数据服务特区建设,以区块链等技术为支撑,探索实现与自贸协议成员国之间贸易单证互认、数据互通,更好融入国际数字贸易。

第四,提高金融服务水平,加大知识产权保护力度。在多个数字贸易领域,我国与发达经济体的发展差距较为明显,如在金融服务方面,2021年中国金融服务出口规模只占全球金融服务出口规模的0.8%。加快金融服务机构数字化转型,着力提升我国的金融科技水平,以高质量的金融服务促进跨境电商等新兴产业发展,针对企业不同需求提供多样化、个性化的金融产品和服务。知识产权服务能力也是衡量对外技术依存度的重要指标,虽然我国在科技领域取得了较大的进步,在对外知识产权收费方面也取得了越来越多的收入,中国知识产权服务出口规模从2006年仅占全球的0.1%发展到2021年占全球的2.6%,但与美国、英国、德国等经济体的差距仍然较大,针对这一情况,我国应积极加大对知识产权的保护力度,制定促进研发创新的财税政策,鼓励市场主体积极参与科技创新,提高研发投入。

第八章

数字产品贸易网络结构与
合作态势研究

　　数字产品贸易是驱动国际贸易发展的重要引擎,对保持产业国际竞争力和维持产业链稳定具有重要意义。本章使用社会网络分析方法,对2007—2020年全球数字产品贸易网络结构特征进行了研究。结果发现:全球数字产品贸易网络具有"小世界"特征,中国、美国和欧洲部分经济体在交易能力等方面处于核心枢纽地位。块模型分析表明,数字产品贸易主要集中在部分板块内部,且近年来板块之间的数字产品贸易往来趋于增强。异质性研究发现,中国在数字产品制造领域的优势较为明显,德国和法国在数字技术应用领域具有较大优势,英国、德国和美国在数字要素驱动业的实力较强。据此,建议持续推动我国数字基础设施建设,巩固数字产品制造领域的优势,把握区域经贸协议扩展机遇,助力我国数字技术应用及数字要素驱动行业的竞争力提升。

第一节 数字贸易与贸易网络结构

近年来,我国数字经济发展速度较快,取得了显著成就。习近平总书记指出,发展数字经济是把握新一轮科技革命和产业变革新机遇的战略选择,提出要推动数字经济和实体经济融合发展,推进重点领域数字产业发展。2022年初,国务院发布《"十四五"数字经济发展规划》,明确提出我国数字经济核心产业增加值占GDP的比重由2020年的7.8%增长到10%的目标。事实上,得益于云计算、人工智能、物联网等新兴科技的迅猛发展及广泛应用,数字经济日益融入经济社会发展领域的全过程,各国竞相制定数字经济发展战略,出台发展数字经济的鼓励政策,数字经济也日益成为学术界关注的热点话题。

2021年6月,国家统计局公布的《数字经济及其核心产业统计分类(2021)》把数字经济界定为以数据资源作为关键生产要素、以现代信息网络作为重要载体、以信息通信技术有效使用作为效率提升和经济结构优化的重要推动力的一系列经济活动。随着数字技术对经济社会方方面面的融入,国际贸易领域也迎来深刻变革。根据联合国商品贸易统计数据库(UN Comtrade Database)的数据,从全球范围看,2007年全球数字产品出口额约4.12万亿美元,而2020年数字产品出口额5.76万亿美元,占全球货物贸易总出口额的30%以上;就中国而言,2007年中国数字产品出口额约6310亿美元,2020年中国数字产品出口额1.44万亿美元,相当于2007年的2.28倍,占当年我国总出口的56%左右。本章感兴趣的问题是,全球数字产品贸易的网络结构特征、发展以及合作态势如何?中国数字产品出口在全球数字产品贸易中的地位如何?回答上述问题,不仅有利于客观评价数字经济的全球发展态势,而且对于如何充分发挥我国数字经济在全球进出口贸易中的作用,拓展贸易伙伴、规避相关风险具有较强的政策意义。

与本章内容相关的研究首先是涉及贸易网络格局演化的文献,目前这类文献多以研究特定行业或特定产品的贸易关系为主。斯奈德等(1979)较早使用社会网络分析方法研究贸易网络的结构特征。李优树等(2021)、朱学红等(2020)、聂常乐等分别将社会网络分析方法应用于石油、战略性金属、粮食贸易结构的分析中。部分学者基于更细化的企业年报或企业进出口数据,对企业贸易网络进行探究。关于数字产品贸易网络关系的研究较为少见。其中,刘敏等(2021)借助社会网络分析方法研究全球数字贸易中各经济体之间的竞争互补关系及其演化,认为各经济体之间的竞争和互补性逐年提升。吕延方等(2021)采用社会网络分析技术分析全球数字服务贸易网络的拓扑结构、动态变迁及其影响因素,发现全球数字服务贸易网络存在贸易集聚效应和"小世界"高度聚类特征。不过,这些有关数字产品贸易的分析均是基于金融、保险等数字服务类产品,尚未有针对有形数字产品贸易关系的分析。这可能与数字贸易的界定有关,部分学者将数字贸易界定为基于互联网传输的无形产品或服务。事实上,随着数字经济的不断发展,学者发现以数字技术手段订购实体货物或以数字技术生产的数字产品为贸易标的,如工业机器人、计算机、通信设备、可穿戴智能设备、智能无人机制造等,也是数字贸易的重要内容(于欢等,2022)。

与本章研究内容相关的另一支文献主要围绕数字贸易展开。因各界多着眼于数字贸易业务拓展和国际谈判,所以多数研究围绕数字贸易规则或数字贸易治理体系。事实上,关于数字贸易的内涵与界定目前学术界尚未达成一致。一般认为,数字贸易包括狭义和广义两个层面。狭义的数字贸易强调贸易的"数字交付"模式,主要涵盖服务产品;广义的数字贸易包括通过数字技术与数字方式交易的实体货物或商品。例如,OECD、WTO 和 IMF 发布《数字贸易测度手册(第一版)》提出的产品维度数字贸易框架中,除了包括通过数字订购或数字交付方式开展的服务贸易、非货币信息和数据流,还包括通过数字订购方式开展的货物贸易。近年来,学者分别基于无形数字产品和有形数字产品研究数字贸易的发展特点及规律。

在无形数字产品贸易的研究方面,岳云嵩等(2021)基于 2011—2018 年

WTO 的 FATS 服务贸易数据和 UNCTAD 的 BOP 服务贸易数据,发现全球 FATS 数字服务出口约占数字服务出口的三分之二。凯曼等(2020)分析文化相似性和数字差异对欧洲经济体之间文化贸易的影响,认为数字差异对文化贸易没有显著影响,而互联网的使用显著增加了文化产品贸易量。从各国数字贸易发展水平看,全球数字贸易发展仍然存在不平衡,美欧在数字贸易方面具有较大优势,我国数字贸易发展较快。各国经济发展水平差距、利益诉求差异、数字贸易制度化建设差距可能是导致数字贸易规模与市场占有率两极分化等数字鸿沟问题的原因。上述研究都是基于数字服务贸易进行分析,对基于数字技术生产的有形产品关注不够,且未体现数字贸易网络结构特征及经济体之间贸易往来关系。

在有形数字产品贸易的研究方面,孙玉琴等(2022)以本质为数字内容的有形货物为基础,测算发现我国与中东欧国家之间数字贸易规模较小但呈现稳步增长。部分学者通过关键词提取的办法识别数字产品,分析数字产品进口对企业创新和出口技术复杂度的影响,认为进口数字产品通过技术溢出显著提高了企业创新水平(孙佳琪和孙浦阳,2021),并通过提升企业生产率和促进出口产品多样化两种渠道促进企业出口技术复杂度提升(于欢等,2022)。这些关于有形数字产品贸易的文献丰富了数字贸易的研究内容,但因为数据限制,多数文献只是从数字贸易的一个方面进行探讨,综合数字服务贸易与数字货物贸易对数字贸易结构进行分析的文献相对较少,难以全面体现全球数字贸易格局及合作态势。

综合以往文献,本章可能的创新点在于:1. 已有数字贸易文献多基于数字服务贸易,对无形数字服务产品贸易进行分析,本章利用国家统计局《数字经济及其核心产业统计分类(2021)》,通过把国民经济行业分类与国际标准行业分类相匹配,分析全球数字经济核心产品的贸易网络格局状况。这些产品既包括有形的货物贸易如计算机制造,也包括无形的服务贸易如信息技术服务和互联网金融服务等。2. 以往文献多采用定性分析方法阐述数字贸易的内涵、特征,相关定量研究也多采用计量经济方法,研究数字贸易规则的影响效应,本章通过在数字产品贸易领域引入社会网络分析方法,探讨全球数字产品贸易网络的整体特征和网络中经济体的个体特征,以深入分析全球数字产品贸易网络格局的演变规律。3.本章基于行业异质性视角,探究各经济体尤其是中国在不同数字产品贸易领域网络地位的差异性和演变特征,为进一步开放背景下促进我国数字经济发展提供政策参考依据。

　　本章使用社会网络分析方法,分析了2007年—2020年全球数字产品贸易网络结构特征。研究发现,全球数字产品贸易网络具有"小世界"特征,中国、美国和欧洲部分经济体在交易能力等方面处于核心枢纽地位。通过块模型分析发现,数字产品贸易主要集中在部分板块内部,且近年来板块之间的数字产品贸易往来趋于增强。在数字产品异质性方面,中国在数字产品制造领域的优势较为明显,德国和法国在数字技术应用领域具有较大优势,英国、德国和美国在数字要素驱动业的实力较强。

第二节　数字产品贸易的测度

目前,国内外学术界尚未有关于数字产品的权威性定义,数字产品范围也没有明确界定。2021 年 6 月,国家统计局公布《数字经济及其核心产业统计分类(2021)》(以下简称《数字产业分类》),为统计数字经济行业的规模和结构提供了统一可比的统计标准。《数字产业分类》以《国民经济行业分类》(GB/T4754-2017)为基础,把数字经济界定为以数据资源作为关键生产要素、以现代信息网络作为重要载体、以信息通信技术有效使用作为效率提升和经济结构优化的重要推动力的一系列经济活动,并将数字经济产业范围确定为数字产品制造业、数字产品服务业、数字技术应用业、数字要素驱动业以及数字化效率提升业五个大类,其中前四个大类为数字经济核心产业。由于数据限制,本章研究的数字产品主要涉及数字产品制造业、数字技术应用业和数字要素驱动业。鉴于本章从 UN Comtrade 数据库中得到的进出口数据分类基于《国际标准行业分类》第 3 版(ISIC REV3),而数字经济核心产业分类基于《国民经济行业分类》(GB/T4754-2017),两者并无直接的匹配标准,为匹配两者,具体做法是:首先,以《数字产业分类》及《国民经济行业分类》(GB/T4754-2017)为基础,找出以 ISIC REV4 为分类标准的数字产品;其次,通过匹配 ISIC REV4 与 ISIC REV3(以 ISIC REV3.1 作为媒介)得到 ISIC REV3 分类标准的数字产品类别;最后,从 UN COMTRADE 数据库得到所有国家(地区)以 ISIC REV3 四位码为分类标准的所有细分产品的出口数据,并筛选出全球数字产品的出口情况,以所有数字产品加总之后的出口额作为当年各经济体数字产品贸易规模变量。

在对数字产品贸易网络进行分析之前,本章分析近些年全球及中国的数字产品贸易发展情况,如图 8-1、图 8-2 所示。从数字产品出口贸易增速看,2008 年全球数字产品出口规模相比上年约增长 7.3%。受金融危机影响,

2009 年全球数字产品出口出现下降,相比上年全球数字产品出口下降了
18.6%。随后,受全球经济低迷和贸易保护主义等因素影响,全球数字产品
出口规模整体增速呈震荡趋势。中国的数字产品出口增速的表现也类似,
2008 年数字产品出口增速为 14.4%,而 2009 年为-12%左右,2010 年数字产
品出口有所恢复,上升了 30%,2010—2016 年中国数字产品出口增速有所放
缓。此后受美国发起的贸易保护等因素影响,中国数字产品出口增速均在
10%以下。

从数字产品出口占比看,样本期内全球数字产品出口占比缓慢上升,从
2007 年的 32%上升至 2020 年的 36%。中国数字产品出口在样本期内保持
在 50%以上,其中,2020 年中国数字产品出口占总出口的 56%。值得注意的
是,2007—2020 年中国数字产品出口占全球数字产品出口的比例也有所上
升,2007 年中国数字产品出口占全球的比例约为 15%,而 2020 年约有 1/4 的
数字产品来自中国。可以看出,中国数字产品贸易发展潜力巨大,在全球数
字产品贸易中具有举足轻重的地位。

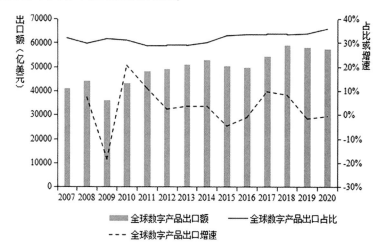

图 8-1　全球数字产品贸易规模及变迁情况

数据来源:作者根据 UN Comtrade 数据库整理(下同)。

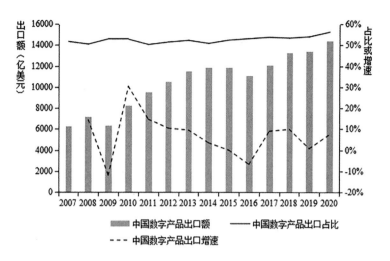

图 8-2 中国数字产品贸易规模及变迁情况

第三节　数字产品贸易测度方法与测度指标

一、测度方法与数字产品贸易网络的基本特征

本章选取 2007—2020 年存在数字产品贸易往来的经济体构建数字产品贸易网络,数据主要来自 UN Comtrade 数据库。数字产品贸易网络构建是以包含节点和节点间相关关系的社会网络模型为基础,以参与全球数字产品贸易的各经济体为节点,以各个经济体之间的数字产品出口额作为节点关联的权重,加权全球数字产品出口贸易网络可以表示为:

$$G = (V, E) \tag{8-1}$$

式中,V 表示所有节点,$v_i \in V$,$i = 1, 2, \cdots, n$ 表示数字产品贸易网络中的各个经济体;E 表示节点之间的所有边,代表节点 v_i 与 v_j 节点之间的数字产品贸易关系。借鉴吕延方等的研究方法,利用阈值法提炼网络的核心结构,既充分保留数字产品贸易网络的重要基本信息,又可以简化数字产品贸易网络以更深入探究数字产品贸易的网络特征。分别以各年度数字产品出口额平均值作为阈值,将经济体之间数字产品贸易相互关联矩阵转化为二值矩阵 D,该矩阵中的元素 d_{ij} 为 1 表示经济体 i 出口至经济体 j 的数字产品贸易额超过当年全球数字产品出口平均值,说明二者存在数字产品贸易联系;d_{ij} 为 0 表示经济体 i 对经济体 j 的数字产品出口额未超过当年全球数字产品贸易平均值,二者不存在贸易联系。

提取阈值后虽然会损失部分节点观测值,但是数字产品出口额仍占当年数字产品出口总额的绝大部分,如提取阈值后,2007 年代表性经济体关联贸

易额占全球总贸易额的比例约为 94.8%,2020 年代表性经济体关联出口贸易额占比约为 94.6%。这说明提取阈值后的数字产品贸易网络具有优良的代表性。因各个年份国际经济形势不同,每年不同经济体发展状况也不相同,所以经过阈值法调整后经济体数量在各个年份会略有差异。总体看,近些年中国数字产品贸易呈蓬勃发展势头,与越来越多的经济体进行数字产品贸易,如经阈值法调整后,2007 年中国对 86 个经济体有数字产品出口,而 2019 年中国对 117 个经济体存在数字产品出口。

利用阈值法和 UCINET 软件构建的数字产品出口贸易网络。2007 年,中国、美国和德国出口至其他经济体的贸易通道较明显。2020 年,经济体之间的数字产品贸易网络关系与 2007 年类似,不过各经济体的数字产品贸易网络地位有所差异,其中,中国数字产品出口至其他经济体的贸易通道最明显,其次是德国、中国香港以及美国。中国、德国、中国香港以及美国作为数字产品主要的出口经济体,占据当年全球数字产品出口贸易的 50% 左右,如图 8-3 所示。可见,中国数字经济发展较快,在全球数字产品贸易中的竞争力也有较大提升。

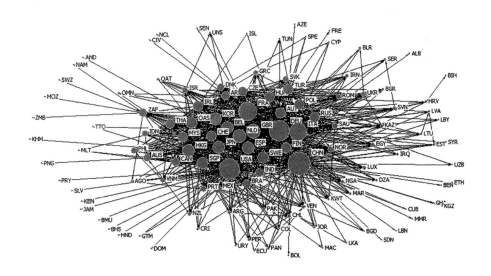

(a)2007 年

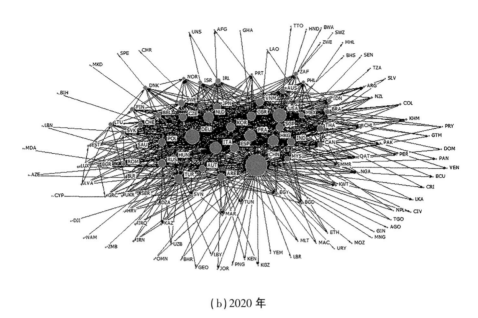

(b) 2020 年

图 8-3　全球数字产品贸易网络

二、整体特征指标

本章使用网络密度、平均路径长度和平均聚类系数这三种测度指标刻画数字产品贸易网络的整体结构特征。其中,网络密度和平均路径长度反映数字产品贸易网络的联系紧密程度,聚类系数表明数字产品贸易网络的集聚效应。

(1)网络密度。网络密度表示网络中节点之间关系的紧密度,数值越大,表示网络中经济体之间的关系越紧密。计算公式为网络中的实际数字产品贸易关联数除以数字产品贸易网络中最大可能的数字产品贸易关联总数。网络密度公式为:

$$K_{den} = \frac{m}{n(n-1)} \tag{8-2}$$

式中，K_{den} 表示数字产品贸易网络密度，m 表示网络中实际数字产品贸易关联数，n 表示网络中的节点数量。

（2）平均路径长度。平均路径长度表示网络中任意两节点最短路径的平均值，用以衡量数字产品贸易网络的传输性能和传输效率，表明所有经济体与其他经济体之间实现数字产品出口贸易通达所需的最小中间贸易计次平均值，在数字产品贸易网络中反映数字产品贸易的畅通程度和贸易效率。平均路径长度数值越小，说明数字产品贸易网络中的信息传递效率越高，数字产品出口网络越便利。平均路径长度公式为：

$$K_{apl} = \frac{\sum_{i,j \in n} s_{ij}}{n(n-1)} \tag{8-3}$$

式中，K_{apl} 表示平均路径长度，s_{ij} 代表经济体 i 和经济体 j 之间的最短路径。

（3）平均聚类系数。平均聚类系数反映了节点之间的关系强度和聚集程度，用以衡量数字产品贸易网络中经济体之间相互连接的程度和聚集的程度。聚类系数数值越大，表明数字产品贸易网络中各个经济体整体的集群化程度越高，说明数字产品贸易合作较为密切。聚类系数公式为：

$$K_{clu} = \frac{1}{n} \sum_{i=1}^{n} \frac{2e_i}{n(n-1)} \tag{8-4}$$

式中，K_{clu} 代表平均聚类系数，e_i 表示与经济体 i 存在实际数字产品贸易联系的所有经济体数目。

三、个体特征指标

为研究单个经济体在数字产品贸易网络中的地位，本章测量四种类型的中心度指标,即度数中心度、接近中心度、中介中心度和 PageRank 中心度。

(1)度数中心度。度数中心度可以反映节点是否处于网络核心位置,测度的是能够与某个经济体直接建立数字产品贸易联系的经济体数目。数值越大,说明该经济体越处于网络的核心位置。度数中心度公式为:

$$C_i^d = \frac{C_i^{in} + C_i^{out}}{2(n-1)} \tag{8-5}$$

式中,C_i^d 表示经济体 i 的度数中心度;C_i^{in} 表示入度中心度,衡量方法为经济体 i 与其他经济体的数字贸易进口关系数量;C_i^{out} 表示出度中心度,衡量方法为经济体 i 与其他经济体的数字贸易出口关系数量。

(2)接近中心度。接近中心度描述数字产品贸易网络节点的可达性,即经济体 i 是否可以与其他经济体较为便捷顺畅地建立数字产品贸易联系。经济体 i 的接近中心度数值越大,表明其在数字产品贸易网络中对其他经济体的依赖程度越低,越可以较为顺畅地与其他国家进行数字产品贸易往来。接近中心度与节点 i 与所有其他节点之间最短路径之和成反比,表达式为:

$$C_i^c = \frac{2(n-1)}{\sum_{j=1}^{n} s_{ij} + \sum_{j=1}^{n} s_{ji}} \tag{8-6}$$

式中,C_i^c 表示经济体 i 的接近中心度。

(3)中介中心度。中介中心度表示某个节点作为中介的重要性,可以理解为某个经济体处于其他两个经济体之间最短路径中的概率,该指标衡量数字产品贸易往来中的一个节点影响其他节点交易的能力,表明了该节点在控制数字产品贸易流中的中介作用,度量了数字产品贸易网络中节点的连接性特征。中介中心度指标数值较大,表明该经济体具有较强的议价能力。参考吕延方等(2021)的研究,将中介中心度定义为:

$$C_i^b = \frac{2 \sum_j \sum_k \dfrac{q_{jk}(i)}{q_{jk}}}{(n-1)(n-2)} \tag{8-7}$$

式中，C_i^b 表示经济体 i 的中介中心度，q_{jk} 表示经济体 j 和经济体 k 之间建立数字产品出口贸易联系的路径数量，$q_{jk}(i)$ 表示经济体 j 和经济体 k 通过经济体 i 建立贸易联系的路径数量。

（4）PageRank 中心度。中心度是测度经济体在数字产品贸易网络中是否处于关键位置的重要指标，上述中心度指标虽能刻画单个经济体在数字产品贸易网络中的位置，但仅限于单方面描绘经济体的中心枢纽特征。如度数中心度测量网络中经济体自身的交易能力，没有考虑能否控制他人；接近中心度考察的是经济体在多大程度上不受其他经济体控制；中介中心度研究单个经济体在多大程度上居于其他两个经济体之间，这些中心度指标无法反映数字产品贸易网络中较为关键的近朱者赤特征，因此在以往贸易网络相关文献基础上，本章引入 PageRank 中心度指标，计算公式为：

$$C_i^{PR}(k) = \alpha \sum_{j=1}^n d_{ji} \frac{C_i^{PR}(k-1)}{C_i^{out}} + \frac{1-\alpha}{n} \tag{8-8}$$

式中，$C_i^{PR}(k)$ 表示迭代第 k 步的 PageRank 中心度，该数值越高表明经济体 i 在全球数字产品出口贸易网络中越处于核心枢纽地位。α 表示阻尼系数，在文献中通常取 0.85，代表任意时刻节点两两之间建立联系的概率，在数字产品贸易网络中表示任意时刻经济体两两之间开展数字产品贸易往来的概率，$1-\alpha$ 则表示终止数字产品贸易关系的概率。

第四节　数字产品贸易与全球合作态势

一、数字产品贸易网络的整体结构

（1）数字产品贸易网络规模。网络规模指网络中包含的全部参与者的数目，数字产品贸易的网络规模指数字产品贸易网络中包含的经济体数量。表8-1展示了2007—2020年数字产品贸易网络规模的演变，可以发现，样本期数字产品贸易网络规模总体呈现先增长后降低态势，就包含的经济体数量而言，数字产品贸易网络节点数由2007年的122个增加至2017年的142个，并在2020年降至127个；就网络包含的边数而言，数字产品贸易网络包含的关系数由2007年的1311条增加至2008和2012年的1385条，不过考虑到美国在数字产品贸易网络中居于重要地位，可能因为受到美国发起的中美贸易争端影响，2020年数字产品贸易网络中包含的关系数目有所下降，收缩为1185条。中国对应的数字产品出口关系数由2007年的86条增加至2019年的117条，但在2020年回落至109条。这表明贸易保护主义对数字产品贸易网络造成了较大冲击，"信息和通信技术""智能制造"等是数字产品贸易网络的关键组成部分，而这类行业也是美国对华贸易主要针对领域。一方面，美国长期以来在高科技领域对中国实施出口限制，如2020年年初，美国实施新一轮出口限制，要求更多半导体生产设备和其他技术的产品需要许可证才能出口；2019年10月，美国商务部宣布将包括8家中国科技企业在内的28个实体纳入出口管制实体清单。另一方面，在数字产品进口方面，美国也实施了不少限制措施，如2019年8月美国调整《联邦采购条例》，包括华为、中兴通讯在内的五家中国企业被列为禁止采购对象，这些贸易保护政策不可避免地对全球数字贸易的蓬勃发展形成了一定阻碍。

表8-1 全球数字产品贸易网络规模

年份	经济体数量	关系数	中国出口关系数
2007	122	1311	86
2008	133	1385	91
2009	137	1380	95
2010	133	1345	98
2011	131	1370	102
2012	135	1385	114
2013	139	1380	113
2014	138	1367	116
2015	140	1318	116
2016	141	1344	112
2017	142	1354	113
2018	137	1275	112
2019	141	1312	117
2020	127	1185	109

（2）数字产品贸易网络整体结构特征。表8-2列出了全球数字产品贸易网络整体的结构特征，包括数字产品贸易网络密度、平均路径长度以及聚类系数。从数字产品贸易网络密度看，全球数字产品贸易网络密度虽表现出一定程度的波动，但整体而言具有下降趋势，最大值出现在2007年的0.089，最小值出现于2019年的0.066。网络密度越大，表明网络成员之间联系越紧密，该网络对其中行动者的行为产生的影响就越大；网络密度越小，表明网络成员之间联系越松散，该网络对行动者的行为产生的影响越小。这说明全球数字产品贸易网络从较为稠密发展为较为稀疏。对此可能的解释是，国际金融危机后，贸易保护主义开始抬头，以美国为首的西方国家为保持在全球数字产品竞争中的优势、抢占数字产品话语权，对数字产品进出口实施了一定限制，导致全球数字产品贸易关系收缩，数字产品贸易网络密度下降，数字产品贸易网络对单个经济体的影响力降低。

从数字产品贸易网络的平均路径长度看,全球数字产品贸易网络的平均路径长度从 2008 年的 2.192 下降到 2020 年的 2.111。平均路径长度考察了网络中各节点之间的可达性,这说明在样本期全球数字产品贸易网络中各经济体之间数字产品贸易的通达性有所提升。受益于新一代信息通信技术的迅猛发展,经济体之间的数字产品贸易往来日益便捷,相互之间的数字产品贸易距离日益缩短。具体看,2008 年和 2009 年的平均路径长度相比 2007 年有所上升,2019 年平均路径长度的数值也超过 2018 和 2017 年,说明金融危机和贸易保护主义对数字产品贸易均有负面冲击。

从数字产品贸易网络的聚类系数看,全球数字产品贸易网络的聚类系数在样本期内虽有所波动但具有上升趋势,2007 年聚类系数为 0.736,受金融危机影响,2008 和 2009 年,聚类系数降至 0.709,2020 年又上升为 0.763。聚类系数反映了数字产品贸易网络中经济体之间的关系强度和聚集程度,全球数字产品贸易网络聚类系数上升意味着数字产品贸易网络中各个经济体整体的集群化程度提高,各经济团体内部的数字产品贸易合作日益频繁。值得注意的是,金融危机之后的 2008—2017 年,数字产品贸易网络聚类系数值均小于 2007 年的数值,说明金融危机对全球数字产品贸易网络造成较大冲击,导致经济团体内部数字贸易往来的集聚程度降低,之后随着新一代信息技术的发展及各个经济体逐渐从金融危机中复苏,各经济团体内部的数字产品贸易联系也日益密切。全球数字产品的聚类系数联合平均路径长度,与随机网络中的聚类系数和平均路径长度对比,"小世界"系数约为 5,大于 1,数字产品贸易网络具有相对较小的平均路径长度和相对较大的聚类系数,说明全球数字产品贸易网络具有"小世界"特征。

表 8-2 全球数字产品贸易网络整体结构特征

年份	总密度	平均路径长度	聚类系数
2007	0.089	2.096	0.736
2008	0.079	2.192	0.709
2009	0.074	2.151	0.709
2010	0.077	2.148	0.723

年份	总密度	平均路径长度	聚类系数
2011	0.080	2.137	0.724
2012	0.077	2.154	0.716
2013	0.072	2.176	0.691
2014	0.072	2.183	0.687
2015	0.068	2.199	0.715
2016	0.068	2.192	0.722
2017	0.068	2.174	0.721
2018	0.068	2.123	0.762
2019	0.066	2.181	0.761
2020	0.074	2.111	0.763

二、数字产品贸易网络的个体特征

表 8-3 列示了 2007—2020 年全球数字产品贸易网络度数中心度、接近中心度、中介中心度和 PageRank 中心度排名前十位的经济体。样本期全球数字产品贸易网络中各个经济体的地位格局基本保持未变。度数中心度方面,2007 年,度数中心度排名靠前的经济体为德国、美国、中国以及法国,其他欧洲国家如意大利、英国、荷兰、比利时以及西班牙也在全球数字产品贸易网络中占据重要地位;2009 年及之后,中国、德国、美国、法国以及意大利的度数中心度排名较为靠前,中国的度数中心度具有增长趋势,从 2009 年的 0.4781 增加到 2020 年的 0.5675。中国香港也位列前十。这说明美欧经济体在数字产品贸易网络中优势地位比较明显,中国的数字产品制造优势也日益凸显,在全球数字产品贸易中具有较强的交易能力。

接近中心度方面,2007 年,德国、美国、中国、法国以及意大利具有绝对的优势地位;2009 年及之后,中国的地位逐渐上升,美国、德国的地位略有下降,排名前五位的仍为中国、德国、美国、法国和意大利,表明这些经济体在数字产品贸易网络中对其他经济体的依赖程度较小,与其他经济体之间数字产品贸易往来比较通达、便捷。中介中心度方面,2009年之前,美国、德国以及中国排名前三;2018—2020年间,中国超过美国排名第一,说明中国在全球数字产品贸易网络中的媒介和桥梁作用愈发凸显。PageRank中心度方面,中国和美国在样本期一直位列前三,德国和法国也占有比较重要的地位,表明这些经济体在数字产品贸易网络中控制能力较强,是全球数字产品贸易网络的中心枢纽,能够借助自身的渠道和优势提高自身竞争力,并带动与之存在密切贸易联系的经济体发展。

与2007年相比,2009年中国的度数中心度和接近中心度在全球数字产品贸易网络中的排名上升,美国和德国的排名下降,说明金融危机可能对美国和部分欧洲国家的数字产品出口带来了不利影响,而中国的数字经济优势开始显现。此外,与2018年相比,2020年各个中心度排名靠前的经济体排序基本没有变化,这说明美国发起的贸易保护主义及对中国在高新技术行业领域的打压,在短期内并未对中国及全球主要数字产品贸易网络产生较大冲击,中国在全球数字产品贸易网络中的地位基本稳定。

表8-3　全球数字产品贸易网络节点地位分析

年份	度数中心度	接近中心度	中介中心度	PageRank中心度
2007	德国	德国	美国	中国
	美国	美国	德国	美国
	中国	中国	中国	德国
	法国	法国	法国	法国
	意大利	意大利	意大利	意大利
	英国	英国	南非	英国
	荷兰	荷兰	英国	荷兰
	日本	日本	瑞典	日本
	比利时	西班牙	西班牙	中国香港
	西班牙	比利时	中国香港	其他亚洲国家

年份	度数中心度	接近中心度	中介中心度	PageRank 中心度
2009	中国	中国	美国	中国
	德国	德国	德国	法国
	美国	美国	中国	美国
	法国	法国	法国	德国
	意大利	意大利	南非	意大利
	英国	英国	意大利	中国香港
	荷兰	荷兰	沙特阿拉伯	荷兰
	西班牙	西班牙	新加坡	英国
	中国香港	中国香港	西班牙	日本
	日本	日本	俄罗斯	韩国
2018	中国	中国	中国	中国
	德国	德国	美国	德国
	美国	美国	德国	美国
	法国	法国	法国	意大利
	意大利	意大利	阿联酋	法国
	荷兰	荷兰	意大利	荷兰
	英国	英国	南非	英国
	中国香港	中国香港	荷兰	中国香港
	西班牙	西班牙	俄罗斯	日本
	韩国	韩国	英国	韩国

续表

年份	度数中心度	接近中心度	中介中心度	PageRank 中心度
2020	中国	中国	中国	中国
	德国	德国	美国	德国
	美国	美国	德国	美国
	法国	法国	法国	意大利
	意大利	意大利	南非	荷兰
	荷兰	荷兰	意大利	法国
	英国	英国	荷兰	中国香港
	中国香港	中国香港	俄罗斯	英国
	西班牙	波兰	阿联酋	韩国
	日本	西班牙/日本/捷克/印度	中国香港	日本

第五节　进一步拓展分析

为对全球数字产品贸易网络的演变特征进行分析,本章进一步采用块模型方法探讨数字产品贸易网络总体结构特征,并分析板块内部及板块之间的贸易关联关系。此外,把数字产品贸易细分为数字产品制造业、数字技术应用业、数字要素驱动业三个部门,探讨各经济体在全球数字产品贸易不同领域中的地位变迁。

一、数字产品贸易的块模型分析

块模型方法是将数字产品贸易网络中的各个经济体按照"结构对等"的原理归类于不同的板块,旨在考察经济团体内部(板块内)及团体之间(板块间)的关联关系。块模型理论由怀特等(1975)提出,在资源利用、贸易往来等网络分析中有诸多应用。块模型方法可以揭示数字产品贸易网络中各经济体的空间聚类关系,按照板块关系的多少,板块可以被划分为内部型板块、外部型板块、兼顾型板块以及孤立型板块。内部型板块表示板块内各个经济体之间的关联关系较多;外部型板块表示经济体与板块外部的关联较多;兼顾型板块代表板块内部及其与板块外部各个经济体之间的关联关系都比较多;孤立型板块代表板块内部及其与外部各个经济体之间的关联关系都比较少。

本章采用 Concor 算法对数字产品贸易关系网络进行块模型运算,选取收敛标准为 0.2,最大切割深度为 2,将各个经济体划分为四个板块,板块切分主要依据板块内部实际贸易关系数目及板块之间的贸易往来关系数目。结果显示:2007 年 122 个经济体被切分为四个板块。新西兰、秘鲁、阿根廷和埃及等 34 个经济体组成了第一个板块,阿曼、牙买加、洪都拉斯和莫桑比克

等 20 个经济体组成了第二个板块,中国、美国、德国、英国和俄罗斯等 48 个
经济体组成了第三个板块,卢森堡、冰岛、塞内加尔、斯洛文尼亚和白俄罗斯
等 20 个经济体组成了第四个板块。随后的 2009 年,第一个板块包括新西
兰、智利和秘鲁等 26 个经济体,第二个板块包括拉脱维亚、斯里兰卡、叙利
亚、肯尼亚、吉尔吉斯斯坦等 30 个经济体,第三个板块包括中国、美国、德国
和英国在内的 66 个经济体,第四个板块包括斯洛文尼亚、塞内加尔、巴林和
摩洛哥在内的 15 个经济体。可以发现,金融危机之后,中美德等经济体所在
的板块吸收了更多的经济体聚集。2018 年,老挝、阿尔及利亚、白俄罗斯等
47 个经济体组成第一个板块,新西兰、智利、埃及、秘鲁等 28 个经济体组成
第二个板块,中国、美国、德国、英国、加拿大、法国和中国香港等 39 个经济体
组成第三个板块,俄罗斯、南非、冰岛、卢森堡等 23 个经济体组成第四个板
块。2020 年,埃及、蒙古国、利比亚、吉尔吉斯斯坦等 45 个经济体组成第一
个板块,新西兰、秘鲁、尼日利亚、阿根廷等 25 个经济体组成第二个板块,中
国、美国、德国、加拿大、英国、澳大利亚、西班牙、日本等 32 个经济体组成第
三个板块,俄罗斯、芬兰、葡萄牙、挪威等 25 个经济体组成第四个板块。

本章进一步测算全球数字产品贸易网络的密度矩阵,以考察板块之间的
关联关系。矩阵对角线上的值表示各板块内部数字产品贸易密度,非对角线
上的值表示板块之间数字产品贸易密度。如果密度大于当年数字产品贸易
网络整体密度,说明数字产品贸易关系较为紧密。密度矩阵中大于当年网络
整体密度的值赋值为 1,否则为 0,得到对应数字产品贸易的像矩阵,结果见
表 8-4。

从表 8-4 可以看出,2007 年,数字产品贸易主要表现在板块 3 对板块 4
以及板块 3 内部经济体之间的出口贸易关系,板块 3 为内外兼顾型板块,板
块 4 为外部型板块,板块 1 和板块 2 相对比较孤立。2009 年,板块 3 内部经
济体之间的数字产品贸易联系较为密切,其他板块相对较为孤立,说明金融
危机之后数字产品贸易更加集中于部分经济体内部。2018 年,中美经贸摩
擦发生之前,板块 3 对板块 2 以及板块 3 内部经济体之间的数字产品贸易联
系较为紧密,板块 3 与板块 4 之间的数字产品贸易往来也较为频繁,板块 1

相对比较孤立。与 2018 年相比,2020 年板块 4 由外部型板块转为内外兼顾型板块。这意味着贸易保护主义可能使部分板块内部的数字产品贸易联系增强。

表 8-4　全球数字产品贸易关系网络的密度矩阵和像矩阵

年份	板块	密度矩阵				像矩阵			
		板块 1	板块 2	板块 3	板块 4	板块 1	板块 2	板块 3	板块 4
2007	板块 1	0.004	0.003	0.006	0	0	0	0	0
	板块 2	0.001	0	0.008	0	0	0	0	0
	板块 3	0.086	0.029	0.439	0.095	0	0	1	1
	板块 4	0.003	0.002	0.029	0.013	0	0	0	0
2009	板块 1	0.009		0.005		0	0	0	0
	板块 2	0	0.005	0.002	0	0	0	0	0
	板块 3	0.043	0.043	0.267	0.037	0	0	1	0
	板块 4	0	0	0.015	0	0	0	0	0
2018	板块 1	0	0.001	0.002	0.004	0	0	0	0
	板块 2	0	0.001	0.005	0	0	0	0	0
	板块 3	0.053	0.097	0.513	0.182	0	1	1	1
	板块 4	0.011	0.003	0.105	0.047	0	0	1	0
2020	板块 1	0.001	0	0.005	0.006	0	0	0	0
	板块 2	0	0	0.007	0	0	0	0	0
	板块 3	0.067	0.089	0.546	0.233	0	1	1	1
	板块 4	0.021	0.002	0.183	0.163	0	0	1	1

注:2007、2009、2018 和 2020 年网络整体密度分别为 0.089、0.074、0.068 和 0.074。

二、数字产品贸易网络异质性

鉴于各个经济体在数字产品贸易的不同领域可能存在发展差异,因此本部分通过把数字产品贸易细分成三个不同的行业——数字产品制造业、数字技术应用业、数字要素驱动业进行分析,研究各经济体在不同领域数字产品贸易网络中的个体特征差异。考虑到 PageRank 中心度指标在描绘网络个体特征中的优势,本部分主要基于 PageRank 中心度指标进行分析,结果见表 8-5。

表 8-5 的估计结果显示,不同经济体在不同行业数字产品贸易网络中的个体特征呈现出一定的异质性。在数字产品制造领域,2018 年中国、德国和美国 PageRank 中心度排名靠前,2020 年中德美三国仍在数字产品制造领域占有绝对的优势。在数字技术应用领域,2018 年德国、法国以及西班牙的出口优势比较明显,而 2020 年法国、德国和美国在该领域占据主导地位。数字要素驱动领域,英国、德国和美国在样本期内一直排名前三,在该领域位于全球数字产品贸易网络的核心枢纽地位。可以发现,中国数字产品制造业的 PageRank 中心度一直排名第一,说明美国发起的贸易保护及美国的制造业回流政策短期内对中国在数字产品制造领域地位的冲击有限;德法两国在数字技术应用方面具有较大的优势,美国在该领域也迅速崛起。

表 8-5 全球数字产品贸易网络节点地位行业异质性分析

2018 年			2020 年		
数字产品制造业	数字技术应用业	数字要素驱动业	数字产品制造业	数字技术应用业	数字要素驱动业
中国	德国	英国	中国	法国	英国
德国	法国	德国	德国	德国	德国
美国	西班牙	美国	美国	美国	美国
意大利	日本	中国	意大利	波兰	中国
法国	英国	法国	荷兰	英国	法国
荷兰	葡萄牙	意大利	法国	西班牙	波兰
英国	美国	荷兰	中国香港	以色列	中国香港
中国香港	以色列	中国香港	英国	荷兰	意大利
日本	荷兰	波兰	韩国	新加坡	荷兰
韩国	中国	日本	日本	日本	瑞士

第六节　本章结论与政策建议

本章使用社会网络分析方法,对 2007—2020 年全球数字产品贸易网络结构特征与合作态势进行了研究,得到如下结论:(1)样本期内,全球数字产品贸易规模呈现先扩张再收缩的态势,各经济体之间的数字产品贸易联系有所增强,经济体之间的通达性及集聚化程度有所提升,全球数字产品贸易网络具有"小世界"特征。(2)数字产品贸易网络的个体特征分析结果显示,中国、美国和欧洲部分经济体在交易能力、控制能力及中介作用等方面处于核心枢纽地位,样本期中国的数字产品贸易网络地位逐渐稳固。(3)块模型分析结果表明,数字产品贸易逐渐向部分板块内部集中,部分板块之间的数字产品贸易往来也趋于增强。(4)不同经济体在不同的数字产品贸易领域具有各自的比较优势,中国在数字产品制造领域的优势较为明显,德国和法国在数字技术应用领域具有较强实力,而在数字要素驱动业,英国、德国和美国的实力较强。基于上述研究结论,结合我国数字产品贸易发展的现实基础,本章提出如下建议。

(1)巩固数字产品制造领域的优势。持续推动我国数字基础设施建设,适度规划布局高速泛在、天地一体、云网融合、智能敏捷、绿色低碳、安全可控的智能化综合性数字信息基础设施,为制造业全面数字化转型打下坚实基础。推动 5G 商用和规模化应用,前瞻布局 6G 网络技术。加大数字技术领域的研发投入,强化数字科技创新,抢抓智能制造领域的新兴产业发展。增加对数字制造领域的财税支持力度,支持金融机构开发符合数字产品制造行业发展规律的新型信贷产品,进一步巩固我国在数字产品制造领域的优势地位。

(2)把握区域经贸协议扩展机遇,更好融入国际数字产品贸易。RCEP和 CPTPP 等区域自贸协议有助于推动数字产品贸易领域的经济一体化,并对全球数字产业链条产生深刻影响,应准确把握数字产业链价值链重构机遇,推动我国数字经济发展。从与自贸协议伙伴国尤其是与发达经济体的数字产品贸易往来入手,依托国际数据服务特区建设,以区块链等技术为支撑,加强同自贸伙伴的数字产品贸易往来,积极拓展新的数字产品贸易伙伴,增加自发达经济体的数字技术进口,稳定数字产品贸易伙伴关系,更好发挥我国数字经济领域的比较优势。

(3)提升数字技术应用及数字要素驱动行业的竞争力。提升数据治理能力,加强数据管理,配合相关激励措施鼓励高技术企业开展软件开发、信息咨询等数字技术应用业务,引导企业强化数字化思维,通过对数字技术的应用提升自身运行效率及上下游产业链协同效率。立足不同行业发展特点及差异化需求,促进传统产业数字化转型,推动产业互联网融通应用,以数字技术应用推动产业的融合发展。深化新一代信息技术集成创新,加快平台化、定制化、轻量化服务模式创新。整体推进产业创新服务平台建设,强化技术研发、标准修订等优势资源汇聚,提升产业创新服务支撑水平,打造新兴数字产业新优势,最终驱动产业创新发展。

第九章

贸易保护背景下中国 FTA 构建及其影响因素分析

自由贸易区战略是我国新一轮对外开放的重要内容。本章采用中国与188个伙伴国(地区)1988—2018年的跨国面板数据,基于面板Logit模型,对中国自由贸易区形成的影响因素进行了实证分析。结果表明,中国的经济发展状况是影响自贸区协定签订的主要因素,良好的经济发展状况吸引了更多的国家(地区)与中国签订自贸协定,而别国(地区)的经济状况对自贸协定签订没有显著影响。此外,政治关系越好、地理距离越近及说汉语的地区越有可能与中国签署自贸协定。考虑稀有事件及采用双变量模型估计之后结果依然稳健。

第一节　中国自由贸易区现状

近年来,虽然以美国为代表的逆全球化有所抬头,但以区域贸易协定为表现的贸易自由化仍然取得了较快发展。区域贸易协定是国际贸易关系中的关键要素,过去几十年来,区域贸易协定不仅在数量上有所增加,在深度和复杂性上也有了长足进展。根据世贸组织网站的数据,截至 2016 年 6 月,世贸组织每个成员都至少参与一项生效的区域贸易协定,而截至 2019 年 9 月 1日,共有 302 个生效的区域贸易协定。就我国而言,根据中国自由贸易区服务网的数据,截至 2019 年 9 月 12 日,我国已签署 16 个自由贸易协定,涉及24 个国家和地区,中日韩、中国—以色列及中国—挪威等自贸区正在加紧谈判,中加、中蒙以及中哥等自贸协定也正在积极研究(参见表 9-1)。

表 9-1　中国自由贸易区签约情况

已实施的自由贸易区	正在谈判中的自由贸易区	正在研究的自由贸易区
中国—马尔代夫	《区域全面经济伙伴关系协定》	中国—哥伦比亚
中国—澳大利亚	中国—海合会	中国—斐济
中国—瑞士	中日韩	中国—尼泊尔
中国—哥斯达黎加	中国—斯里兰卡	中国—巴新
中国—新加坡	中国—以色列	中国—加拿大
中国—智利	中国—挪威	中国—孟加拉国
中国—东盟	中国—毛里求斯	中国—蒙古国
中国—格鲁吉亚	中国—萨尔瓦多	
中国—韩国	中国—巴拿马	
中国—冰岛	中国—巴勒斯坦	
中国—新西兰		
中国—巴基斯坦		

续表

已实施的自由贸易区	正在谈判中的自由贸易区	正在研究的自由贸易区
内地与港澳		

注:数据截止到 2019 年 9 月,未包括自贸区升级谈判或升级研究。
资料来源:作者根据中国自由贸易区服务网信息整理。

长期以来,学术界对中国自由贸易协定的效果评估及经验启示等问题进行了大量探索(张玉环和李巍,2014;彭羽和沈玉良,2017)。王明昊和李秀敏(2019)基于 2015 年中蒙贸易数据,测算了中蒙自由贸易区建设初期和后期可能产生的贸易创造和贸易转移效应等,发现随着关税降低,中蒙两国大部分产业部门都能产生明显的贸易创造大于贸易转移的效果。赵金龙等(2019)基于 14 个国家的出口贸易数据分析了中国—新西兰自由贸易区(CNFTA)的贸易创造和转移效应,发现 CNFTA 的建立使得中国和新西兰之间的年平均贸易额增加了 15.7%。仪珊珊等(2018)采用双重差分方法考察了中国—东盟自贸区建设导致的贸易自由化对出口产品转换行为的影响。虽然研究自贸区的成果丰硕,但缺乏从国家层面对自由贸易协定这一重大决策的战略思考。国务院在 2015 年 12 月发布的《关于加快实施自由贸易区战略的若干意见》中,要求以周边为基础加快实施自由贸易区战略,形成面向全球的高标准自由贸易区网络。党的十九大报告也指出,支持多边贸易体制,促进自由贸易区建设,推动建设开放型世界经济。那如何加快推进自由贸易区战略?自贸区的形成因素有哪些呢?

只有回答好上述问题,才能更好理解"全面开放新格局"的顶层设计理念;16 个已签署的自由贸易协定才能发挥好区位优势,切实推动贸易与投资自由化;正在谈判的自由贸易协定才能使中国与其他国家(地区)更好地利用自身优势,实现资源最优配置。为此,本章将采用定量分析的方法对别国(地区)与我国签署自贸协定的决策行为进行实证分析,结合自由贸易协定的签约状况及对自由贸易区的发展思考,并对中国未来自由贸易协定的签约选择提出相关建议,以期能使自由贸易协定在推动形成"全面开放新格局"中发挥更大作用。

第二节　自由贸易区研究进展

自由贸易区的形成不仅通过关税和非关税削减产生显著的贸易创造效应,而且是推进经济全球化的重要力量。早在 20 世纪 60 年代,有关学者就曾指出,贸易创造和贸易转移的相对优势决定关税同盟的福利效应大小(李普赛,1960),二者的经济特征对解释自由贸易协定是否能成形具有重要意义(拜尔和伯格斯特兰德,2004)。此外,自贸协议的签订受到包括地理距离、政治体制、经济规模等在内的多种因素影响,这些因素也是双边或多边自贸协议签署需要考虑的问题。

解释自由贸易区成因的文献较为丰富,劳伦斯(1998)指出自由贸易区可能是贸易流的结果而不是原因。拜尔和伯格斯特兰德(2004)在一般均衡模型的基础上,通过计量检验发现距离、经济规模以及资本劳动比对两国自贸区成形具有重要作用。莫尔德斯(2016)讨论了贸易协定过程尤其是协定落地实施的期限问题,他认为民主化程度更高的两国更容易达成协定(谈判时间更短)。法基尼等(2017)对 1950—2000 年期间 124 个国家的样本进行分析后发现,收入不平等和双边贸易失衡是决定自贸区形成的重要因素,生产结构差异决定均衡状态时潜在成员国形成关税同盟还是自贸区。曼斯菲尔德等(2002)认为国家的民主程度会影响一国是否加入自由贸易协定,民主程度越高的国家越容易加入。埃格和拉奇(2008)以及陈和乔希(2010)根据优惠贸易协议形成的网络理论,提出自贸区的建立也受到成员国与第三国关系及地理距离的影响。莱克和伊尔迪兹(2016)强调了地理区位和市场规模对自贸协定形成的作用。

尽管已有很多研究解释自由贸易区的形成原因,但是直到目前为止,多数国内研究集中在讨论我国已签署自由贸易区的贸易效应,且这些研究多局限于某一特定条款的贸易效应研究,侧重定性的逻辑推演和政治经济学分

析,缺乏从实证角度进行的与理论逻辑相一致的研究(张胜满和张继栋,
2015),以中国为背景分析我国自由贸易区形成要素的相关文献比较有限,相
应实证研究更为少见。

现有针对中国自由贸易区的研究主要分为三类:①自由贸易协定的影响
方面,李海莲和韦薇(2016)分析了中国区域自由贸易协定中原产地规则的
结构特征与限制效应,说明原产地规则的限制水平对出口贸易具有显著的区
域贸易约束效应,而累积条款具有一定的区域贸易创造效应。②自贸区的影
响因素方面,彭羽等(2019)考察了"一带一路"沿线FTA网络结构的特征和
影响因素,发现地理区位、经济互补及文化价值观对促进沿线深度FTA规则
网络具有重要驱动作用。陈林和邹经韬(2018)探讨了中国自贸区试点历程
中的区位选择问题,发现经济发展水平及工业发展水平越高的地区越有可能
建立自贸试验区。③我国已建成自由贸易区的问题和对策方面,彭羽和沈玉
良(2017)讨论了"一带一路"国家参与的自由贸易协定(FTA)情况,认为中
国与"一带一路"国家签署的自由贸易协定在规则深度方面与美、日、欧同类
型协定尚有较大差距。姚铃(2018)认为由于中国和欧盟处在不同的发展阶
段,双方在相互开放市场问题上的诉求存在不少差距,双边自贸区建设将任
重道远。关秀丽(2017)认为应直面政治碎片化和规则碎片化,主动引领亚
太地区制度性建设,为变化中的全球贸易体制作出贡献。杨丽花和董志勇
(2018)认为中蒙俄自贸区的构建面临经济规模和市场规模差异较大、贸易
层次较低和结构单一等诸多经济制约因素,应加快中蒙俄经济走廊建设,发
挥顺向投资产业升级效应,加强基础设施互联互通,促进三国贸易投资便利
化及经济共同繁荣。

综上所述,国内外学者虽对自由贸易区建立的影响因素进行了探讨,但
分析中国的自由贸易协定基于何种动因的研究较为少见,且仅有的研究多为
定性分析,很少有学者对这一问题进行实证分析。本章实证分析中国自贸协
定签订的影响因素,可能在以下方面拓展了前人的研究:首先,将目前已与中

国签订自贸协定的 21 个国家(地区)纳入研究范围①,对影响自贸区协定的因素进行整体考量;其次,对影响自贸协定签订的国内外因素进行综合考察,既区分了内外不同因素所起的不同作用,也可以为后期的相关研究提供一定参考和借鉴。

---

① 因本章主要研究自由贸易协定,所以未包括优惠贸易安排《亚太贸易协定》涉及的印度、斯里兰卡及孟加拉国。

第三节 自由贸易区影响因素模型构建

一、计量模型设定

本章主要考察自由贸易区建立的影响因素,涉及因变量是虚拟变量的情形,Logit 模型是目前对二分因变量最常用的回归分析方法,因此,本章主要采用 Logit 模型分析自贸协定签订的影响因素。模型设定如下:

$$P(FTZ_{it} = 1 \mid X_{it-1}, \beta) = F(X'_{it-1}\beta + \varepsilon_{it}) \tag{9-1}$$

其中,P 为各国(地区)与我国签署自由贸易协定的概率,其值在 0 到 1 之间,$F(\cdot)$ 表示逻辑分布的累计分布函数,若某个国家(地区)i 在 t 年与我国签署了自由贸易协定,则在 t 年及以后各年均为 1,否则为 0。ε_{it} 为残差项。

二、样本数据和指标

1. 被解释变量。是否签订自贸协议是本章的被解释变量。如果 t 年中国与 i 国(地区)签订了协议,则 t 年及以后各年该变量为 1,否则为 0。中国—东盟自贸区协定虽从 2004 年开始生效,但本章以《中国—东盟全面经济合作框架协议》的签订时间 2002 年开始算。

2. 主要解释变量。各国(地区)的政策或同盟决策多出于经济动机,而经济发展状况是主要的决定因素,本章分别采用人均 GDP、GDP 总量以及 GDP 增长率来刻画经济发展状况。为了控制签约双方的经济状况,同时控制了中国和其他国家(地区)的相应指标。其中,人均 GDP 及 GDP 总量采用对数形式表示。为消除通货膨胀的影响,各国(地区)GDP 及人均 GDP 都以美元 2010 年不变价格计价。

3. 控制变量。为了尽量缓解遗漏变量带来的估计偏误,本章还引入了多个控制变量。变量的选取主要参考了王昌荣和王元月(2018)以及李梦洁和杜威剑(2017)。第一,外贸依存度。其中,别国(地区)对中国的外贸依存度采用别国(地区)来自中国的进口与出口至中国的贸易额之和占该国(地区)总的进出口总额的比值来衡量。中国对该国(地区)的贸易依存度采用别国来自中国的进出口总额占中国总的进出口总额的比值衡量。如果外贸依存度较高,预计两国(地)签署自贸协定的概率也将会提高。第二,政治关系。参考邓富华(2017)的研究,刻画别国(地区)与中国的政治关系用双边外交关系的持续时间表示,即样本各期与建交年份的差。因为政治关系越好建交时间越早,所以值越大表明双边政治关系越好。作为影响经济关系走向的重要因素,政治关系越好别国(地区)越有可能与中国签署自贸协定,因此预期政治关系符号为正。第三,外商直接投资。尽管有很多研究都关注了净外商直接投资,即收到的外商直接投资与投资于其他国家的资本量之差,但是如果流入和流出基本相当,那么净外商直接投资将无法反映外商投资的真实水平(阿克塔鲁扎曼等,2017)。基于此,本章采用该国(地)外商投资的流入和流出总额占 GDP 的比重来表示。相比净外商直接投资来说,该指标更能反映一国(地)外商投资的真实水平。第四,地理和语言变量。地理距离采用人口作为权重的国家(地区)之间的距离来衡量(对数形式),以控制距离因素对自贸协定签订的影响。语言变量为虚拟变量,如果该地至少 9% 的居民说汉语则为 1,说明两地语言相通,否则为 0。

进出口贸易数据始于 1988 年,且本章搜集的数据最新年份为 2018 年,因而本研究确定的样本时间跨度为 1988—2018 年,涵盖 188 个伙伴国(地区)。因中国香港、中国澳门及中国台湾对于内地的特殊地位,如果考虑三地,可能造成自贸协定的因素分析产生偏差,所以未予以考虑。具体变量的含义及数据来源如表 9-2 所示。

表 9-2　变量及来源

变量	含义	指标说明	数据来源
被解释变量 FTA	是否中国签订自贸协定	虚拟变量	根据中国自由贸易区服务网整理
经济发展状况	各国(地)人均 GDP	美元(2010 年不变价格计价)	World Bank 数据库
	各国(地)GDP 总量	美元(2010 年不变价格计价)	World Bank 数据库
	各国(地)GDP 增长率	%	World Bank 数据库
贸易依存度	与中国进出口贸易额占伙伴国(地)贸易额比重	%	WITS 数据库
	与中国进出口贸易额占我国贸易额比重	%	WITS 数据库
政治关系	双边政治关系	年	外交部网站
外商投资	FDI 净流出(入)占 GDP 比重绝对值	%	World Bank 数据库
距离和语言	与伙伴国(地)的地理距离	千米	CEPII 数据库
	是否有共同语言	如果该国至少有 9% 的人口说汉语则为 1	CEPII 数据库

由于自贸协定的签订是以往年的指标作参考,各解释变量对自贸协定签订国别或地区选择的影响具有滞后性,所以本章对除距离和语言以及政治关系之外的所有解释变量采用滞后 1 阶处理。此外,为避免多重共线性对估计结果的影响,本章对所有解释变量进行方差膨胀因子检验。结果显示,所有变量的 VIF 值均小于 5,可以认为本章的模型不存在多重共线性问题。在具体的运算中,人均 GDP、GDP 总量以及距离都取对数。表 9-3 为主要变量的描述性统计。

表 9-3　所有变量的描述性统计

变量	观测值	平均值	标准差	最小值	最大值
是否签署自贸协议	4077	0.0535	0.2250	0	1
ln(人均 GDP)	3807	8.6565	1.4982	5.1569	11.6260
ln(中国人均 GDP)	4077	7.9846	0.6404	6.5426	8.9561
ln(GDP)	3807	24.2964	2.3759	17.0646	30.5127
ln(中国 GDP)	4077	28.9689	0.6891	27.3626	30.0106
人均 GDP 增长率	3815	3.6888	3.9752	−36.0374	34.4662
中国人均 GDP 增长率	4077	9.3741	2.1918	3.9071	14.2314
贸易依存度	3709	0.0605	0.0667	0.0000	0.6576
中国贸易依存度	3502	0.0072	0.0259	0.0000	0.2798
政治关系	4077	26.8092	19.0821	−24	69
ln(距离)	3935	8.9969	0.8720	0	9.8580
共同语言	3951	0.0215	0.1451	0	1
FDP 占 GDP 比重	3319	8.0045	24.6170	0.0023	637.5152

第四节 自由贸易区影响因素实证分析

为避免异常值对结果产生影响,删除样本数据小于 5 个的国家。基于 1988—2018 年中国与 188 个伙伴国(地区)的跨国面板数据,涉及随机效应模型、固定效应模型以及混合回归模型的选择。因有多数国家在样本期内从未与中国签署自贸区协议,故如果使用固定效应模型时会被自动删除,将导致多数样本损失;而采用面板随机效应模型对方程进行回归,发现 LR 检验 p 值为 0,强烈拒绝不存在个体效应的原假设,不宜进行混合回归,所以本章在估计时采用随机效应模型。通过对面板数据进行估计得到表 9-4。

由表 9-4 可以发现,代表中国经济发展水平的人均 GDP 在 1% 的显著性水平下对自贸协定签订产生正向影响,而其他国家(地区)的人均 GDP 对自贸协定签订的影响虽然多数情况下为正但并不显著,说明自贸协定签订的诱因主要在于我国人均 GDP 的提升。我国经济发展水平越高,其他国家(地区)与我国签署自由贸易协定越有吸引力。作为一个大国,中国也拥有庞大的市场,经济发展水平对别国(地区)与我国签署自贸协定的提升影响,可以看作我国经济的引力效应。自由贸易协定的相关约定,有利于促进贸易自由化,货物与服务的顺畅进出可以促进双边需求,增加供给,最终提升消费者福利水平。基于此,随着我国人均 GDP 的上升,与我国签署自贸协定的国家(地区)也会越来越多。

外贸依存度对自由贸易协定签订的影响存在差异。别国(地区)贸易越依赖我国,越有可能与我国签署自贸协定,表 9-4 模型(2)—(5)显示这种影响在 1% 的水平下显著。而我国对该国(地区)的贸易依存度对协议的签订具有负向影响,且多不显著。这说明驱动我国自贸区协议签订的因素主要是别国(地区)对我国的贸易依存度。自贸协议的签订涉及双方关税削减以及相应非关税壁垒减少的约定,可以有效促进贸易的自由化和便利化。如果别国(地区)与我国的进出口贸易较为频繁,那么该国(地区)更希望与我国签署自由贸易协定,进而努力促成与中国自贸协定的签署。这表明别国(地区)推动自贸区协定签署具有贸易动因。

政治关系变量对自贸协定的签署有正面影响,且模型(4)—(6)显示政治关系系数在 1%的水平下显著,表明中国与伙伴国(地区)之间良好的政治关系在一定程度上提升了自贸协定签署的可能性。鉴于中国庞大的市场潜力,各国都对与中国进行自由贸易及促进双边的经贸关系持开放态度,近来美国对中国发起的贸易战也是为了进一步开放中国市场,使美国企业在中国市场获得更多便利。持续友好的政治联系有助于促进别国(地区)与中国的经贸合作,提升双边市场深入开放的需求,促进自贸协定的签署。

距离变量对自贸协定签订概率的影响显著为负,表明距离中国越近的国家(地区)越有可能与中国签署自贸区协定,随距离的上升与中国签署自贸区协定的概率逐渐降低,这与李梦洁和杜威剑(2017)以及拜尔和伯格斯特兰德(2004)的发现一致。以人口作权重的地理距离的接近意味着两国(地区)市场的毗邻,这可以降低运输成本。相比距离较远的两地,距离较近的两国(地)更有动力签订自贸协定。共同语言变量前面的系数为正,且至少在 5%水平下显著。语言在一定程度上反映了当地的文化,语言相通意味着两地文化隔阂相应较少,意识形态方面的差异也较小,在谈判建立自贸区协定方面也更容易达成共识。此外,两国(地)居民语言相通说明两国(地)居民往来较为密切,贸易与投资等经贸往来比较频繁,需要建立自贸区进一步降低贸易壁垒,促进往来的便利化。

GDP 增长率的影响也有差异。中国 GDP 增长率对自贸区的建立具有正向作用,模型(5)—(6)显示系数通过了 10%的显著性检验。而别国(地区)GDP 增长率的影响为负,且不显著。GDP 增长率一定程度上体现了一国(地)经济运行状况,中国经济运行状况良好时,投资者信心增加,别国(地区)希望跟中国建立更紧密的经贸往来,所以中国的 GDP 增长率对自贸协定的签订具有积极影响。别国(地区)的 GDP 增长率却没显示出这种作用,无论 GDP 增长率较低的国家还是较高的国家都可能与中国建立自贸区,中国在建立自贸区的时候也未对 GDP 增长率较高的国家更有倾向性,说明中国 GDP 增长率是吸引别国(地区)与中国建立自贸区的主要因素。就其他变量 而言,别国(地区)外商投资总额占 GDP 的比例对自贸区的建立并没有显著 影响,说明外商直接投资不是双方签订自贸协议主要考虑的因素。

表 9-4 面板 Logit 模型估计结果

变量	(1)	(2)	(3)	(4)	(5)	(6)
ln(人均 GDP)	−0.453 (0.616)	0.891 (0.840)	0.649 (0.700)	1.017 (0.843)	1.014 (0.801)	0.307 (0.867)
ln(中国 人均 GDP)	24.983*** (4.779)	23.733*** (5.216)	17.220*** (2.428)	10.669*** (1.480)	12.893*** (1.669)	20.738*** (4.150)
贸易依存度		50.481*** (8.857)	29.786*** (7.752)	35.600*** (7.141)	31.410*** (7.265)	12.698 (11.758)
中国依存度		−14.608 (46.838)	−19.520 (43.236)	−145.213 (105.189)	−105.684 (69.866)	−133.59* (80.508)
政治关系			0.095 (0.059)	0.124*** (0.038)	0.132*** (0.039)	0.202*** (0.053)
ln(地理距离)				−9.564*** (1.624)	−10.685*** (1.443)	−12.113*** (3.663)
共同语言				28.640*** (9.688)	30.753*** (10.283)	46.533** (14.402)
GDP 增长率					−0.016 (0.103)	−0.138 (0.127)
中国 GDP 增长率					0.462* (0.256)	0.648* (0.373)
FDI						−0.045 (0.058)
常数项	−248.58*** (41.682)	−255.20*** (46.042)	−186.79*** (20.853)	−40.596** (18.359)	−54.706*** (16.8990)	−111.026*** (33.548)
样本数	3555	3179	3179	3173	3168	2871
对数似然值	−120.523	−117.499	−121.975	−118.439	−115.602	−98.940
Prob>chi2	0.000	0.000	0.000	0.000	0.000	0.000

注:***、**、*分别代表在 1%、5%、10%水平下显著,括号内为标准差。

第五节　自由贸易区影响因素稳健性检验

为保证估计结果的稳健性,本章还进行了包括替换衡量指标、稀有事件问题及双变量模型在内的一系列稳健性检验和讨论。

一、改变衡量指标

1. 改变经济发展状况指标。由于人均 GDP 指标无法衡量中国与别国(地区)相对经济规模的大小,而根据引力模型,经济规模是影响双边经贸关系的重要因素之一,因此本章采用中国和别国(地区)GDP 总量替换人均 GDP 来表示经济发展状况。回归结果参见表 9-5 模型(1)。可以看到,与表 9-4 模型(5)相比,主要变量的估计参数及其显著性并未发生明显改变,支持了前文的结论。此外,由于本章的多数解释变量为滞后 1 期,可以认为不存在反向因果关系导致的内生性问题,不过出于稳健性的考虑,本章采用滞后 2 期的变量替代滞后 1 期的变量重新估计模型,结果参见表 9-5 的模型(2)。除经济增长率变量之外,其他变量的符号和显著性未发生明显变化。

2. 改变贸易依存度指标。构造反映进口依存度的指标代替贸易依存度指标,其取值为别国(地区)从中国的进口总额与总进口额的比值。相应地,中国的依存度为别国(地区)出口至中国的总额与中国总进口额的比值。该比值越大,表明我国与该国(地区)之间的进口依存度越高,两国(地区)居民的贸易往来越频繁,对自由贸易往来的需求越强烈。估计结果显示该指标效果与贸易依存度指标相似。除中国 GDP 增长率外,表 9-5 第(3)列的系数符号与表 9-4 第(5)列系数符号没有显著差别。

3. 改变外商投资指标。由于有很多文献采用净 FDI 表示外商投资水平(阿克塔鲁扎曼等,2017),所以本章采用净 FDI 与 GDP 的比值替代外商投资变量,其值越大表示流入国内的外商投资越多,该国(地区)经济对外商投资的依赖越大。结果列于表9-5第(4)列。可以发现,虽然FDI指标仍不显著,但是与表9-4第(5)列相比其他系数的符号及显著性水平基本一致,再次证明本章回归结果稳健。

二、考虑双变量模型及稀有事件偏差

我国与其他国家或地区签署自由贸易协定,既取决于别国(地区)是否希望与中国进行自由贸易(别国的二值选择),也取决于我国是否希望与该国(地区)签署自贸协定(我国的二值选择)。而只有签署协议,即双方都愿意与对方进行自由贸易往来可以被观测到。为此,采用双变量Probit模型进行估计,取影响别国与中国签订自贸协定的因素(别国的经济发展状况、与中国的贸易关系、FDI规模、政治关系、距离、语言变量)以及影响中国与别国签订自贸协定的因素(中国的经济发展状况、与别国的贸易依存关系、政治关系、距离、语言变量)做双变量Probit回归,发现Wald检验p值为0.6705,不能拒绝原假设,可以认为本章的单变量模型是合适的[①]。

由表9-3可知,总样本期自贸协议签订的发生频率为5.35%,可以被视为稀有事件。虽然使用Logit来估计二值选择模型是一致的,但是如果存在稀有事件,即使样本容量较大,偏差仍有可能存在。为此,本章采用补对数—对数模型对方程进行重新估计,结果参见表9-5第(5)和(6)列。可以看到,经济发展状况变量如人均GDP及GDP增长率变量前面系数符号、显著性水平与表9-5第(1)—(4)列基本一致,政治关系、地理距离及是否共同语言变量前面系数符号及显著性水平也未发生变化,说明本章的主要结论成立,即驱动中国自贸区协定签订的主要因素主要在于政治关系友好、地理距离接近、拥有共同语言及中国的经济发展状况良好。

---

① 因篇幅所限,相应结果并未列出,感兴趣的读者可向作者索取。

表 9-5　稳健性检验

变量	GDP (1)	滞后 2 期 (2)	进口依存度 (3)	FDI 净流入 (4)	补对数– 对数(5)	补对数– 对数(6)
ln(经济状况)	1.339 (0.831)	0.414 (0.768)	0.808 (0.950)	1.158 (0.744)	0.024 (0.049)	0.052 (0.059)
ln(中国 经济状况)	15.174*** (1.996)	9.977*** (1.543)	12.163*** (2.325)	10.473*** (1.545)	1.9260*** (0.203)	2.143*** (0.233)
贸易依存度	46.617*** (10.293)	38.002*** (6.890)	44.568*** (13.693)	36.138*** (7.231)	−0.632 (1.190)	−0.621 (1.367)
中国依存度	−183.303 (114.478)	−59.202 (68.573)	−16.900 (54.855)	−149.543 (113.345)	−19.779*** (6.075)	−24.872*** (7.159)
政治关系	0.119** (0.056)	0.168*** (0.045)	0.086* (0.048)	0.140*** (0.048)	0.022*** (0.004)	0.018*** (0.004)
ln(地理距离)	−10.113*** (1.836)	−7.932*** (1.425)	−8.161*** (1.490)	−9.196*** (1.344)	−2.008*** (0.299)	−2.064*** (0.351)
共同语言	42.454*** (13.602)	33.032*** (4.7470)	28.522*** (9.529)	28.807*** (9.790)	3.357*** (0.252)	3.584*** (0.282)
GDP 增长率	−0.057 (0.116)	0.091 (0.0982)	−0.034 (0.110)	−0.006 (0.097)	0.015 (0.017)	0.016 (0.018)
中国 GDP 增长率	0.592** (0.298)	−0.183 (0.242)	0.434 (0.265)	0.386* (0.230)	0.134*** (0.040)	0.166*** (0.044)
FDI				−0.031 (0.065)		−0.019** (0.009)
常数项	−430.809*** (57.840)	−47.589*** (16.577)	−67.472*** (22.4820)	−46.971*** (14.482)	−3.205 (3.116)	−4.731 (3.710)
样本数	3168	3002	3169	3119	3168	2871
(伪) 对数似然值	−112.012	−116.400	−115.232	−117.313	−512.718	−471.172
Prob>chi2	0.000	0.000	0.000	0.000	0.000	0.000

注: ***、**、*分别代表在 1%、5%、10% 水平下显著,括号内为标准差。补对数—对数模型为混合回归,因此与采用面板随机效应模型的估计系数差别可能较大。第(5)—(6)列括号中为稳健标准误。

第六节　本章结论与政策启示

自贸区战略是我国新一轮对外开放的重要内容,加快实施自贸区战略已成为学界的重大理论问题和政府面临的现实课题。本章在面板 Logit 模型的基础上,采用中国与 188 个伙伴国(地区)1988—2018 年的跨国面板数据对影响中国自贸区协定签订的因素进行了实证分析。结果表明,经济发展状况尤其是中国的经济发展状况是影响自贸区协定签订的主要因素,良好的经济发展状况将会吸引更多的国家与中国签订自贸协定,而别国(地区)的经济状况对自贸协定签订没有显著影响。此外,政治关系、地理区位及共同语言也显著影响了自贸协定签订与否。政治关系越好、地理距离越近及说汉语的地区越有可能与中国签署自贸协定。考虑稀有事件及采用双变量模型估计结果依然稳健。

本研究成果可以为中国正在推进的自贸区战略提供有益参考。首先,着力提升我国自身的经济实力,增强经济发展的内生动力。本章的结论表明吸引其他国家(地区)与中国签订自由贸易区协定的因素主要是我国自身的经济实力及经济发展状况,因此在逆全球化的背景下,应集中精力做好自己的事,落实减税降费举措,增加我国经济活力,吸引更多的国家与我国签署自贸协议,为区域及全球经济自由化作出贡献。其次,改善营商环境,加快制度创新探索,推进与自贸区开放相适应的行政体制改革,促进服务贸易自由化便利化。这些举措有助于提升我国的软环境,并最终有利于吸引更多国家或地区与我国签订自由贸易协定。最后,根据本章的研究,地缘政治关系在自由贸易区的建设过程中也发挥较为重要的作用,政治关系越好、地理位置较近及语言文化相同的国家或地区更易签订自贸协议。根据我国国情,自贸区战略应结合我国内地设立的多个自由贸易试验区以及"一带一路"倡议,设立面向与我国已签署自贸协定国家和地区的开放型园区,同时加快与"一带一路"国家的自贸区谈判进程,逐步构筑起立足周边、辐射"一带一路"、面向全球的高标准自由贸易区网络。

最后,构建面向全球的高标准自由贸易区网络。对标现行高标准国际经贸规则,深化国内经济体制改革,促进高标准自由贸易区网络与国家其他重大战略的融合,如"一带一路"倡议、自贸试验区建设及数字中国建设等,推动面向相关国家、地区及区域的经贸合作、要素流动和市场互通等,构建重大战略融合机制,寻求政策联动,以有效提升对接绩效。

第十章

FTA 与我国区域贸易的发展：
以京津冀为例

RCEP 落地将给区域产业链与供应链带来深刻变革,京津冀与 RCEP 成员之间的贸易往来较为密切,2022 年前三季度,北京与 RCEP 成员之间的进出口贸易额超过 4600 亿元,天津与 RCEP 成员的贸易额超过 2000 亿元,而河北省有超过 30% 的进口来自 RCEP 成员之一的澳大利亚。京津冀产业竞争力各有不同,通过 GTAP 模拟分析 RCEP 生效对我国进出口贸易和不同行业贸易的影响,本章提出加强 RCEP 开放政策宣讲,创新对外开放新模式;借助 RCEP 自贸关系调整机遇,深化自贸网络合作机制;把握 RCEP 服务贸易开放机遇,提升服务开放水平;利用 RCEP 成员发展差异化现状,挖掘对外经贸合作潜力;把握 RCEP 数字贸易规则重构机遇,促进产业数字化转型等措施,以更好促进京津冀外向型经济发展。

《区域全面经济伙伴关系协定》(RCEP)于 2022 年 1 月 1 日正式生效。目前 RCEP 有 15 个成员国,涵盖了全球三成的人口、经济总量和对外贸易量,为当前世界上规模最大、最具影响力的自由贸易协定。RCEP 落地将给区域产业链与供应链带来深刻变革,首先是"贸易创造"效应,由于自贸协定内部关税取消或降低,伴随着价格的下降,成员国之间产生越来越多原来没有的贸易关系,原先成员国内部的部分国内贸易也可能被成员国之间的国际贸易所取代,消费者福利水平随之上升;其次是"贸易转移"效应,当前随着逆全球化思潮涌动、全球化进展趋缓,中美经贸关系又面临众多不确定性,RCEP 的生效以及未来 CPTPP 的签署可能导致我国进出口贸易更多集中于与自贸协定成员国之间的贸易,而对原有供应链和贸易关系的依赖程度将显著下降。在 RCEP 生效背景下,评估京津冀外向型经济受到的可能影响,探讨京津冀外向型经济发展新思路;同时借助自贸协定的"贸易创造"和"贸易转移"效应,努力提升北京、天津、河北省在区域产业供应链中的地位,对进一步激发京津冀外向型经济活力、促进京津冀协同发展和提升综合竞争力都具有重要意义。

第一节　京津冀与 RCEP 成员国的 经贸往来现状

2022 年是 RCEP 生效的第一年,1—9 月北京与主要伙伴国的贸易往来情况列于表 10-1。在 RCEP 成员中,北京与东盟十国、澳大利亚及日本的贸易往来较为密切。北京与东盟十国的进出口总额为 1973.07 亿元,占同期北京进出口总额的 7.44%。其中,北京出口到东盟十国的贸易额为 899.89 亿元,占北京出口总额的 21.48%,进口自东盟十国的贸易额为 1073.18 亿元,占北京进口总额的 4.81%。同期,北京与欧盟、美国的贸易总额分别为 2832.5 亿元和 2075.41 亿元,分别占北京贸易总额的 10.68% 与 7.83%。

在 RCEP 成员中,北京在与日本、韩国、澳大利亚、新西兰、越南、泰国、马来西亚、老挝、印度尼西亚的贸易往来中均为贸易逆差,而在与新加坡、菲律宾、柬埔寨、缅甸及文莱的贸易往来体现为贸易顺差。

表 10-1　2022 年 1—9 月北京与主要伙伴国的贸易往来情况

区域	进出口(亿元)	进出口占比	出口(亿元)	出口占比	进口(亿元)	进口占比
东盟十国	1973.07	7.44%	899.89	21.48%	1073.18	4.81%
文莱	13.41	0.05%	10.92	0.26%	2.49	0.01%
缅甸	38.30	0.14%	17.39	0.42%	20.91	0.09%
柬埔寨	31.37	0.12%	16.30	0.39%	15.07	0.07%
印度尼西亚	414.10	1.56%	99.37	2.37%	314.73	1.41%
老挝	29.88	0.11%	9.46	0.23%	20.41	0.09%
马来西亚	368.04	1.39%	105.06	2.51%	262.98	1.18%
菲律宾	152.55	0.58%	114.04	2.72%	38.51	0.17%
新加坡	487.01	1.84%	356.92	8.52%	130.09	0.58%
泰国	166.22	0.63%	59.49	1.42%	106.73	0.48%

续表

区域	进出口(亿元)	进出口占比	出口(亿元)	出口占比	进口(亿元)	进口占比
越南	272.19	1.03%	110.92	2.65%	161.27	0.72%
澳大利亚	1337.87	5.05%	84.57	2.02%	1253.30	5.61%
新西兰	47.96	0.18%	4.95	0.12%	43.02	0.19%
欧盟(27国,不含英国)	2832.50	10.68%	498.91	11.91%	2333.59	10.45%
日本	978.43	3.69%	175.50	4.19%	802.93	3.60%
韩国	295.53	1.11%	134.84	3.22%	160.69	0.72%
美国	2075.41	7.83%	255.29	6.10%	1820.12	8.15%

资料来源:中华人民共和国北京海关。

2022年1—9月天津与主要伙伴国的贸易往来情况参见表10-2。天津与韩国进出口总额为562.69亿元,占同期天津进出口总额的9%。其中,天津出口到韩国的贸易额为188.47亿元,占天津出口总额的6.49%,进口自韩国的贸易额为374.22亿元,占天津进口总额的11.19%。天津与东盟十国的进出口总额为837.99亿元,占同期天津进出口总额的13.41%。其中,天津出口到东盟十国的贸易额为481.52亿元,占天津出口总额的16.58%,进口自韩国的贸易额为356.46亿元,占天津进口总额的10.66%。同期,天津与美国、欧盟的进出口总额分别为749.05亿元和1437.73亿元,分别占天津贸易总额的11.99%与23.01%。2022年1—9月,天津对欧盟出口占18.38%,从欧盟进口占27.02%,出口额与进口额分别达到533.82亿元与903.91亿元;对美国出口占12.62%,从美国进口占11.44%,出口额与进口额分别为366.51亿元与382.53亿元。2022年1—9月,天津与澳大利亚、新西兰的进出口均不足5%。

值得注意的是,天津与发达经济体之间的贸易往来以进口为主,与日本、韩国、澳大利亚及新西兰等RCEP成员国的进口大于出口,在与美国、欧盟的贸易往来中,进口也大于出口。与东盟十国的贸易往来中,除老挝和马来西亚外,对新加坡等八国的贸易出口大于进口,存在贸易顺差,如对越南出口111.24亿元,占同期天津贸易出口的3.83%,从越南进口53.38亿元,仅占天津同期进口的 1.6%。

表 10-2　2022 年 1—9 月天津与主要伙伴国的贸易往来情况

区域	进出口(亿元)	进出口占比	出口(亿元)	出口占比	进口(亿元)	进口占比
东盟十国	837.99	13.41%	481.52	16.58%	356.46	10.66%
文莱	0.53	0.01%	0.27	0.01%	0.25	0.01%
缅甸	13.35	0.21%	7.08	0.24%	6.27	0.19%
柬埔寨	8.65	0.14%	4.92	0.17%	3.72	0.11%
印度尼西亚	150.69	2.41%	94.82	3.26%	55.87	1.67%
老挝	1.38	0.02%	0.65	0.02%	0.72	0.02%
马来西亚	189.75	3.04%	80.48	2.77%	109.27	3.27%
菲律宾	60.97	0.98%	32.45	1.12%	28.52	0.85%
新加坡	148.43	2.38%	91.20	3.14%	57.23	1.71%
泰国	99.63	1.59%	58.40	2.01%	41.22	1.23%
越南	164.62	2.63%	111.24	3.83%	53.38	1.60%
澳大利亚	195.22	3.12%	74.84	2.58%	120.39	3.60%
新西兰	83.88	1.34%	7.32	0.25%	76.56	2.29%
欧盟(27 国,不含英国)	1437.73	23.01%	533.82	18.38%	903.91	27.02%
日本	518.48	8.30%	176.31	6.07%	342.16	10.23%
韩国	562.69	9.00%	188.47	6.49%	374.22	11.19%
美国	749.05	11.99%	366.51	12.62%	382.53	11.44%

资料来源:中华人民共和国天津海关。

表 10-3 为 2022 年 1—9 月河北省与主要伙伴国的贸易往来情况。在 RCEP 成员中,河北省与澳大利亚、韩国、日本及马来西亚的贸易往来较为密切。河北省与澳大利亚进出口总额为 550.27 亿元,占同期河北省进出口总额的 13.49%。不过,这一贸易额中,进口占比近九成,如河北省进口自澳大利亚的贸易额为 483.65 亿元,占河北省进口总额的 30.39%,出口到澳大利亚的贸易额仅为 66.62 亿元,占河北省出口总额的 2.68%。河北省与东盟十国的进出口总额为 528.99 亿元,占同期河北省进出口总额的 12.97%。其

中,河北省出口到东盟十国的贸易额为 402.58 亿元,占河北省出口总额的 16.19%,进口自东盟十国的贸易额为 126.41 亿元,占河北省进口总额的 7.94%。同期,河北省与欧盟、美国的贸易总额分别为 440.5 亿元和 436.36 亿元,分别占河北省贸易总额的 10.8% 与 10.7%。2022 年 1—9 月,河北省对欧盟出口占河北省总出口的 14.92%,从欧盟进口占河北省总进口的 4.37%,出口额与进口额分别达到 371.01 亿元与 69.49 亿元;对美国出口占 12.88%,从美国进口占 7.29%,出口额与进口额分别为 320.31 亿元与 116.05 亿元。2022 年 1—9 月,河北省与日本、韩国及新西兰的进出口均不足 5%,与 RCEP 这些成员之间的贸易往来仍然具有较大潜力。

值得注意的是,河北省与 RCEP 成员之间的贸易往来以出口为主,对美国、欧盟及 RCEP 成员的出口均大于自这些经济体的进口,体现为贸易顺差。不过河北省与澳大利亚之间的贸易往来体现为显著贸易逆差,河北省对澳大利亚的出口占两者之间贸易总额的 87.9%,河北省自澳大利亚进口只占两者进出口贸易往来的 12.1%。

横向比较来看,北京与 RCEP 成员的贸易往来较为密切,2022 年 1—9 月,北京与 RCEP 成员之间的进出口贸易额约为 4632.86 亿元,天津与 RCEP 成员之间的进出口贸易额约为 2198.26 亿元,河北省与 RCEP 成员之间的进出口贸易额约为 1391.39 亿元,北京与 RCEP 成员之间的进出口贸易额超过天津、河北省与 RCEP 成员之间进出口贸易的总和。

表 10-3 2022 年 1—9 月河北省与主要伙伴国的贸易往来情况

区域	进出口(亿元)	进出口占比	出口(亿元)	出口占比	进口(亿元)	进口占比
东盟十国	528.99	12.97%	402.58	16.19%	126.41	7.94%
文莱	0.63	0.02%	0.63	0.03%	0.00	0.00%
缅甸	15.13	0.37%	11.96	0.48%	3.17	0.20%
柬埔寨	10.11	0.25%	8.18	0.33%	1.93	0.12%
印度尼西亚	104.19	2.55%	58.78	2.36%	45.41	2.85%
老挝	3.99	0.10%	3.92	0.16%	0.07	0.00%
马来西亚	122.68	3.01%	64.15	2.58%	58.53	3.68%

区域	进出口(亿元)	进出口占比	出口(亿元)	出口占比	进口(亿元)	进口占比
菲律宾	62.11	1.52%	58.45	2.35%	3.66	0.23%
新加坡	33.25	0.82%	30.32	1.22%	2.92	0.18%
泰国	81.57	2.00%	74.02	2.98%	7.54	0.47%
越南	95.32	2.34%	92.14	3.71%	3.17	0.20%
澳大利亚	550.27	13.49%	66.62	2.68%	483.65	30.39%
新西兰	19.39	0.48%	10.59	0.43%	8.80	0.55%
欧盟(27国,不含英国)	440.50	10.80%	371.01	14.92%	69.49	4.37%
日本	129.64	3.18%	87.95	3.54%	41.70	2.62%
韩国	163.10	4.00%	133.24	5.36%	29.86	1.88%
美国	436.36	10.70%	320.31	12.88%	116.05	7.29%

资料来源:中华人民共和国石家庄海关。

第二节　京津冀产业竞争力分析

理论上来说,伴随着 RCEP 成员之间的关税削减,成员之间的进出口贸易往来将更加频繁,不过这一关税削减效应受到各成员行业竞争力的影响,国内各个地区受到的影响程度也与各地不同行业的竞争力有关。为分析北京、天津、河北省各个行业可能受到的可能影响,本部分计算了北京、天津、河北省各个行业的竞争力情况。采用显性比较优势指数(RCA)来衡量不同行业的竞争力水平。

$$RCA_{ij} = \frac{X_{ij}/X_i}{C_j/C} \qquad (10\text{-}1)$$

其中,i 表示北京、天津、河北省;j 表示不同商品;RCA_{ij} 代表 i 地在商品 j 上的显性比较优势指数;X_{ij} 表示 i 地出口商品 j 的价值总量;X_i 表示 i 地出口的价值总量;C_j 表示中国出口商品 j 的总价值;C 表示中国出口总额。北京、天津及河北省不同商品的出口价值数据北京海关、天津海关以及石家庄海关;中国出口不同商品的价值数据来自海关总署。若 $RCA_{ij} > 1$,则说明 i 地在商品 j 上具有比较优势,数值越大,显性比较优势越明显;反之,若 $RCA_{ij} < 1$ 则说明 i 地在商品 j 上不具有比较优势。计算结果参见表 10-4。

表 10-4 结果表明,北京、天津、河北省在不同商品的比较优势上各有不同。北京在高新技术产品及部分机电产品如医疗仪器及器械、液晶平板显示模组、汽车零配件、汽车(包括底盘)、集成电路、手机、通用机械设备上具有比较优势,在钢材、肥料、中药材及中式成药方面的出口比重也超过了全国平均水平。在成品油、粮食及稀土方面的比较优势更为显著,这三种商品的显性比较优势指数分别达到 26.2、23.33 以及 9.04。

天津在粮食、成品油、中药材及中式成药、肥料、钢材、未锻轧铝及铝材、家具及其零件等商品方面的比较优势较为明显，出口这几种商品的比重均高于全国平均水平。此外，作为全国先进制造研发基地，天津在机电产品方面的出口优势也比较明显，如在通用机械设备、音视频设备及其零件、集成电路、船舶、医疗仪器及器械等方面的显性比较优势指数均大于 1，说明相比国内其他地区，天津在这些商品的出口方面具有明显优势。

河北省在农产品如粮食出口方面优势明显，粮食的显性比较优势指数为3.49。在中药材及中式成药、肥料、"纺织纱线、织物及其制品"、陶瓷产品、钢材、未锻轧铝及铝材、家具及其零件、汽车（包括底盘）、汽车零配件等方面，河北省也具有比较优势，显性比较优势指数均超过 1。相比全国其他地方，河北省在塑料制品、箱包及类似容器、服装及衣着附件等方面具有微弱的比较优势，显性比较优势数值仅略大于 1，分别为 1.04、1.05 及 1.34。

横向比较来看，北京在高新技术产品方面具有较大优势，在京津冀区域独树一帜，这与北京为科技创新中心不无关系。机电产品方面，北京、天津分别有 7 种和 5 种机电产品显性比较优势指数大于 1，相比其他地区具有比较优势，而河北省仅有汽车（包括底盘）和汽车零配件两种商品的显性比较优势大于 1。近年来较热的集成电路商品出口中，北京、天津在这一方面的出口也领先全国，显性比较优势指数分别为 1.19 和 1.09。在与 RCEP 成员国的关系方面，RCEP 生效之后，预计京津冀在中药材及中式成药、肥料、粮食、钢材这几种商品中对 RCEP 成员的出口将会超过国内其他地区。北京在高新技术领域的地位优势有利于使其在对东盟等发展中国家该类产品的出口中占据优势。机电产品的出口方面，考虑到北京、天津两地的比较优势，相比国内其他地区，北京、天津对 RCEP 的出口也将有所增加。

表 10-4　京津冀不同商品的显性比较优势指数

商品名称	北京	天津	河北省
农产品	0.78	0.71	1.96
水产品	0.04	0.06	0.91
粮食	23.33	1.45	3.49

商品名称	北京	天津	河北省
成品油	26.20	1.59	0.07
稀土	9.04	0.11	0.01
中药材及中式成药	3.13	6.07	4.45
肥料	1.48	1.49	3.47
塑料制品	0.23	0.42	1.04
箱包及类似容器	0.04	0.18	1.05
纺织纱线、织物及其制品	0.25	0.64	1.62
服装及衣着附件	0.25	0.55	1.34
鞋靴	0.13	0.27	0.28
陶瓷产品	0.44	0.39	2.77
钢材	1.39	2.57	5.36
未锻轧铝及铝材	0.58	2.01	1.50
家具及其零件	0.12	1.26	1.59
玩具	0.07	0.15	0.53
机电产品	0.93	1.17	0.81
通用机械设备	1.20	1.73	0.82
自动数据处理设备及其零部件	0.25	0.84	0.04
手机	3.80	0.00	0.00
家用电器	0.04	0.63	0.12
音视频设备及其零件	0.25	1.19	0.22
集成电路	1.19	1.09	0.05
汽车(包括底盘)	1.31	0.23	3.46
汽车零配件	1.22	0.90	2.98
船舶	0.74	2.12	0.03
液晶平板显示模组	1.72	0.10	0.06
医疗仪器及器械	2.47	1.21	0.86
灯具、照明装置及其零件	0.07	0.19	0.48
高新技术产品	1.31	0.89	0.39

数据来源:根据北京海关、天津海关及石家庄海关数据整理。

第三节 RCEP 对京津冀贸易结构的影响评估

为定量测算 RCEP 生效对京津冀外向型经济发展造成的影响,借鉴以往文献,本部分基于可计算一般均衡模型(CGE)进行数值模拟分析。具体而言,本章以 GTAP10.0 数据库作为预测评估基准。GTAP 模型为大型全球 CGE 模型,于 1997 年由美国普渡大学设计。GTAP10.0 数据库原有 141 个国家、65 个部门,根据研究需要,本章将其合并为 9 个区域、9 个部门。其中 9 个地区包括:中国(中国大陆、中国香港、中国澳门、中国台湾)、澳大利亚、新西兰、日本、韩国、东盟(印度尼西亚、马来西亚、泰国、菲律宾、新加坡、文莱、越南、老挝、柬埔寨)、美国、欧盟及其他地区。因 GTAP10.0 数据库未包括缅甸的数据,所以东盟仅包含除缅甸之外的九个国家。

对于部门分类,本章将 GTAP10.0 数据库中的 65 个部门划分为农业、食品加工业、一般工业、纺织服装业、木制品及印刷业、金融业、中高技术制造业、高技术行业、其他服务业九类。其中,农业包括水稻、小麦、谷类、蔬果、油籽、甘蔗甜菜、植物纤维、农作物、牛羊、动物制品、生鲜乳、羊毛与蚕丝、林业、渔业;食品加工业包括肉制品、植物油、乳制品、加工大米、糖、食品、饮料;一般工业包括煤、石油、天然气、矿产、煤炭、橡胶和塑料制品、黑色矿产、金属、金属制品、制造业等;纺织服装业包括纺织品、服饰、皮革制品;木制品及印刷业包括木制品、纸制品;金融业包括金融服务、保险;中高技术制造业包括化学制品、电子设备、机械设备、机动车及零配件、运输设备;高技术行业包括药品、计算机、电子和光学制品;其他服务业包括电力、燃气制造与供应、水力、建筑、贸易、食宿服务、运输、水运、空运、仓储、通讯、房地产、商业服务、娱乐、公共行政和国防、教育、人类健康和社会工作等。

根据 RCEP 谈判内容,RCEP 成员相互之间减免关税,并最终将关税降至 0。基于 RCEP 成员降税承诺,本章设计短期和长期两个阶段模拟分析

RCEP 对外向型经济尤其是贸易的影响。

第一阶段(短期):各成员相互之间的关税在原有基础上降低 80%。

第二阶段(长期):各成员相互之间的关税降低至 0。

在 GTAP 模型中代入上述变量参数,得到不同情形下 RCEP 生效对我国与各个贸易伙伴进出口的影响程度,参见表 10-5。从表 10-5 可以看出,就出口而言,我国对韩国的出口增长较多。短期内,各成员相互之间的关税在原有基础上降低 80%,将会使我国对韩国的出口增加 17.91%;长期当各成员相互之间的关税均降低至 0 时,相比基期,我国对韩国的出口将增加 20.74%。就 RCEP 生效对京津冀的影响来说,因京津冀三地中天津对韩国出口较多,2022 年 1—9 月,北京、天津、河北省分别对韩国出口 134.84 亿元、188.47 亿元、133.24 亿元,所以预计天津从对韩国出口上升中受益较大。

短期 RCEP 各成员相互之间的关税在原有基础上降低 80%,将会使我国对澳大利亚、日本、东盟的出口分别增加 10.96%、8.23% 以及 6.01%,长期 RCEP 各成员相互之间的关税降低至 0,将会使我国对澳大利亚、日本、东盟的出口分别增加 12.73%、9.17% 以及 7.28%。考虑到北京对东盟出口价值总量较大,2022 年 1—9 月,北京、天津、河北省对东盟出口分别为 899.89 亿元、481.52 亿元、402.58 亿元,出口占比分别达到 21.48%、16.58%、16.19%,预计京津冀对东盟的出口依赖(对东盟的出口占总出口的比重)将会进一步上升。我国对新西兰的出口略有上升,且短期上升较长期更为明显,短期对新西兰的出口增加 0.5%,长期对新西兰出口上升 0.24%。

RCEP 生效之后,RCEP 成员之间的贸易往来更加频繁,我国对美国、欧盟及其他地区的出口将会下降。短期,我国对美国、欧盟及其他地区的出口将分别下降 1.1%、1.08% 以及 1.88%;长期,我国对美国、欧盟及其他地区的出口将分别下降 0.94%、1.18% 以及 0.92%。不过,考虑到美国、欧盟在我国出口中占有较大比重,京津冀地区对美国、欧盟的出口依赖较高,RCEP 生效之后出口成员结构应该变化不大。

就贸易进口来说,RCEP 将对我国从日本的进口影响较大,短期将会使我国从日本的进口上升 14.47%,长期将会使我国从日本进口增加 18.81%。

我国从韩国的进口也有较大增幅,短期我国从韩国进口增长 12.87%,长期将
会使我国从韩国的进口增加 15.77%。其次是新西兰和东盟,短期来说,
RCEP 生效将使我国从新西兰和东盟进口分别上升 2.21% 和 1.61%;长期来
说,RCEP 生效将使我国从新西兰和东盟进口分别增加 2.64% 和 1.7%。因
京津冀三地中,北京从日本、韩国的进口较多,2022 年 1—9 月,北京从日韩
两国的进口总额为 963.62 亿元,其中从日本进口为 902.93 亿元,天津、河北
省从日韩进口总额分别为 716.38 亿元和 71.56 亿元,所以预计 RCEP 生效
之后北京、天津从日本、韩国进口额进一步上升,河北省从日本、韩国的进口
的上升幅度也将比较显著。2022 年 1—9 月,北京从美国、欧盟的进口额超
过 4000 亿元,占北京总进口额的 18.6%,天津从美国、欧盟进口额约为
1286.53 亿元,占天津总进口额的 38.46%,预计 RCEP 生效将对天津进口成
员结构造成一定影响。

表 10-5　不同情形下 RCEP 生效对我国与贸易伙伴进出口的影响

区域	出口变化		进口变化	
	短期	长期	短期	长期
澳大利亚	10.96%	12.73%	-1.22%	-0.89%
新西兰	0.50%	0.24%	2.21%	2.64%
日本	8.23%	9.17%	14.47%	18.81%
韩国	17.91%	20.74%	12.87%	15.77%
东盟	6.01%	7.28%	1.61%	1.70%
美国	-1.10%	-0.94%	-0.71%	-1.72%
欧盟	-1.08%	-1.18%	-1.62%	-2.41%
其他地区	-0.88%	-0.92%	-0.80%	-1.34%

表 10-6 列出了不同情形下 RCEP 生效对我国各类行业进出口的影响,
可以发现,短期 RCEP 各成员相互之间的关税在原有基础上降低 80%,将使
我国农业出口增加 11.02%,食品加工业出口增加 9.11%,纺织服装业出口增
加 2.65%,一般工业出口增加 2.08%;而金融业及其他服务出口将会分别下
降 1.05% 和 0.41%。长期 RCEP 各成员相互之间的关税降低至 0,将使我国

农业出口增加 13.64%，食品加工业出口增加 11.19%，纺织服装业出口增加 3.27%，一般工业出口增加 2.53%；而金融业及其他服务出口将会分别下降 1.21% 和 0.63%。以电子设备、机械设备为代表的中高技术制造业出口在短期和长期分别上升 1.35% 和 1.66%，高技术行业的出口也有所上升。

从对进口的影响来说，RCEP 生效对我国纺织服装业、食品加工业及中高技术制造业进口提升作用较为显著。短期而言，我国纺织服装业、食品加工业及中高技术制造业进口分别上升 6.39%、4.28% 及 3.78%；长期而言，我国纺织服装业、食品加工业及中高技术制造业进口分别上升 7.75%、5.09% 及 4.46%。无论从短期还是长期而言，RCEP 生效对我国各行业的进口均有一定程度的提升作用。

京津冀三地中，河北省在纺织行业的显性比较优势指数大于 1，具有比较优势，预计河北省对 RCEP 成员国的出口将会显著增加，考虑到京津两地在制造领域的优势，预计北京、天津中高技术制造业和高技术行业的出口将会提升。

表 10-6　不同情形下 RCEP 生效对我国各类行业进出口的影响

行业部门	出口变化		进口变化	
	短期	长期	短期	长期
农业	11.02%	13.64%	1.72%	1.82%
食品加工业	9.11%	11.19%	4.28%	5.09%
一般工业	2.08%	2.53%	1.41%	1.55%
纺织服装业	2.65%	3.27%	6.39%	7.75%
木制品及印刷业	1.46%	1.78%	1.49%	1.59%
金融业	−1.05%	−1.21%	0.75%	0.59%
中高技术制造业	1.35%	1.66%	3.78%	4.46%
高技术行业	0.42%	0.41%	1.31%	1.51%
其他服务业	−0.41%	−0.63%	0.48%	0.32%

第四节　本章结论与对策建议

　　RCEP落地将给区域产业链与供应链带来深刻变革,从京津冀与RCEP成员经贸往来现状方面看,京津冀与RCEP成员之间的贸易往来较为密切,2022年前三季度,京津冀与RCEP成员之间的进出口贸易总额超过8200亿元。其中,北京与RCEP成员的贸易总额为4632.86亿元,天津与RCEP成员的贸易额超过2000亿元,而河北省有超过30%的进口来自RCEP成员之一的澳大利亚。从京津冀产业竞争力方面看,京津冀产业竞争力各有不同,北京在高新技术产品方面具有较大优势,天津在粮食、成品油、中药材及中式成药等商品方面的比较优势较为明显,河北省在农产品如粮食出口方面优势明显。通过GTAP模拟分析RCEP生效对我国进出口贸易和不同行业贸易的影响,研究发现,短期RCEP各成员相互之间的关税在原有基础上降低80%,将会使我国对澳大利亚、日本、东盟的出口分别增加10.96%、8.23%以及6.01%,长期RCEP各成员相互之间的关税降低至0,将会使我国对澳大利亚、日本、东盟的出口分别增加12.73%、9.17%以及7.28%。在以上研究基础上,本章提出如下建议:

　　第一,加强RCEP开放政策宣讲,创新对外开放新模式。京津冀三地在RCEP开放政策宣讲中,应联合贸促会、海关、税务局等有针对性地对企业开展专题业务培训、座谈会,通过“线上+线下”及送政策上门等形式,将RCEP相关政策红利宣传贯彻到位,有针对性地引导商贸企业充分了解和熟悉协定相关内容,带动企业深度参与RCEP。政策实施中,持续跟踪RCEP落地实施情况,及时了解企业相关诉求,不断拓展港口服务功能,完善服务体系,为企业参与国际标准制定、“走出去”保驾护航。

　　第二,借助RCEP自贸关系调整机遇,深化自贸网络合作机制。区域经贸合作是世界经济复苏的主要动力之一,利用已经签署的RCEP,加强与东盟及日韩等伙伴国的合作与交流,深化双边自贸网络合作机制。一是就如何更好实现及落实 RCEP 与横滨、神户等周边自由贸易港开展积极探讨,与自贸协议伙伴港口及营运商达成通关、报关,以及手续程序互认安排。二是借助中日和日韩相互开放市场、降低贸易壁垒的承诺,进一步促进京津冀与日韩的经贸合作,增加津冀港口与横滨、神户、仁川、釜山等港口之间的航线往来,打造东北亚新的国际集装箱转运中心。三是充分发挥出海口和桥头堡的优势,拓展国际服务空间和范围,联合大型船公司、大客户,参与 RCEP 成员国码头的投资、建设及运营,推动与 RCEP 国家深化战略合作、打造服务国际分工合作的战略平台。

第三,把握 RCEP 服务贸易开放机遇,提升服务开放水平。中方在 RCEP 中承诺新增空运部门、提高海运等服务部门的开放水平,这将进一步激发服务贸易供求,为此应进一步提升服务开放水平。一是利用北京、天津、河北省自贸试验区的先行先试优势,降低服务贸易壁垒,适度放宽知识密集型服务业的市场准入以及相关限制,吸引来自日本、韩国、新加坡等发达国家服务业的要素供给,推动高端航运服务业集聚。二是围绕京津冀相关优势产业,重点发展相应的金融、会计、咨询、律师等现代服务业,加大对航运保险、信贷、法律服务等方面的政策支持。三是助力服务贸易新业态实现突破,推进国际运输自由,探索沿海捎带、保税燃料油加注等业务,积极发展航运融资、航材租赁、航运结算及航运仲裁等服务新业态,助推实现京津冀重点城市作为双循环重要资源要素配置枢纽战略支点。

第四,利用 RCEP 成员发展差异化现状,挖掘对外经贸合作潜力。由于处于不同层次的经济发展水平,北京、天津、河北省与 RCEP 成员国相互之间发展差异大,可考虑采取差异化的发展策略。一是充分借鉴日韩新澳等国在科技创新、现代服务及港航业务领域的发展经验,通过技术研发、文化交流合作等,优化京津冀外贸结构,提高贸易产品附加值。二是借助全球产业价值链重构机遇,面向越南、泰国、印尼等国开展京津冀优势传统制造业的产业链布局,向其转移优势传统制造业和高新技术产业的加工制造等产业链环节,同时依托北京、天津等地在云计算、医疗、先进通信、智能软件等领域的优势,承接东盟制造业价值链的高端环节，为京津冀企业开辟新市场，增加新航线需求。三是瞄准缅甸、印尼等国丰富的农业渔业资源，与其开展种业和远洋渔业等产业的合作，促进津冀港口进出港货类多样化。

第五，把握 RCEP 数字贸易规则重构机遇，促进产业数字化转型。区域自贸协定有助于在数字贸易领域推动区域经济一体化，并可能对全球数字贸易规则制定及形成产生深刻影响，应准确把握数字贸易规则重构机遇，推动京津冀数字贸易发展。一是依托北京国际交往中心、天津北方国际航运核心区、河北省现代商贸物流重要基地建设，协调海关、港口、机场部门，推动海关、航运数据共享，基于货物进出口、集装箱吞吐量和旅客吞吐量变化，分析人流、物流方向及规律，指导产业引进和资源匹配。二是以国家数字服务出口基地为依托，承接国际数字产业转移，积极发展国际数据存储与传输、数据分析与挖掘、数据运维与管控等业务，允许符合条件的企业提供跨境数字贸易增值服务，扩大数字服务进出口，打造国际数字枢纽。三是从与 RCEP 伙伴国尤其是与日韩数据跨境流动的突破入手，依托国际数据服务特区建设，以区块链等新技术为支撑，探索率先实现与 RCEP 成员国之间贸易单证互认、数据互通，更好融入国际数字贸易。

参考文献

[1]Abadie, Diamond a, Hainmueller J. Synthetic Control Methods for Comparative Case Studies: Estimating the Effect of California's Tobacco Control Program[J]. Journal of the American Statistical Association, 2010, 105(490):493 -505.

[2]Aggarwal A. Macro economic determinants of antidumping: A comparative analysis of developed and developing countries[J]. World Development, 2004, 32 (6):1043-1057.

[3]Aghion P, Bergeaud A, Lequien M, et al. The Impact of Exports on Innovation: Theory and Evidence [R]. Banque de France Working Papers, No. 678, 2018.

[4]Akhtaruzzaman, M., Berg N, C Hajzler. Expropriation Risk and FDI in Developing Countries: Does Return of Capital Dominate Return on Capital? [J]. European Journal of Political Economy, 2017, 49(C), 84-107.

[5]Alcalá, F. Specialization across Goods and Export Quality. [J]. Journal of International Economics, 2016,98(C):216-232.

[6]Amiti M, Khandelwal A K. Import competition and quality upgrading [J]. The Review of Economics and Statistics, 2013, 95(2):476-490.

[7]AntrAs P, Chor D. Organizing the global value chain[J]. Econometrica, 2013, 81(6):2127-2204.

[8]Ardelean, A., and Lugovskyy. V. Tariffs, Product Quality, and the Relative Prices of Durables: Evidence from 1989 to 2009 U. S. Microdata. [J]. European Economic Review,2019,114(C):54-75.

[9]Arita I., Kojima K., Nakane M. Transmission of severe acute respirato-

ry syndrome[J]. Emerging infectious Diseases, 2003, 9(9):1183-1184.

[10]Atanassov J, Julio B, Leng T. The bright side of political uncertainty: the case of R&D[R]. SSRN working paper, 2015.

[11]Bagwell K, Staiger R W. An Economic Theory of GATT[J]. The American Economic Review, 1999, 89(1):215-248.

[12]Bagwell K, Staiger R W. Protection and the business cycle[J]. Advances in Economic Analysis and Policy, 2003, 3(1):1139.

[13]Bagwell K, Staiger R W. What do trade negotiators negotiate about? Empirical evidence from the World Trade Organization[J]. The American Economic Review, 2011, 101(4):1238-1273.

[14]BAIER S L, BERGSTRAND J H. Do Free Trade Agreements Actually Increase Members′ International Trade? [J]. Journal of International Economics, 2007, 71:72-95.

[15]Baier, S. L., J. H. Bergstrand. Economic Determinants of Free Trade Agreements[J]. Journal of International Economics, 2004. 64 (1),29-63.

[16]Baldwin R. Regulatory Protectionism, Developing Nations and a Two-Tier World Trade System [R]. CEPR Discussion Papers, No. 2574, 2000.

[17]Baldwin, R., and J. Harrigan. Zeros, Quality and Space:Trade Theory and Trade Evidence[J]. American Economic Journal:Microeconomics,2011,3 (2):60-88.

[18]Banerjee R, Gupta K. The effect of environmentally sustainable practices on firm R&D:International evidence [J]. Economic Modelling, 2019, 78: 262-274.

[19]Barefoot K,Curtis D,Jolliff W,et al. Defining and measuring the digital economy[R]. Washington, DC:Bureau of Economic Analysis,2018.

[20]Bas, M., and V. Strauss-Kahn. Input-trade Liberalization, Export Prices and Quality Upgrading[J]. Journal of International Economics 2015. 95 (2):250-262.

[21]Beshkar M , Bond E W , Rho Y . Tariff binding and overhang:Theory and evidence[J]. Journal of International Economics, 2015, 97(1):1-13.

[22]Bown C P, Crowley M A. Emerging economies, trade policy, and macroeconomic shocks[J]. Journal of Development Economics, 2014,111(C):261-273.

[23]Bown C P, Crowley M A. Import protection, business cycles, and exchange rates:evidence from the great recession[J]. Journal of International Economics, 2013, 90 (1):50-64.

[24] Bown C P, Tovar P. Preferential liberalization, antidumping, and safeguards:Stumbling block evidence from MERCOSUR[J]. Economics and Politics, 2016, 28(3):262-294.

[25] Bown C P. Temporary trade barriers database, 2010, http://econ. worldbank. org/ttbd.

[26]Broda C, Limao N, Weinstein D E. Optimal tariffs and market power: the evidence[J]. The American Economic Review, 2008, 98 (5):2032-2065.

[27]Broda, C. , and D. E. Weinstein. Globalization and the Gains from Variety[J]. The Quarterly Journal of Economics ,2006,121(2):541-585.

[28]Burri M,Polanco R. Digital trade provisions in preferential trade agreements:Introducing a new dataset[J]. Journal of international economic law,2020 (1):187-220.

[29]Cai, H. , and Q. Liu. Competition and Corporate Tax Avoidance:Evidence from Chinese Industrial Firms [J]. The Economic Journal 2009. 119 (537):764-795.

[30]CALEL R, DECHEZLEPRêTRE A. Environmental Policy and Directed Technological Change:Evidence from the European Carbon Market [J]. The Review of Economics and Statistics, 2016 ,(98):173-191.

[31]Castellares R, Salas J. Contractual imperfections and the impact of crises on trade:Evidence from industry-level data[J]. Journal of International Eco-

nomics, 2019, 116(C):33-49.

[32] Chakraborty P. Environmental standards, trade and innovation: Evidence from a natural experiment [J]. Environment and Development Economics, 2017, 22 (4):414-446.

[33] Chen, M. X. , S. Joshi. "Third-country Effects on the Formation of Free Trade Agreements"[J], Journal of International Economics, 2010, 82(2), 238-248.

[34] Chen, N. , and L. Juvenal. Quality, Trade, and Exchange Rate Pass-through [J]. Journal of International Economics, 2016, 100(42):61-80.

[35] Egger, P. , M. Larch. Interdependent Preferential Trade Agreement Memberships:An Empirical Analysis[J]. Journal of International Economics, 2008,76(2), 384-399.

[36] Facchini, G. , P. Silva, G. Willmann. The Political Economy of Preferential Trade Arrangements:An Empirical Investigation[R]. Bielefeld Working Papers in Economics and Management No. 9-2017 2017.

[37] Fan H, Li Y A, Yeaple S R. On the relationship between quality and productivity:Evidence from China's accession to the WTO[J]. Journal of International Economics, 2018, 110(C):28-49.

[38] Fan, H. , Y. A. Li, and S. R. Yeaple. Trade Liberalization, Quality, and Export Price [J]. The Review of Economics and Statistics ,2015,97(5): 1033-1051.

[39] Fan, H. , Y. A. Li, and S. R. Yeaple. On the Relationship between Quality and Productivity:Evidence from China's Accession to the WTO [J]. Journal of International Economics ,2018,110(C):28-49.

[40] FENG L,LI Z,SWENSON D L. Trade policy uncertainty and exports: Evidence from China's WTO accession[J]. Journal of International Economics, 2017,106:20-36.

[41] Ferencz J. The OECD digital services trade restrictiveness index[R].

Paris:OECD Publishing,2019.

[42]Fisman R, Wei s. Tax Rates and Tax Evasion:Evidence from "Missing Imports" in China[J]. Journal of Political Economy,2004,112(2):471-500.

[43]FontagnE L, Kirchbach F, Minouni M. A first assessment of environment-related trade barriers[R]. Paris:CEPII Research Center Working Paper, No. 2001-10, 2001.

[44]Fryges, H. , and J. Wagner. Exports and Profitability:First Evidence for German Manufacturing Firms [J]. World Economy 2010. 33(3):399-423.

[45]Gawande K, Hoekman B, Cui Y. Global supply chains and trade policy responses to the 2008 financial crisis[J]. World Bank Economic Review, 2015, 29(1):102-128.

[46]Ge J P,Wang X B,Guan Q,et al. World rare earths trade network:Patterns,relations and role characteristics[J]. Resources policy,2016,50(C):119-130.

[47]Ghodsi M, Stehrer R. Non-tariff measures and the quality of Imported Products [R]. WIIW working papers, No. 189, 2020.

[48]Goldberg P K, Pavcnik N. The Effects of Trade Policy[R]. Cambridge:NBER Working Paper, No. 21957, 2016.

[49]Goodman M P,Risberg P. Governing data in the Asia-Pacific[R]. Washington,DC:CSIS,2021.

[50]Greaker M. Eco-labels, Trade and Protectionism [J]. Environmental and Resource Economics, 2006, 33 (1):1-37.

[51]Grundke R, Moser C. Hidden protectionism? Evidence from non-tariff barriers to trade in the United States[J]. Journal of International Economics, 2019, 117(C):143-157.

[52]Hallak, J. C. , and J. Sivadasan. Product and Process Productivity: Implications for Quality Choice and Conditional Exporter Premia[J]. Journal of International Economics ,2013,91(1):53-67.

[53] Hanley A, Pérez J M. Are newly exporting firms more innovative? Findings from matched Spanish innovators [J]. Economics Letters, 2012, 116 (2):217-220.

[54] Hsieh Y-H, King C-C, Chen CWS, et al. Impact of quarantine on the 2003 SARS outbreak:A retrospective modeling study[J]. Journal of Theoretical Biology, 2007, 244(4):729-736.

[55] Irwin, D. Tariff Incidence:Evidence from U. S. Sugar Duties, 1890-1914 [J]. National Tax Journal 2019. 72(3):599-616.

[56] Jaimovich, E. , and V. Merella. 2015. Love for Quality, Comparative Advantage, and Trade[J]. Journal of International Economics 2025. 97(2):376-391.

[57] Ju J, Wu Y. Zeng L. The Impact of Trade Liberalization on the Trade Balance in Developing Countries[J]. IMF Economic Review, 2010, 57(2):427-449.

[58] Kaimann D, Bono M D. The impact of cultural proximity and digital dis-similarity on cultural trade[J]. The international trade journal, 2020(5):447-469.

[59] Kalemli-Ozcan S, Sorensen B, Volosovych V. Deep financial integration and volatility[J]. Journal of the European Economic Association, 2014, 12(6):1558-1585.

[60] Kao, K.F. , and C. H. Peng. Anti-dumping Protection, Price Undertaking and Product Innovation [J]. International Review of Economics and Finance 2016. 41(C):53-64.

[61] Kee H L, Neagu C, Nicita A. Is protectionism on the rise? assessing national trade policies during the crisis of 2008[J]. The Review of Economics and Statistics, 2013, 95(1):342-346.

[62] Khatun F. Environment related trade barriers and the WTO [R]. East Asian Bureau of Economic Research Trade Working Papers, No. 22292, 2009.

［63］Knetter M M, Prusa T J. Macroeconomic factors and antidumping flings: Evidence from four countries［J］. Journal of International Economics, 2003, 61（1）:1-17.

［64］Kondro W.. Canadians still stung by WHO's SARS travel advisory ［J］. Lancet, 2003, 361(9369):1624-1624.

［65］Kramarz F, Martin J, Mejean I. Volatility in the small and in the large:The lack of diversification in international trade［J］. Journal of International Economics, 2020, 122(C):1-19.

［66］Lake, J., and M. K. Linask. Could Tariffs Be Pro-cyclical? ［J］. Journal of International Economics 2016. 103(C):124-146.

［67］Lake, J., H. M. Yildiz. On the different geographic characteristics of Free Trade Agreements and Customs Unions［J］. Journal of International Economics, 2016, 103(C), 213-233.

［68］Lawrence, R. Z.. Comment on:Barry Eichengreen, Douglas A. I., the Role of History in Bilateral Trade Flows. In:Frankel, J. A. (Ed.), The Regionalization of the World Economy［M］. University of Chicago Press, Chicago, 1998. 57-59.

［69］Lestari D,Setini M,Darma D C,et al. International trade in the Covid-19 outbreak:Is the digital economy working? ［J］. International Journal of business and management,2020(2):86-92.

［70］Lim A H, Mathur S, Suk G. Trade and environment:What can we learn from trade policy reviews? ［R］. WTO Staff Working Papers, ERSD-2020-06, 2020.

［71］Linask, Maia, K, et al. Could tariffs be pro-cyclical? ［J］. Journal of International Economics, 2016.

［72］Lipsey, R. G.. "The Theory of Customs Unions:A General Survey" ［J］. Economic Journal 1960, 70 (3), 496-513.

［73］Lu Y, Tao Z, Zhang Y. How do exporters respond to antidumping investigations? [J]. Journal of International Economics, 2013, 91(2):290-300.

[74]Lu, Y., Z. Tao, and Y. Zhang. How do Exporters Adjust Export Product Scope and Product Mix to React to Antidumping? [J]. China Economic Review 2018. 51(5):20-41.

[75]Ludema R D, Mayda A M. Do terms-of-trade effects matter for trade agreements? Theory and evidence from WTO countries[J]. The Quarterly Journal of Economics, 2013,128(4):1837-1893.

[76]Ludema, R. D., and Z. Yu. Tariff Pass-through, Firm Heterogeneity and Product Quality[J]. Journal of International Economics 2016. 103(C):234-249.

[77]MAGEE C S P. New Measures of Trade Creation and Trade Diversion [J]. Journal of International Economics, 2008, 75:349-362.

[78]Mansfield, E. D., H. V. Milner, B. P. Rosendorff. Why Democracies Cooperate More:Electoral Control and International Trade Agreements [J]. International Organization, 2002, 56(3), 477-513.

[79]Marette S, Beghin J. Are Standards Always Protectionist? [J]. Review of International Economics, 2010, 18 (1):179-192.

[80]MEADE J E. Trade and Welfare[M]. NY:Oxford University Press, 1955:68-81.

[81] Meltzer J P. Governing digital trade [J]. World trade review, 2019 (S1):23-48.

[82]M? lders, F.. On the Path to Trade Liberalisation:Political Regimes in Trade Negotiations [J]. The World Economy, 2016, 39(7), 890-924.

[83] Naghavi A. The role of green tariffs in environmental harmonization [R]. University College Dublin Working papers, No. 200407, 2004.

[84]Navas A. Trade liberalisation and innovation under sector heterogeneity [J]. Regional Science and Urban Economics, 2015, 50(C):42-62.

[85]Nicita A, Olarreaga M, Silva P. Cooperation in WTO´s tariff waters

[J]. Journal of Political Economy, 2018,126(3):1302-1338.

[86]Nishitani K, Itoh M. Product Innovation in Response to Environmental Standards and Competitive Advantage:A Hedonic Analysis of Refrigerators in the Japanese Retail Market [J]. Journal of Cleaner Production, 2016, 113:873-883.

[87]Oatley T. A political economy of American hegemony:Buildups, booms and busts[M]. New York:Cambridge University Press, 2015:1-10.

[88]OECD, WTO, IMF. Handbook on measuring digital trade, version 1 [EB/OL]. (2020-02-10)[2022-02-01]. https://www. oecd. org/sdd/its/Handbook-on-Measuring-Digital-Trade-Version-1. pdf.

[89]OECD. A proposed framework for digital supply-use tables[R]. Paris:OECD Publishing,2018.

[90]Olper A, Curzi D, Pacca L. Do food standards affect the quality of EU imports? [J]. Economics Letters, 2014, 122 (2):233-237.

[91]Osakwe P N, Santos-Paulino A U, Dogan B. Trade dependence, liberalization, and exports diversification in developing countries[J]. Journal of African Trade, 2018, 5(1-2):19-34.

[92]Palangkaraya A. On the relationship between innovation and export:The case of Australian SMEs[R]. 2013, Melbourne Institute Working Paper NO. wp2013n04.

[93]Papalia R B, Bertarelli S, Mancinelli S. Innovation, complementarity and exporting. Evidence from German manufacturing firms[J]. International Review of Applied Economics, 2018, 32(1):3-38.

[94]Pierce J R, Schott P K. A Concordance Between U. S. Harmonized System Codes and SIC/NAICS Product Classes and Industries [J]. Journal of Economic and Social Measurement, 2012, 37 (1-2):61-96.

[95]Ravn M O, Uhlig H. On adjusting the Hodrick-Prescott filter for the frequency of observations [J]. Review of Economics and Statistics, 2002, 84

（1）:371−380.

［96］Rose A K. The march of an economic idea? Protectionism isn´t counter−cyclic（anymore）［J］. Economic Policy, 2013, 28（76）:569−612.

［97］Salomon R M, Shaver J M. Learning by Exporting:New Insights from Examining Firm Innovation［J］. Journal of Economics and Management Strategy, 2005, 14（2）:431−460.

［98］Slok−Wodkowska M, Mazur J. The EU´s regional trade agreements: how the EU addresses challenges related to digital transformation［J］. International journal of management and economics, 2021, 57（2）:105−120.

［99］Snyder D, Kick E L. Structural position in the world system and economic growth, 1955−1970:a multiple−network analysis of transnational interactions［J］. American journal of sociology, 1979（5）:1 096−1 126.

［100］Tavassoli S, Jienwatcharamongkhol V. Closing the gap:An empirical evidence on firm's innovation, productivity, and exports［R］. Working Papers 2014/06, Blekinge Institute of Technology, Department of Industrial Economics.

［101］Timini J, Conesa M. Chinese exports and non−tariff measures:Testing for heterogeneous effects at the product level［J］. Journal of Economic Integration, 2019, 34（2）:327−345.

［102］Trefler D. Trade liberalization and the theory of endogenous protection:an econometric study of U. S. import policy［J］. Journal of Political Economy, 1993, 101（1）:138−160.

［103］UNCTAD. International trade in ICT services and ICT−enabled services［R］. Geneva:UNCTAD Technical Notes on ICT for Development, 2015.

［104］URATA S, KIYOTA K. The Impacts of an East Asia Free Trade Agreement on Foreign Trade in East Asia［R］. International Trade in East Asia, NBER−East Asia Seminar on Economics, 2005, 14:217−252.

［105］Vandenbussche, H., and X. Wauthy. Inflicting Injury through Product Quality:How European Antidumping Policy Disadvantages European Producers.［J］. European Journal of Political Economy 2001. 17（1）:101-116.

［106］Vannoorenberghe G, Wang Z, Yu Z. Volatility and diversification of exports:Firm-level theory and evidence［J］. European Economic Review, 2016, 89（C）:216-247.

［107］Vigani M, Raimondi V, Olper A. International trade and endogenous standards:the case of GMO regulations ［J］. World Trade Review, 2012, 11（3）:415-437.

［108］VINER J. The Customs Union Issue［M］. NY:Carnegie Endowment for International Peace, 1950:78-112.

［109］Weber R H. Digital trade in WTO-Law-Taking stock and looking a-head［J］. Asian journal of WTO and international health law and policy, 2010（1）:1-24.

［110］White H C, Breiger R L. Pattern across networks［J］. Society, 1975, 12（5）:68-75.

［111］Zhang Y, Yu Y-S, Tang Z-H, et al. 10th anniversary of SARS:China is better prepared for the H7N9 avian influenza outbreak［J］. Journal of Infection in Developing Countries, 2013, 7（10）:761-762.

［112］白洁,严风坤,邢洁. RCEP 服务贸易开放度的测算及中国应对［J］. 国际经贸探索,2022,38（09）:83-95.

［113］蔡庆丰,陈熠辉,林焜. 信贷资源可得性与企业创新:激励还是抑制?——基于银行网点数据和金融地理结构的微观证据 ［J］. 经济研究,2020,55（10）:124-140.

［114］曹智. 津冀港口由竞争转向竞合［N］. 河北日报,2018-05-03（05）.

［115］陈浩,罗力菲.区域协同发展政策对要素流动与配置的影响:京津冀例证［J/OL］.改革:1-19［2022-11-16］. http://kns. cnki. net/kcms/detail/50. 1012. F. 20221019. 1630. 002. html

［116］陈慧. RCEP 生效后中国参与区域产业链价值链重构的机遇、挑战

与应对[J].经济纵横,2022(08):76-82.

[117]陈继勇.中美贸易战的背景、原因、本质及中国对策[J].武汉大学学报(哲学社会科学版),2018,71(05):72-81. 2020:1-17. http://kns.cnki.net/kcms/detail/11.1056.R.20200227.1800.003.html

[118]陈林,邹经韬.中国自由贸易区试点历程中的区位选择问题研究[J].经济学家,2018(06):29-37.

[119]陈维涛,吴婷.全球数字贸易鸿沟的现状、成因与中国策略[J].南京社会科学,2022(3):42-49.

[120]陈维涛,严伟涛,庄尚文.进口贸易自由化、企业创新与全要素生产率[J].世界经济研究,2018(08):62-73+136.

[121]程惠芳,詹淼华.基于中国多产品企业的中间品贸易自由化与出口多样化研究[J].社会科学战线,2018(03):41-49.

[122]褚斌.发挥天津港龙头作用 加快津冀港口群协同发展[J].产业创新研究,2021(15):1-3.

[123]崔静波,张学立,庄子银,程郁.企业出口与创新驱动——来自中关村企业自主创新数据的证据[J].管理世界,2021,37(1):76-87+6.

[124]崔琦,张江雪,魏玮,贺玲.限制固体废弃物进口的环境与经济效应[J].环境经济研究,2019,4(1):71-85.

[125]戴魁早,方杰炜.贸易壁垒对出口技术复杂度的影响——机制与中国制造业的证据[J].国际贸易问题,2019(12):136-154.

[126]邓富华,霍伟东.自由贸易协定、制度环境与跨境贸易人民币结算[J].中国工业经济,2017(05):75-93.

[127]丁一兵,冯子璇.中国同RCEP其他成员国农产品贸易演化趋势分析及影响因素研究[J].东北师大学报(哲学社会科学版),2022(05):112-126.

[128]董秉坤,陈嘉轶,杨叶飞.京津冀高科技企业供应链开放式创新绩效研究[J/OL].海南大学学报(人文社会科学版):1-6[2022-11-16].

[129]董婉璐,杨军,杨玉文.我国禁止进口四类固体废物的经济影响及

其政策建议——基于全球一般均衡模型的分析［J］.生态经济,2020,36(12):124-130.

［130］冯根福,郑明波,温军,张存炳.究竟哪些因素决定了中国企业的技术创新——基于九大中文经济学权威期刊和 A 股上市公司数据的再实证［J］.中国工业经济,2021(1):17-35.

［131］高疆,盛斌.贸易协定质量会影响全球生产网络吗？［J］.世界经济研究,2018(08):3-16+135.

［132］高新月,鲍晓华.反倾销如何影响出口产品质量？［J］.财经研究,2020(02).

［133］关秀丽.亚太自贸区构建进程的回顾与展望［J］.宏观经济管理,2017(01):87-92.

［134］韩剑,张倩,,冯帆.超越 WTO 时代自贸协定的贸易创造效应:对关税与非关税措施贸易影响的考察［J］.世界经济研究,2018(11):51-64+136.

［135］韩剑,郑航.国内国际双循环发展新格局下的对外开放——RCEP 签署对海南自由贸易港建设的影响［J］.南海学刊,2020,6(04):21-27.

［136］韩永红,吴小瑶.RCEP 与 CPTPP 协定下技术援助条款的比较分析［J］.国际经济合作,2021(04):23-32.

［137］杭轩.RCEP 启航,港航物流将持续受益［J］.中国远洋海运,2020(12):24-25.

［138］郝帅,孙才志.基于网络 DEA 及 SNA 模型的中国水资源-能源-粮食纽带系统效率研究［J］.地理研究,2022,41(7):2030-2050.

［139］何欢浪,冯美珍.我国稀土产品出口政策效果评估的实证检验［J］.世界经济研究,2017(11):88-99+136-137.

［140］何欢浪,刘惠.出口退税调整对中国稀土企业进入退出行为的影响［J］.资源科学,2020,42(8):1540-1550.

［141］何欢浪,张娟,章韬.中国对外反倾销与企业创新——来自企业专利数据的经验研究［J］.财经研究,2020,46(2):4-20.

[142]胡麦秀,薛求知.外生性的技术——环境壁垒对企业技术创新的激励机制[J].上海经济研究,2007(11):15-21.

[143]黄漓江,桑百川,郭桂霞.贸易开放、贸易市场多样化与经济波动——基于中国省级面板数据的实证分析[J].国际贸易问题,2017(08):3-15.

[144]黄先海,卿陶.出口贸易成本与企业创新:理论机理与实证检验[J].世界经济研究,2020(05):3-16+135.

[145]贾玉成,吕静韦.经济周期和经济政策不确定性推动了贸易摩擦吗[J].经济学家,2020(3):75-86.

[146]江永红,陈冪楠.中国出口退税政策对环境保护有正面影响吗?[J].中国人口·资源与环境,2020,30(7):100-106.

[147]金则杨,靳玉英.限制性贸易壁垒有助于促进产品出口目的地多样化吗——基于我国企业出口产品的目的地行为研究[J].国际贸易问题,2020(05):146-160.

[148]康志勇,汤学良,刘馨.环境规制、企业创新与中国企业出口研究——基于"波特假说"的再检验[J].国际贸易问题,2020(2):125-141.

[149]康志勇.出口贸易与自主创新——基于我国制造业企业的实证研究[J].国际贸易问题,2011(1):35-45.

[150]郎丽华,张连城.中国经济周期与对外贸易周期的关系研究[J].经济学动态,2011(11):24-30.

[151]郎丽华.论贸易保护政策的周期性[J].经济与管理研究,2009(12):102-106.

[152]黎文,梅雅妮,周霞.贸易摩擦、企业附加值和研发投入对知识产权(专利)密集型产业专利申请的影响——基于中国2013—2018年上市公司数据的分析[J].科技管理研究,2020,40(07):180-189.

[153]李春顶,何传添,林创伟.中美贸易摩擦应对政策的效果评估[J].中国工业经济,2018(10):137-155.

[154]李峰,王亚星.刚柔并济:技术性贸易壁垒与政府补贴对企业研发

的综合影响[J].研究与发展管理,2020,32(03):74-83.

[155]李海莲、韦薇,2016 中国区域自由贸易协定中原产地规则的限制指数与贸易效应研究[J],国际经贸探索第 8 期,第 64-75 页。

[156]李杰,王兴棠,李捷瑜.研发补贴政策、中间品贸易自由化与企业研发投入[J].世界经济,2018,41(08):129-148.

[157]李敬子,刘月.贸易政策不确定性与研发投资:来自中国企业的经验证据[J].产业经济研究,2019(06):1-13.

[158]李梦洁,杜威剑.自由贸易协定能有效缓解金融危机吗?——基于倾向得分匹配模型的实证检验[J].经济经纬,2017(06):63-68.

[159]李平,田朔,刘廷华.贸易壁垒对中国技术创新的影响——兼论政府的作用发挥 [J].国际贸易问题,2014(2):105-114.

[160]李青原,肖泽华.异质性环境规制工具与企业绿色创新激励——来自上市企业绿色专利的证据 [J].经济研究,2020,55(9):192-208.

[161]李胜旗,毛其淋.关税政策不确定性如何影响就业与工资[J].世界经济,2018,41(06):28-52.

[162]李优树,冉丹.石油产业链贸易网络及其影响因素研究——以"一带一路"沿线国家为例[J].经济问题,2021(9):111-118.

[163]梁碧波.经济周期、政治周期与美国对华贸易政策[J].学术研究,2007(10):77-81.

[164]刘斌,甄洋,李小帆.规制融合对数字贸易的影响:基于 WIOD 数字内容行业的检验[J].世界经济,2021(7):3-28.

[165]刘秉镰,吕程.自贸区对地区经济影响的差异性分析——基于合成控制法的比较研究[J].国际贸易问题,2018(03):51-66.

[166]刘佳琪,孙浦阳.数字产品进口如何有效促进企业创新——基于中国微观企业的经验分析[J].国际贸易问题,2021(8):38-53.

[167]刘杰.发达经济体数字贸易发展趋势及我国发展路径研究[J].国际贸易,2022(3):28-36.

[168]刘军.整体网分析:UCINET 软件实用指南 3 版[M].上海:格致出

版社,2019:91-102.

[169]刘敏,薛伟贤,赵璟. 全球数字贸易中的竞争互补关系及其演化——基于社会网络分析方法[J].国际经贸探索,2021(10):54-69.

[170]刘诗源,林志帆,冷志鹏. 税收激励提高企业创新水平了吗?——基于企业生命周期理论的检验 [J]. 经济研究,2020,55 (6):105-121.

[171]刘涛雄,彭宗超. 大流感爆发对中国经济的影响预测[J].清华大学学报(哲学社会科学版),2007(04):108-116.

[172]刘文,徐荣丽.RCEP 与中日韩 FTA 关税减让的贸易效应测度比较[J].山东社会科学,2022(09):98-107.

[173]刘晓宁,刘磊. 贸易自由化对出口产品质量的影响效应——基于中国微观制造业企业的实证研究[J].国际贸易问题,2015(08).

[174]刘宇,吕郢康,全水萍. "一带一路"战略下贸易便利化的经济影响——以中哈贸易为例的 GTAP 模型研究[J]. 经济评论,2016(06):70-83.

[175]刘悦,刘建江. 市场化程度是否提升了对中国企业市场经济地位的认可——基于欧盟对华反倾销的调查事实[J]. 国际贸易问题,2019(6):65-84.

[176]鲁晓东,李林峰. 多样化水平与中国企业出口波动:基于产品和市场组合的研究[J].统计研究,2018,35(12):56-67.

[177]栾惠德. 外部冲击与旅游业的发展:以"非典"为例[J].统计与信息论坛,2009,24(01):66-69.

[178]吕延方,方若楠,王冬. 全球数字服务贸易网络的拓扑结构特征及影响机制[J].数量经济技术经济研究,2021(10):128-147.

[179]吕越,尉亚宁. 全球价值链下的企业贸易网络和出口国内附加值[J].世界经济,2020(12):50-75.

[180]孟庆斌,李昕宇,张鹏. 员工持股计划能够促进企业创新吗?——基于企业员工视角的经验证据 [J]. 管理世界,2019,35 (11):209-228.

[181]聂常乐,姜海宁,段健.21 世纪以来全球粮食贸易网络空间格局演化[J].经济地理,2021(7):119-127.

[182]欧阳日辉, 孙宝惠, 蒋旭东. 美国贸易保护的政治经济周期实证分析[J]. 北京工商大学学报:社会科学版, 2010(9):21-26.

[183]彭德雷,张子琳.RCEP 核心数字贸易规则及其影响[J].中国流通经济,2021(8):18-29.

[184]彭书舟,李小平,牛晓迪.进口贸易自由化是否影响了企业产出波动?[J].财经研究,2020,46(04):125-139.

[185]彭羽,沈玉良."一带一路"沿线自由贸易协定与中国 FTA 网络构建[J].世界经济研究,2017(08):26-37+135.

[186]彭羽、沈玉良和田肖溪."一带一路"FTA 网络结构特征及影响因素:基于协定异质性视角[J].世界经济研究,2019(07):90-103+135-136.

[187]齐俊妍, 强华俊. 数字服务贸易限制措施影响服务出口了吗?——基于数字化服务行业的实证分析[J].世界经济研究,2021(9):37-52,134-135.

[188]钱静斐,孙致陆,陈秧分,张玉梅.区域全面伙伴关系协定(RCEP)实施对中国农业影响的量化模拟及政策启示[J].农业技术经济,2022(09):33-45.

[189]钱学锋, 龚联梅. 市场经济地位真的那么重要吗?——来自21 个经济体对中国反倾销的证据[J]. 产业经济评论, 2017(3):15-33.

[190]钱学锋,王备. 异质性企业与贸易政策:一个文献综述[J]. 世界经济,2018,41(07):169-192.

[191]渠慎宁, 杨丹辉. 贸易保护的周期性变化——美国的经验分析及金融危机的影响[J]. 世界经济研究, 2009(10):39-44,88.

[192]权小锋,刘佳伟,孙雅倩. 设立企业博士后工作站促进技术创新吗——基于中国上市公司的经验证据[J]. 中国工业经济,2020(9):175-192.

[193]商瑞,武自然.环渤海湾崛起世界级港口群[N].经济日报,2021-01-20(02).

[194]沈国兵."新冠肺炎"疫情对我国外贸和就业的冲击及纾困举措

[J].上海对外经贸大学学报,2020,27(02):16-25.

[195]盛斌,高疆.数字贸易:一个分析框架[J].国际贸易问题,2021(8):1-18.

[196]盛斌.中国、CPTPP和国际经贸新规则[J].中国经济评论,2021(04):92-96.

[197]施炳展.中国企业出口产品质量异质性:测度与事实[J].经济学(季刊),2014,13(01).

[198]施炳展,张雅睿.贸易自由化与中国企业进口中间品质量升级[J].数量经济技术经济研究,2016,33(09):3-21.

[199]帅传敏,高丽,帅传系.基于GTAP模拟的碳关税对我国农产品贸易影响的研究[J].国际贸易问题,2013(08):133-141.

[200]苏理梅,彭冬冬,兰宜生.贸易自由化是如何影响我国出口产品质量的?——基于贸易政策不确定性下降的视角[J].财经研究,2016(04).

[201]孙红雨,佟光霁.绿色贸易壁垒对中俄农产品出口贸易的影响研究[J].改革,2019(2):149-157.

[202]孙瑾,丁冉,王杰镭.关于可持续贸易的研究进展[J].经济学动态,2020(8):131-145.

[203]孙浦阳,刘伊黎.企业客户贸易网络、议价能力与技术追赶——基于贸易网络视角的理论与实证检验[J].经济研究,2020,55(7):106-122.

[204]孙玉琴,卫慧妮.“一带一路”背景下中国与中东欧国家开展数字贸易的思考[J].国际贸易,2022(1):76-87.

[205]索维,张亮.RCEP、全球价值链重构及中国的应对策略[J].江苏社会科学,2022(05):127-134.

[206]滕五晓.新时代国家应急管理体制:机遇、挑战与创新[J].人民论坛·学术前沿,2019(05):36-43.

[207]田巍,余淼杰.中间品贸易自由化和企业研发:基于中国数据的经验分析[J].世界经济,2014,37(06):90-112.

[208]田巍,余淼杰.企业出口强度与进口中间品贸易自由化:来自中国

企业的实证研究 [J]. 管理世界, 2013(01).

[209]田云华, 周燕萍, 蔡孟君, 黄潇豪. RCEP 的开放规则体系评价: 基于 CPTPP 的进步与差距[J]. 国际贸易, 2021(06): 65-72.

[210]佟家栋, 洪倩霖. 贸易崩溃、出口多样化与企业绩效——来自中国上市公司的经验证据[J]. 经济与管理研究, 2018, 39(02): 108-119.

[211]涂远芬. 贸易便利化与出口产品多样化——基于 OECD 贸易便利化指数 TFI 的衡量与 98 个国家样本数据的分析[J]. 商业研究, 2018(06): 93-100.

[212]万晓宁. 产品和地理多样化对农产品贸易的影响分析[J]. 中国农业资源与区划, 2019, 40(07): 101-109.

[213]汪建新. 贸易自由化、质量差距与地区出口产品质量升级[J]. 国际贸易问题, 2014(10): 3-13+143.

[214]汪晓风, 周骁. 数字贸易壁垒: 美国的认知与政策[J]. 复旦国际关系评论, 2019(1): 1-15.

[215]汪亚楠, 周梦天. 贸易政策不确定性、关税减免与出口产品分布[J]. 数量经济技术经济研究, 2017, 34(12): 127-142.

[216]王斌, 蔡宏波. 数字内容产业的内涵、界定及其国际比较[J]. 财贸经济, 2010(2): 110-116, 137.

[217]王昌荣, 王元月. 自由贸易协定与我国进出口贸易关系研究[J]. 管理评论, 2018(02): 52-60.

[218]王桂军, 卢潇潇. "一带一路"倡议与中国企业升级 [J]. 中国工业经济, 2019(3): 43-61.

[219]王岚. 数字贸易壁垒的内涵、测度与国际治理[J]. 国际经贸探索, 2021(11): 85-100.

[220]王明昊, 李秀敏. 基于 SMART 模型的中蒙自由贸易区贸易效应研究[J]. 经济问题, 2019(04): 123-129.

[221]王铁山, 张青. 新冠肺炎疫情对我国外贸企业的影响及应对措施[J]. 经济纵横, 2020(03): 23-29.

[222]王伟玲,吴志刚.新冠肺炎疫情影响下数字经济发展研究[J].经济纵横,2020(03):16-22.

[223]王晰.农业TTB与宏观经济因素[J].财经科学,2014(11):72-82.

[224]王孝松,林发勤,李玢.企业生产率与贸易壁垒——来自中国企业遭遇反倾销的微观证据[J].管理世界,2020,36(09):54-67.

[225]王孝松,施炳展,谢申祥,赵春明.贸易壁垒如何影响了中国的出口边际?——以反倾销为例的经验研究[J].经济研究,2014,49(11):58-71.

[226]王馨,王营.绿色信贷政策增进绿色创新研究[J].管理世界,2021,37(6):173-188+11.

[227]王雅琦,谭小芬,张金慧,卢冰.人民币汇率、贸易方式与产品质量[J].金融研究,2018(03).

[228]王泽宇,张如昕,王焱熙.中国与周边国家盐业和盐化工业贸易网络演化与驱动机制[J].经济地理,2022(2):143-152.

[229]魏守道,汪前元.南北国家环境规制政策选择的效应研究——基于碳税和碳关税的博弈分析[J].财贸经济,2015(11):148-159.

[230]温忠麟,叶宝娟.中介效应分析:方法和模型发展[J].心理科学进展,2014,22(5):731-745.

[231]吴军.突发事件影响下的区域旅游竞争力——以山东省为例[J].经济地理,2006(S2):38-43.

[232]吴秋生,黄贤环.财务公司的职能配置与集团成员上市公司融资约束缓解[J].中国工业经济,2017(9):156-173.

[233]吴伟伟,张天一.非研发补贴与研发补贴对新创企业创新产出的非对称影响研究[J].管理世界,2021,37(3):137-160+10.

[234]吴作凤.上市公司股权激励效应研究——基于研发投资行为传导机制的视角[M].北京:经济科学出版社,2017:1-10.

[235]谢建国,丁蕾.出口贸易与企业研发能力——来自中国工业企业

微观数据的证据[J].产业经济评论,2018(03):110-124.

[236]谢建国,章素珍.反倾销与中国出口产品质量升级:以美国对华贸易反倾销为例[J].国际贸易问题,2017(01).

[237]谢杰,陈锋,陈科杰,戴赵琼.贸易政策不确定性与出口企业加成率:理论机制与中国经验[J].中国工业经济,2021(1):56-75.

[238]谢杰,金钊,项后军,赵婷.外部收入冲击、产品质量与出口贸易——来自金融危机时期的经验证据[J].财贸经济,2018,39(05):113-129.

[239]徐保昌,许晓妮,孙一菡.RCEP生效对中国—东盟跨境电商高质量发展带来的机遇和挑战[J].国际贸易,2022(10):53-59.

[240]徐芳燕,陈劭潼.印度对中国反倾销行为的驱动因素分析[J].国际经贸探索,2017(10):66-79.

[241]许唯聪,李俊久.中国服务贸易的发展现状、问题及对策[J].区域经济评论,2020(05):122-130.

[242]许宪春,余航.理解中美贸易不平衡:统计视角[J].经济学动态,2018(07):27-36.

[243]杨飞,孙文远,程瑶.技术赶超是否引发中美贸易摩擦[J].中国工业经济,2018(10):99-117.

[244]杨逢珉,程凯.贸易便利化对出口产品质量的影响研究[J].世界经济研究,2019(1):93-104+137.

[245]杨菁菁,周绚勃,朱密.多元化经营、出口业务与企业创新:基于沪深A股上市公司的经验分析[J].国际经贸探索,2019,35(12):85-101.

[246]杨丽花,董志勇.中蒙俄自贸区构建的经济制约因素与推进路径[J].中共中央党校学报,2018(04):122-128.

[247]杨曦,彭水军.碳关税可以有效解决碳泄漏和竞争力问题吗?——基于异质性企业贸易模型的分析[J].经济研究,2017,52(05):60-74.

[248]杨雪美.突发重大传染病疫情社会易损性评价及影响因素分析

[J].中国卫生经济,2013,32(06):51-53.

[249]姚铃.中欧自贸区建设的经济影响、挑战与前景[J].国际贸易,2018(02):44-47.

[250]姚洋,邹静娴.从长期经济增长角度看中美贸易摩擦[J].国际经济评论,2019(1):146-159,8.

[251]姚战琪.数字贸易、产业结构升级与出口技术复杂度——基于结构方程模型的多重中介效应[J].改革,2021(1):50-64.

[252]仪珊珊,张瀚元,王昊天.贸易自由化与出口产品转换:以中国—东盟自贸区为例[J].世界经济研究,2018(08):28-36+87+135.

[253]游鸿,邹恒甫.设立"新特区"的经济增长效应评估——基于合成控制法的实证分析[J].会计与经济研究,2018,32(02):96-106.

[254]于欢,姚莉,何欢浪.数字产品进口如何影响中国企业出口技术复杂度[J].国际贸易问题,2022(3):35-50.

[255]余骏强,车翼,张燕.美国反倾销对我国企业产品出口量和价格的影响研究[J].世界经济文汇,2020(01):97-116.

[256]余淼杰,蒋海威.从 RCEP 到 CPTPP:差异、挑战及对策[J].国际经济评论,2021(02):129-144+7.

[257]余子威.美国技术性壁垒对中国经济的影响及策略分析[J].对外经贸实务,2018(12):92-95.

[258]岳云嵩,陈红娜.数字贸易发展趋势、特征和国际比较——基于 FATS 视角的分析[J].上海经济研究,2021(10):77-87,101.

[259]岳云嵩,张春飞.数字贸易统计测度分析[J].国际贸易,2021(8):70-77.

[260]詹晶,叶静.日本技术性贸易壁垒对我国农产品出口贸易的影响——基于 VAR 模型实证分析[J].国际商务(对外经济贸易大学学报),2013(03):25-33.

[261]张广艳.RCEP 赋能天津港世界一流港口建设[N].滨海时报,2020-12-09(03).

[262]张广艳.天津自贸区:发力融入国际数字贸易[N].滨海时报,2021-01-05(02).

[263]张海波,童星.中国应急管理结构变化及其理论概化[J].中国社会科学,2015(03):58-84+206.

[264]张慧智,汪君瑶."双循环"新发展格局下中国加入CPTPP的政治经济思考[J].东北亚论坛,2021,30(03):46-59+127.

[265]张明志,岳帅.中美贸易摩擦与中国对外贸易多元化[J].华南师范大学学报(社会科学版),2020(04):124-133+191.

[266]张胜满,张继栋.超越WTO——区域自由贸易协定"下一代贸易议题"对贸易壁垒的影响研究[J].国际经贸探索,2015(01):73-87.

[267]张伟.基于资源环境承载力的京津冀城市群发展绩效测度[J].统计与决策,2022,38(20):159-163.

[268]张夏恒.数字贸易的研究现状及趋势研判[J].长安大学学报(社会科学版),2021,23(02):75-84.

[269]张先锋,陈永安,吴飞飞.出口产品质量升级能否缓解中国对外贸易摩擦[J].中国工业经济,2018(07).

[270]张冀,孙浦阳.企业经营策略选择、产品复杂度与出口波动——基于反射法分析的微观证据[J].中国工业经济,2018(08):135-154.

[271]张冀,孙浦阳.需求网络结构、销售策略与出口波动:来自中国企业的证据[J].世界经济,2017,40(03):76-98.

[272]张颖.RCEP框架下中国参与国际科技创新合作的路径[J].当代世界,2022(09):45-50.

[273]张玉环,李巍.自由贸易协定的政治经济学研究述评[J].国际政治研究,2014(02):110-128+8.

[274]张肇中,王磊.技术标准规制、出口二元边际与企业技术创新[J].科学学研究,2020,38(1):180-192.

[275]张志新,宫庆杰.美国长臂管辖下中国出口波动效应分析——基于中国贸易伙伴前15名国家2004—2018年数据验证[J/OL].当代经济管

理,2021(02):1-12

[276]赵金龙,张蕊,陈健.中国自贸区战略的贸易创造与转移效应研究——以中国-新西兰FTA为例[J].国际经贸探索,2019(04):27-41.

[277]赵瑾.全球服务贸易壁垒:主要手段、行业特点与国家分布——基于OECD服务贸易限制指数的分析[J].国际贸易,2017(2):31-39.

[278]赵瑾.数字贸易壁垒与数字化转型的政策走势——基于欧洲和OECD数字贸易限制指数的分析[J].国际贸易,2021(2):72-81.

[279]赵蕾,韦素琼,游小珺.基于SNA的全球电子信息制造业贸易网络演化特征及机理研究[J].世界地理研究,2021(4):708-720.

[280]赵路.加强我国公共卫生管理的若干建议[J].中国科学院院刊,2020,35(02):190-194.

[281]赵文霞,董微微,单晨.自由贸易区形成的影响因素分析——从中国签约自贸区的角度[J].金融发展评论,2019(12):58-70.DOI:10.19895/j.cnki.fdr.2019.12.007.

[282]赵文霞,刘洪愧.贸易壁垒对出口产品质量的影响[J].经济评论,2020(04):144-160.

[283]赵文霞,刘洪愧.中国环境贸易措施与企业绿色创新[J].国际贸易问题,2022(03):105-120.

[284]赵文霞,杨经国.贸易多样化和技术创新:出口波动的稳定器——贸易壁垒减弱出口波动的机制与中国经验[J].西部论坛,2021,31(02):27-39.

[285]赵文霞,席艳玲,杨经国.数字产品贸易网络结构特征与合作态势研究[J].中国科技论坛,2023(02):146-158.

[286]赵文霞.经济周期、市场势力与对华贸易壁垒[J].广东财经大学学报,2020,35(04):20-33.

[287]赵文霞.全球数字贸易网络结构及其与数字贸易限制的关系[J].中国流通经济,2022,36(10):14-25.

[288]赵新泉,张相伟,林志刚."双循环"新发展格局下我国数字贸易发

展机遇、挑战及应对措施[J].经济体制改革,2021(4):22-28.

[289]郑宝银,林发勤.世界经济周期对我国出口贸易的影响[J].国际贸易问题,2009(1):3-9.

[290]周金凯.自贸试验区与 RCEP 产业合作的分析路径与实施策略[J].当代经济管理,2022,44(11):69-76.

[291]周念利,包雅楠.数字服务贸易限制性措施对制造业服务化水平的影响测度:基于 OECD 发布 DSTRI 的经验研究[J].世界经济研究,2021(6):32-45,135-136.

[292]周念利,陈寰琦.RTAs 框架下美式数字贸易规则的数字贸易效应研究[J].世界经济,2020(10):28-51.

[293]周念利,姚亭亭.数据跨境流动限制性措施对数字贸易出口技术复杂度影响的经验研究[J].广东财经大学学报,2021(2):4-15.

[294]周文韬,杨汝岱,侯新烁.世界服务贸易网络分析——基于二元/加权视角和 QAP 方法[J].国际贸易问题,2020(11):125-142.

[295]朱学红,彭婷,谌金宇.战略性关键金属贸易网络特征及其对产业结构升级的影响[J].资源科学,2020(8):1 489-1 503.

[296]祝树金,赵玉龙.资源错配与企业的出口行为——基于中国工业企业数据的经验研究[J].金融研究,2017(11):49-64.

[297]祝树金,谢煜,段凡.制造业服务化、技术创新与企业出口产品质量[J].经济评论,2019(06):3-16.

[298]祝树金,钟腾龙,李仁宇.中间品贸易自由化与多产品出口企业的产品加成率[J].中国工业经济,2018(1):41-59.